はしがき

地方から地域から、日本を変えていく。そして21世紀の日本の「あたらしい国のかたち」を創る。それが日本の喫緊の課題である。作家の司馬遼太郎は、日本がもっとも輝いた明治維新からの30年は、江戸時代の２６０年間で磨かれた日本人の「多様性」「民度の高さ」「公の精神」が寄与したと分析している（『「明治」という国家』／ＮＨＫブックス／１９９４）。

現在の日本の閉塞状況の原因は、これらと真逆の「画一主義」「民度の低下」「私利私欲」である。いま再び、日本を輝かせるには、日本人の「多様性」「民度の高さ」「公の精神」を取り戻すことが不可欠だ。そのための重要な手段の一つが地域と大学の連携だと思う。

大学のミッションは、「教育」と「研究」と「社会貢献」と長年言われてきた。しかし、社会貢献という言葉の曖昧さによって、地方創生とか地域再生という社会貢献に真剣に取り組んできた大学は少ないのではないだろうか。

いま文部科学省が求めているのは「地域の知の拠点としての大学（Center of Community＝ＣＯＣ）」である。そのためには、「大学の全構成員が、地域を志向し、地域の課題を直視して、（全力で）解決に当たる」ことが条件となる。全構成員とは、教員、職員、学生のすべてを指す。しかし大学の全構成員がＣＯＣの条件を十分認識しているかというと疑問である。

いずれにしても、大学の３大ミッションの一つである社会貢献のもっとも重要なテーマが地方創生・地域再生であることを確認しておきたい。

ある県庁所在地の市役所の総務部長からこんな話を聞いたことがある。

「私は地元出身なので国立○○大学が市内の○○町にあることは子どものころから知っていますが、今どんな先生がいて、どんな研究をしているのか、まったく伝わってきません。○○大学は、東京（の文科省）しか見ていないのではないかと、いつも思っています」

その一方、ある県立大学の学長からこんな話も聞いた。

「本学は（県立なので）県民に対して常に門戸を開けて待っているのですが、なかなか近寄ってきてもらえません。大学の敷居は私たちが思う以上に高いのだと感じます。私どもの努力が足りないとは思うのですが……」

大学と地域の連携の前に、お互いのコミュニケーションがいかに大切か、地域にも大学にもその認識が必要だ。その上で、地域は地域のビジョンに基づいて、大学に何をサポートして欲しいのかを明確にしなければならない。大学は地域の要望を積極的に把握して、できることとできないことを明確にすべきだ。それが地域と大学の連携の前提である。

私の大学時代からの友人に大学と地域の連携について意見を聞いた。彼は地元の地銀の役員とその地銀系列の地域経済研究所（シンクタンク）の社長をやったので、隣県も含めてその地方と地域に精通している。しかも銀行をリタイアした後、地元の国立大学の理事として大学経営にもタッチしたので、大学の実情を大学の内側から見た経験もある。

〝地域（自治体）と大学の連携を実効性のあるものにするには〟という筆者の質問に対する答えは辛口だった。

・大学の先生は自分の研究のためか、外部資金獲得のための研究が中心であり、本当に地域の活性化や地域振興を考えている先生が何人いるか非常に疑問に思う。

・大学と地域の連携に大学の職員や自治体の職員が入ると、新しいことに挑戦するようなプロジェクトはうまくいかない。

・大学と地域の連携で成果を上げるためには、何らかのかたちで民間（企業や団体、ＮＰＯなど）を参画させるべきだ。

大企業であろうと中小企業であろうと民間企業にはノルマもあれば金銭的損失を伴うリスクがある。地域と大学の連携にあたって、大学の研究者や職員、そして自治体の職員に、同じ程度の危機感と責任感を要求するのは酷かもしれないが、少なくとも地域住民の目線に立った使命感を持って欲しいものだ。

地域と大学の連携の主役はあくまで、地域（自治体）であり、大学はそれをサポートする脇役である。だから地域（自治体）は自分たちの課題解決に大学を活用する意識と戦略を持った上で、何を大学にお願いすればサポートしてもらえるのか、常日頃から考えておくべきだ。一方、大学は教員も職員も、学生の教育に偏ることなく、可能な限り地域人材の育成に取り組んで欲しい。地域人材の育成なくして地方創生・地域再生はあり得ないからだ。その対象となる地域人材は、子どもたちから成人、高齢者まで、すべてが対象である。「学習する地域（Learning Region）」の実現のためである（21頁参照）。

最後に、本書に取り上げた地域と大学の事例から読み取れる「実効性のある地域と大学の連携」のキーワードを確認しておく。

・首長と学長のリーダーシップ
・地元学＝郷土愛
・地域のビジョンとそのロードマップ
・地域人材育成
・コーディネーター

筆者は、国立大学が独法化された２００４年４月から２０１６年３月まで、12年にわたって『月刊広報』にルポ「地域・大学・広報」を取材・執筆した（巻末一覧参照）。本書はその50事例の中から、地域と大学連携を進める上でヒントになりそうな事例を選び出し、最近の状況も追加取材して紹介したものである。地域と大学連携に取り組む、地域（自治体）と大学の関係者の一助になれば幸いである。

この本の執筆にあたって山本健慈国立大学協会専務理事（前和歌山大学学長）と木苗直秀静岡県教育委員会教育長（前静岡県立大学学長）に多大のご助言をいただいた。また、『月刊広報』掲載記事の転載の承諾と諸データの提供に関して、公益財団法人日本広報協会と編集部中城貴之さんにお世話になった。最後に、この本の出版を引き受けていただいた筆者の地元鹿児島の南方新社、向原祥隆社長と編集者大内喜来さんに感謝します。

２０１６年９月

筆者

地域と大学　地方創生・地域再生の時代を迎えて——目次

序論　なぜいま、地域と大学なのか

（1）日本は大きな転換期を迎えている

◆明治維新、第二次世界大戦敗戦、そして3度目の大転換を迫られるニッポン

2年後（2018年）、日本は明治維新から150年を迎える。明治維新はアメリカの黒船の圧力が引き金になった。「このままでは日本は欧米列強の植民地になってしまう」という危機感から明治維新が実現した。しかも、維新後の日本は欧米に追い付き追い越せで、中央集権・殖産興業・軍事力強化に猛進し、わずか30数年で日露戦争に勝利した。実は薄氷の勝利だったのだが、日本の指導者と国民は驕り高ぶり、無謀な戦争への道を突き進んだ。そしてわずか10数年後に、330万人の命を犠牲にして、再び欧米諸国に屈服したのである。

その敗戦から70年、日本はひたすらアメリカ追随政策を続けてきた。その結果、日本という国のアイデンティティが破壊される瀬戸際に来ている。日本の文化や国民性にマッチしない、アメリカ型の過剰な競争至上主義、弱者淘汰原理、金融資本主義が原因である。そのために、異常な格差社会が進行し、政治家・経済界・スポーツ界など社会全体に不祥事（倫理の崩壊）が蔓延している。

いま日本は、アメリカ妄信ではない独自の国のかたちへの回帰を迫られている。だから地方創生も地域再生も、日本がこれからどんな国を目指していくのかを考えることが前提になる。

◆アメリカ型の金融資本主義の限界、日本型の共同体資本主義への期待

アメリカの大統領選挙で共和党のトランプ候補、民主党のサンダース候補が、なぜ善戦しているのか。異常なまでの格差社会と異常なまでの競争社会への国民（若者

とマイノリティ）の反発が抑えられなくなっているからだ。同じ問題は単一民族国家の日本でも進行している。非正規社員の増加と固定化、貧困率（ジニ係数）の不気味な上昇に表れている。

原油価格の乱高下も、株価の乱高下も、２００８年のリーマンショックのあとにアメリカがドルを刷りまくって世界にばらまいた結果である。しかもアメリカは、世界の警察官の役割を放棄せざるを得ないところまで追い込まれている。

アメリカの言いなりで、過剰な株主重視・時価会計・四半期決算を導入した結果、かつて日本企業の強みと言われた長期的視野の経営が揺らぎ、短期利益を追求する日本企業になってしまった。その結果、企業不祥事や経営破たんが止まらない。東芝・三菱自工の不祥事、シャープの経営破たんはその象徴だ。大企業の復活が地方経済の復活につながる「トリクルダウン」はもうあり得ない。

だから、地域の活性化を担う中小企業の育成・強化策を実践できないと、地方創生・地域再生は政治スローガンに終わる。

◆「日本文明を書き換える」！

２０１３年10月20日、『成長から成熟へ―さよなら経済大国』（集英社新書／２０１３）に遺言を書き残して広告批評（＝時代を見る）の第一人者、天野祐吉さんが80歳で亡くなった。

「いびつにふくれあがった20世紀文明が、あちこちにひずみが生まれて、ボロボロに崩れてきました。どういうふうに歪み、どういうふうに崩れてきたか。この本は60年間、広告という窓から世の中をのぞいてきたぼくの私的な日記みたいなものです。学者でも研究者でもないぼくには、あまり確かなことは言えませんが、いまはもう経済成長なんかにしがみついているときじゃない。原発の輸出で食いつなごうなんてことじゃなく、文明の書き換え作業にしっかり取り掛かる時なんじゃないでしょうか」

筆者も会社勤めのころは、天野さんが１９７９（昭和54）年に創刊した雑誌『広告批評』とともにマーケティングや広告宣伝、広報の仕事をした。いま振り返ると「造る方も買う方も、日本中が物質的な欲望を追い求めた高度成長の時代」だった。天野さんの遺言〝文明の書き換え作業〟とは何か。2000年に刊行されたサミュエル・P・ハンチントンの『文明の衝突と21世紀の日本』（集英社新書／2000）を思い出す。そこには日本は独自の文化の集積、文明を持つ「孤立国家」と分析されている。1億2000万人しかいない日本文明は、西欧文明、中国文明、イスラム文明、ヒンドゥー文明、ラテンアメリカ文明、アフリカ文明と並ぶ独自の文明を持つ国なのだ。いま世界の文明の混沌の中で、日本はその独自性を見直し、磨きをかけて、世界から孤立することなく、それを世界に普遍化すべき時代になっている。

◆「コミュニティの再生」こそ、日本の目指す道

日本は「一億総活躍社会」ではなく「一億総幸福社会」を目指すべきである。もちろん「一億総中流社会」の再現は、もう不可能である。それは物質的豊かさが基準だった昭和時代（30年代から40年代）の話だ。中央集権と現場を知らない政治・行政の行き詰まりが、経済の低迷と国民の閉塞感を生み出していることは誰の目にも明らかだ。

大企業は、とうの昔にグローバルな生き残り戦略に転進している。だから、日本の地方再生は、中小企業の支援、起業家の育成を地方や地域が知恵を絞る日本再生運動なのだ。それは「地域力」の再構築であり、都市型コミュニティと農村型のコミュニティを再生する行政改革でもある。

大事なことは、それぞれの地域が、自分たちの頭で考え、自分たちで議論して、地域が自立・自転できる産業構造に転換していくことだ。地域にある大学は、その地域（行政・議会・住民）のビジョンづくり、地域の活性化（＝元気づくり）の戦略・戦術立案に、当事者意識と使命感をもってサポートすべきだ。大学の存在価値が再評価されるチャンスでもある（第1章1参照）。

◆地方創生・地域再生は〝江戸時代〟への回帰

中央集権と地方分権のバランスが程よくとれ、平和で豊かで地方に活気があった時代、それが260年続いた江戸幕藩体制の時代である。3つの柱があった。「幕藩体制」「参勤交代」「鎖国」である。「江戸システム」とでも呼べるものだ。

江戸時代の260年間、江戸が政治の中心で大阪は商売の中心、京都は国の権威の中心（天皇）だった。地方はそれぞれの藩が独自の教育（藩校、寺子屋など）を行い、藩外からの外貨獲得のための地場産業や特産品を育成した。しかし、今はすべてが東京に集中し、東京スタイルを全国の地方に画一的に押し付ける。そのやり方が限界にきた。地方の復権、田舎への回帰が始まる。危機感と意識の高い県から、140年ぶりの「廃県置藩」が始まる。高齢者だけが地方や田舎に移住するのではなく、老いも若きも地方や田舎で暮らすためにどんな地域にすればいいか、大学（人）の「知恵」と「知識」と「人脈」を活かす出番である。

松谷明彦政策研究大学院大学名誉教授が『人口減少社会の設計』（日経ビジネス人文庫／2004）で指摘したことが現実味をおびる。すなわち、都市の課題は、「地方が抱えていた問題に大都市はこれから直面する。都会へ行けば働き口があるという時代は終わり、地方へ人が逆流する可能性がある」。田舎の課題は、「大企業の工場を誘致し低賃金の雇用に甘んじる被植民地型経済から抜け出すことだ」。

（2）自治体に危機感とビジョンはあるか

◆自治体（役場）は消滅しても、地域（集落）は消滅しない

地方創生・地域再生に取り組む自治体の幹部の必読書がある。今から10年以上前に出版された『地域再生の経済学―豊かさを問い直す』（神野直彦／中公新書／2002）である。

そこには「ヨーロッパでは『ゆっくり進もう、落ち着いて』をスローガンに人間生活の持続可能性が目指される。その地域社会の再生戦略は『自然環境の再生』と『地域文化の振興』が車の両輪になっている。地域文化の振興は人間を成長させる教育の振興と必然的に結びつく」と書いてある。

全国で896の自治体が消滅すると警告した日本創生会議の『地方消滅』（増田寛也／中公新書／2014）は、地方創生への大きな流れを作るための政府のプロパガンダ（政治宣伝）である。自治体消滅で困るのは住民ではなく自治体の職員だ。もちろん議員も要らなくなる。

国の組織である霞が関は、地方支配の仕組みと天下り先の確保が困難になるので、理屈をつけてこれまでの縦割りの中央集権体制を維持しようとする。地方自治体は国に財布を握られているので、（時にはコンサル丸投げで）実現困難な『総合計画』を提出する。主権住民、主権農民、主権職人、主権商人こそが、地方創生のポイントだ。地域再生は、役場の職員、議員のためのものではない。

◆国の顔色ばかりうかがう自治体に未来はない

　元鳥取県知事の片山善博慶應義塾大学教授が、いま進められている地方創生政策の問題点を指摘している。

「率直に言って、これまでの政府の地方施策のほとんどは地方の自立に寄与するものではなかった。過疎対策しかり、強引に進めた市町村合併しかりである。むしろ地域が自ら考える力を減退させるとともに、政府への依存度を高めることで、結果として精神的にも経済的にも自立度を低下させる面があったことは否めない。…（中略）…現状をみると、国がいわば号令をかけ、全国の自治体はそれを受けて『総合計画』を作らされる。ちゃんと作ったところには金を出すが、そうでないところには金を出さない。シリを叩かれた自治体は、まるで『パン食い競争』に駆り立てられているようである」（『片山善博の自治体自立塾』日本経済新聞出版社／２０１５）

　10年前に発刊された〝自治体は変るか〟で佐々木信夫中央大学教授は自治体職員に対して厳しい指摘をした。

「これからの自治体の職員には、高度専門社会を生き抜くための複合的な能力がいる。自治体に勤務する職員は〝権力〟ではなく、専門に裏打ちされた〝権威〟が仕事の武器である。『国の通達によれば……』式の国家権力を盾とする仕事の仕方はこれからは通用しない」（『自治体をどう変えるか』ちくま新書／２００６）

「地域（自治体）力」と
大学の関係

佐々木教授のこの指摘は、どこまで改善されたか？
道半ばどころでなく、道は遠い。

◆首長に欠かせない「夢（将来像）」と「リーダーシップ（信念）」と「経営マインド」

自治体の首長には経営者としての発想が必須だ。20年先、30年先に市や町や村をどうしたいのか、どう実現させるかという発想だ。知事はましておやである。

経済同友会の地方分権・道州制委員会が意見書『知事・市町村長は地域の経営者となれ』を発表した（２０１５年２月２日）。そのポイントは３つある。

・国の指示を仰ぐのではなく、近隣の自治体との連携も含めた自らの創意工夫によって問題解決に取り組む画一的な行政運営を脱却した「地域経営」こそ、今後の自治体に必要である。

・（自治体の首長の）経営者としての第一の責務は、将来に向けた目標を掲げるとともに、変化を恐れず、実現への推進役になることである。

・消費や労働需給が縮小する中での経済活性化には、圏域外から所得を得るだけでなく、圏域外への所得の流出を防ぐことが求められる。消費が住民の所得や税収になり、その所得や税収が地域内の消費や投資に結び付く地産地消による資金循環を図るべきである。

この同友会の提言には触れられていないが、首長にはもう一つ、夢を語る責任もある。地方創生・地域再生は日本を活性化させるための「地域間競争」でもある。だからこそ、その競争に勝つために住民を結束させるリーダーの「夢」が必要なのだ。もっとも首長には、その夢を実現可能なものにして、住民を納得させる発信力と説得力が要求されることは言うまでもない。

◆隠岐の島、海士町の地域再生はお手軽に真似できない

いま全国の自治体が注目する隠岐の島の島根県海士町。筆者が山内道雄町長の行政改革を知ったのは、いまから８年前、２００７年のことだった。『離島発　生き残るための10の戦略』（生活人新書／ＮＨＫ出版）を読

んだ時である。
　２００２年から山内町長が取り組んだ地域再生から５年が経って、徐々に成果が見えたころにこの本が出版された。それからさらに8年、海士町の「地域再生の成果」が全国の注目の的になっている。町長が打ち出した不退転の決意を、役場の職員や議員、そして住民が必死の努力を、10数年続けた結果である。地域のブランド化、人口減に歯止め、産業構造の転換、そして教育（県立隠岐《おき》島前《どうぜん》高等学校など）の活性化である。「ないものはない！」。これは他の自治体がお手軽に真似できるものではない。

　ちょうどそのころ、筆者は地元鹿児島のある自治体で海士町の挑戦を紹介した。「さっぱり理解できません」と言われた。海士町が合併（特例債など）の道を選ばず、自立自力の道を選択した「危機感」が理解できなかったからだ。筆者のふるさと鹿児島は長年、公共投資＋農協ＪＡに依存してきた農業・漁業と公共投資の県である。だから人口８０００人のこの町にとって、足元に迫る自治体存続の危機は想像できなかったに違いない。

　海士町の成果は「生き残りにかける町長の必死の思い（志）」「日本一給料の安い役場の職員（覚悟）」「よそ者・バカ者・若者の力を借りる（ヒューマンネットワークによる交流）」が３大要因である。大学との関係でいえば当時の関満博一橋大学教授（現明星大学教授）との交流である。関教授が強調されていた「よそ者・バカ者・若者」を筆者が知ったのは、海士町に先立つ２００４年ごろに東京都墨田区や岩手県北上市・花巻市の地域再生のシンポジウムで関教授の話を聞いた時で、もう10年以上前の話だ。

◆地方創生・地域再生に欠かせない地域の５条件

　筆者は長年、地方自治体の実態、特に自治体職員と議員を〝横にらみ〟で見てきた。首長が元気で、やる気のある自治体には希望が持てる。首長が前例踏襲、事なかれ主義だと何も変わらず、じり貧だ。元気な首長が第一に挑戦すべき地方創生・地域再生は、域内での経済循環を最大限追求して自立自転する財政・産業構造を作り上げることである。「地産地消」を原則として、足らざるを地域外で稼ぐ外貨獲得で補う産業構造の実現である。

特に全国に500程ある人口1万人前後の自治体は、自立自転の財政・産業構造への大転換を図らないと、少子高齢化＝人口減少でますます苦しくなる。高齢化比率が高い自治体ほど、収入も消費もかなりの部分が年金頼りなので、いま手を打たないと、早晩、自治体消滅が現実になる。

これら1万人前後の自治体の産業基盤は、たいていは1次産業と公共投資である。農業漁業などの1次産業は担い手の確保、付加価値の確保、販路の確保など、大きな問題を抱えている。もう一つの土木・建築などの公共投資は、高齢者の福祉・介護や子育て支援産業に置き換えていくべきだ。もっとも福祉・介護や子育て支援は、人手不足と賃金の安さが大問題で、国の真剣な取り組みがないと、これまた地方創生・地域再生のネックになる。

地域再生の必要条件をあげる。

・首長のリーダーシップ
・地域ビジョン＝地域ブランド＝地域のアイデンティティの確立
・自主・自立・自転の経済構造（資金の域内循環）
・ヒューマンネットワーク（よそ者・バカ者・若者との交流）
・プロデュース人材の確保（内部育成と外部招へい）

十分条件は、「地域の一体感（アイデンティティ）」である。それを実現させるのは住民の誇りと郷土愛だ。

（3）地方創生・地域再生は大学改革の手段になる

◆大学が是正すべき5つの問題

筆者は大学の実態を10数年にわたって外から観察してきた。この本のベースになった『月刊広報』の「地域・大学・広報」の12年間の取材。いくつかの大学での広報アドバイザー、モノづくりの産官学のコーディネーターもやった。その経験から、日本の大学の問題点は次の5つだと思う。

①大学の常識は世間の非常識

世間の動きに無頓着で旧套墨守《きゅうとうぼくしゅ》である。大学人は地動説から天動説に大転換すべきだ。

②経営戦略が曖昧

そもそも文部科学省に大学の国家戦略はあるのか。ＯＥＣＤの中で高等教育予算がＧＤＰ比最低でありながら、大学の数だけ増やしてきた。財務省の圧力を感じながらの予算の分捕り合戦に教職員のエネルギーが無駄遣いされている現状は、いかにもおかしい。

③教職員に危機感がない

特に国立大学に言える。国立大学が独法化された数年後の２００８年、ある地方の国立大学で講演した。質問が出た。「わたしはこの大学に来て3年になりますが、あまりにも危機感がなくアクションがスローです。どうしたら教職員に危機感を持たせられるでしょうか」と。独法化によって監事に就任した地元出身の元有名企業の専務だった。

④アイデンティティの欠如

学部間の溝、教員と職員の溝、学生と職員の溝、ＯＢと現役の溝、地域と大学の溝など、大学は溝だらけ。これを埋めるには大学のアイデンティティ（＝ブランド）の再確認と再構築が不可欠だ。

⑤広報が軽視され脆弱

大学には「入試広報」しかないのか？　大学には「広報は経営」「広報は社会的責任（情報公開と説明責任）」の認識が欠けている。

◆地方創生・地域再生こそ文系研究者（大学）の出番

２０１５年6月ごろ、文部科学省の一つの通達が世間に大論争をまき起こした。〝文系大学はいらない〟だ。少子化の現実に対応した教育学部の縮小策の一環であったが、大学の数が多すぎるので、こういう議論が出てくる。この議論の背景には「文系大学の方向性」が見えないことがあると指摘するのが、大学論の第一人者、吉見俊哉東京大学教授である。

「人文社会系では教育学系を除き、この『ミッションの再定義』の具体例をほとんど示せていません。文科省にも人文社会科学系の学部が必要だという認識はあり、そのことは様々な文書で繰り返しいわれています。しかし文系を存続させるために何をすればいいかという方向性を示すことができないでいるのです。おそらく、多くの人文社会系で研究者個々人が一国一城の主であることが、これに影響しているでしょう。組織やチームの論理が強力な理系と違い、個人プレーの性格が濃い文系はトップや文科省が号令しても、それぞれが現状を変える必要性を感じなければ動きません」（『「文系学部廃止」の衝撃』集英社新書／２０１６）

さらに「文系は長く役に立つ！」として、「文系の知は価値の変化を予見したり、先導したりする価値創造的な次元を含み、『長く役立つ知』で、主に理系が得意な『短く役に立つ知』とは次元が異なる」と指摘する。

まったくその通りで、一部の財界人や財界寄りの論者が言う「（大学は）即戦力の職業人や会社員を養成すべきだ」は間違っている。いつの時代も、大学は価値創造、すなわちイノベーション発想、デザイン発想とその手法を教育し学ぶところである。その点で、山口大学が２０１５年４月に新設した「デザイン」を教育カリキュラムの中核に据える国際総合科学部の成果に期待したい。地域創生・地域再生にこそ、デザイン発想、イノベーション発想が不可欠だ（第３章２参照）。

◆地方大学が「地（知）の資産」として期待されること

文部科学省がＣＯＣ事業を開始したのは２０１３年である。その通達には、これまでの大学に対する問題点が次のように書いてある。

・大学等の教育研究が、地域の問題解決に十分応えていない。
・地域と教員個人のつながりはあっても、大学等が組織として地域との連携に取り組んでいない。

大学と地域の関係

・学生が大学等で学んだことが、地域に出てから役立っていない。

実際、どれも当たっている。ならば今まで、国はこの実態を変える動きをなぜしてこなかったのか、という疑問も湧く。ともあれ、遅まきながら文部科学省がCOC事業やCOC＋事業で地方創生・地域再生への大学の関与を促すことは悪いことではない。

その一方で、まち・ひと・しごと創生本部は「地方大学を核とした地方創生」における大学の役割を次のように示している（第2回まち・ひと・しごと創生本部会合資料／2014年10月10日）。

・産業界と連携し、地域産業を支える「高度技術開発人材」や「経営戦略人材」の育成
・地域おこしをマネジメントできるコーディネーターの育成
・産学連携による地域の強みを活かした新産業の創出
・地域のシンクタンクとして地域課題の解決に貢献

まったく正論であるが、これらの目標を解決できる能力（人材）が地方大学にあるのか（いるのか）、かなり疑問である。お題目に終わらない、具体策が必要だ。

◆地域の国立・公立・私立大学が一体となって地域課題に取り組むべき

全国の都道府県に「高等教育機関を束ねたコンソーシアム○○」という組織がある。また、文科省が2015年にスタートさせたCOC＋事業も地域内の大学を束ねて、特定された地域課題の解決に協働で取り組むプロジェクトである。筆者が12年にわたって取材してきた地域と大学の連携の事例から考えると、ほとんど取り組んでこなかったか、手を抜いてきた地方大学の役割は次の3つではないかと考える。

1、「学習する地域（Learning Region）」を創る

「大学にとって学習地域は世紀末の最大の武器になるであろう。それにより学習組織が増加し、それらがさまざまに重なり合う学習地域を協同で豊かにするにつれて、大学内でも多くの伝統や信条を持ったパート

ナーと交流し、協力し合えるように学内文化が変革されることとなる」（『地域社会に貢献する大学（原題：The Response of Higher Educational Institutions to Regional Needs)』）

企業社会でもピータ・センゲの**「学習する組織」**が1990年代の終わりにブームになった。今では、強い会社は、学習する組織を実現させることに不断の努力を続けている。地域（自治体）も同じだ。老いも若きも、農民も職人も商人も、地元の企業も、役場の職員も議員も、常に何かを学ぶ「生涯学習が根付いた地域」を目指すべきだ。だから大学への期待が大きくなる。

※「学習する組織」の5原則（地域にも当てはまる）
①ビジョンを共有する
②過去の固定観念を打破する
③戦略的体系的な発想を持つ
④一人一人が自己啓発の意欲を持つ
⑤対話を重ねてチームの一体感を高める

2、地域（自治体）のシンクタンクになる

大学教員が自治体の審議会や委員会の「座長」や「委員」に就任していても、役所の権威づけのためのお飾りのケースも少なくない。筆者は、地域特産品のブランド化や販路開拓の委員会の座長に、どう考えても適任でない医学部の教授や文学部の教授が就任しているケースを見てきた。大学は責任をもって適任者を選考すべきだ。自治体は大学教授の肩書を安易に利用すべきでない。

3、地方議会の政策立案力を立て直す

山形県議会が政策立案能力を高めるために山形大学と連携協定を結んでいることを、『ウォッチ！ 県議会―県議って何だ⁉』（宮島孝男／南日本新聞開発センター／2016）を読んで初めて知った。筆者が山梨県のある自治体の議会が地元の大学と組んで、同じような取り組みを始めていることを知ったのは、4年くらい前のことだ。取材を申し入れると、大学の方はOKだったが、議会の方が逡巡してか突然連絡が途切れてしまった苦い経験がある。そんな動きがここ数年で大きく変わろうとしている。すでに大津市議会は地元の龍谷大学（本部は京都市伏見区、大津キャンパス）、さらに同志社大学とも提携して議員の政策立案能力の向上に取り組んでいる。

◆大学と地域の連携の成否の鍵を握る「コーディネーター」

文部科学省が2013年に新たな政策として導入したCOC事業はコーディネーターの力量が成否の鍵を握る。さらに2015年に導入されたCOC+事業は、コーディネーターの力量なしには絵に描いた餅になることが明白だ。この大学と地域の連携を成立させるコーディネーター人材の重要性を真っ先に指摘したのが山本健慈前和歌山大学学長（現国立大学協会専務理事）である。山本さんは（大学サイドにあって）大学と地域を繋ぐコーディネーター人材は教員でもなく、職員でもなく、「第三の職種」とでもいうべき新たな職種だという。〝地域の痛みを知らずして大学の地域貢献は実現できない〟という信念からコーディネーター育成に取り組んだ。

本書で取り上げた地域と大学の連携事例は、すでにかたちが出来上がっているものもあるし、かたちができかけている発展途上のものもある。そのかたちをつくり、動き出させ、それを維持する鍵は、地域と大学の双方の事情を理解した上で、双方を説得し、双方を調整し、リーダーを動かしていく人材の存在だ。プロデュース機能を持ったコーディネーターとでも呼べる人材である。大学と地域連携が「連携協定書」という書類だけのものに終わらせないためのコーディネーターの発掘と育成は、国家的な課題と言って過言ではないと思う。

参考文献

『資本主義の終焉、その先の世界』（榊原英資・水野和夫／詩想社新書／2015）
『ポスト資本主義―科学・人間・社会の未来』（広井良典／岩波新書／2015）
『さらば、資本主義』（佐伯啓思／新潮新書／2015）
『地域再生の経済学』（神野直彦／中公新書／2002）
『田園回帰1%戦略―地元に人と仕事を取り戻す』（藤山浩／農文協ブックレット／2015）
『「明治」という国家』（司馬遼太郎／NHKブックス／1994）
『文系学部廃止の衝撃』（吉見俊哉／集英社新書／2016）
『地域社会に貢献する大学』（OECD編／玉川大学出版部／2005）
『学習する組織』（ピーター・センゲ／日本経済新聞社／2004）
『ウォッチ！ 県議会―県議って何だ!?』（宮島孝男／南日本新聞開発センター／2016）

第1章●地域との連携について学長に聞く

1 東日本大震災で認識された地方国立大学の存在価値

――藤井克己元岩手大学学長に聞く

2011年3月11日の東日本大震災は日本と日本人に、政治と経済と社会の在り方を考え直すことを突き付けた出来事だった。震災から丸5年、震災復興予算はこれまで26兆円もの巨費が投入されたが、東北再生は道半ばである。

政府が声高に進める「地方創生」は、地域の実情を無視した新たな中央政府の地方支配のかたちに見えなくもない。道半ばの東北再生なくして日本の将来もない。

東日本大震災発生時、岩手大学学長であった藤井克己いわて産業振興センター顧問（2014年4月就任）に、三陸沿岸の復興再生の現状と地方の国立大学の在り方について聞いた（2015年4月15日、盛岡市にてインタビュー）。

三陸沿岸部の復興と再生の方向

――藤井先生は滋賀県出身で、東京大学農学部へ進まれた後岩手大学へ奉職されましたが、岩手大学ではどんな研究と教育を

東大では、土壌の物理環境、特に水田で重要な役割を占める粘土の物性を基礎的かつミクロに調べていました。一方、岩手大学は当時からも「実践農学」の拠点でしたので、着任後は土壌とバイオマスの関わりを研究すべく、実践的に展開しました。しかしこれは、学長に就任して中断したまま、現在に至っています。

――東日本大震災発生後の3年間、岩手大学学長として特に三陸沿岸部の復興再生に取り組まれましたが、いま

振り返ると……

２００８年６月に学長に就任しましたので、丸３年目が終わろうとしていた時の発災でした。ただし今になって振り返ると、学長就任直後から世界的にはリーマンショック後の経済恐慌に見舞われ、その後の民主党政権誕生という、経済的・政治的変動に大学運営も振り回されました。右肩下がりの中で、大学の将来にどのような光明を見出すのか、難しい３年間でした。そういう点で震災後は、打って変わり〝なりふり構わずしゃにむに取り組んできた〟というところです。後半の３年間は大学として、むしろ求心的にまとまり一体感が生まれたとも言えます。

――震災前と震災後とでは、特に三陸沿岸部の岩手県民の岩手大学に対する認識・見方は変わったか

医学部はないものの、文理バランスの取れた総合大学として、教員約４００名、職員３００名弱が、震災後４月以降は「『いわての復興と再生に』オール岩大《がんだい》パワーを」のスローガンの下、総力を挙げて取り組んでくれたと思います。実は２００４年度の国立大学法人化の折も「岩手の〝大地〟と〝ひと〟と共に」を校是に掲げたように、地域あっての岩大と腰をすえたことが、７年後に実践的に活かされ、県民に存在感を示すことができたのではと考えます。

藤井克己元岩手大学学長
（現いわて産業振興センター顧問）

――藤井先生は、２０１４年３月に岩手大学学長を退任され、現在は公益財団法人いわて産業振興センター顧問兼連携推進センター長を務めておられますが、岩手県の産業振興の課題と方向は

岩手県の工業出荷額は２兆円強で、全国47都道府県中30数位のレベルにとどまっています。県としても自動車産業を核としたものづくり産業のすそ野の拡大、生産地域のクラスター形成を図っており、ある程度の成果は上がっていますが、震災の影響は甚大でした。多様で質の高い農林水畜産業生産、第１次産業を基盤とした６次産業化など、県内の事業を底上げする試みが、今後は重要になるでしょう。小規模な事業主が多いことも県内の特徴で、これらの商品開発、経営相談に乗るべくワンストップサービスの窓口として、当センターには「よろず支援拠点」を設け、全県的なサービスに努めています。

1000年に1度の大津波

——東日本大震災発生時（2011年3月11日、午後2時46分）はどこで

午後1時からの外国人留学生との懇談会のため、学内会議室におりました。3時までの予定で、ちょうどまとめに入っていたころでした。揺れの強さもさることながら、異様に長く続いたのが恐怖心を駆り立てました。生まれて以来、地震を経験したことない留学生ばかりだったので、大きなショックだったようです。

——岩手大学の外国人留学生はどこから

岩手大学には200名ほどの留学生がおり、出身国はアジアが圧倒的で、特に中国からが一番多く、120名ほどでした。この時の懇談会には10数カ国からの留学生のうち6カ国から各1名が選ばれて参加していました。

当日参加していたのは、中国、韓国、モンゴル、ベトナム、ロシア……だったと記憶しています。中国からの留学生は、震災後（原発の問題もあり）領事館から帰国の通達が来て、8割ほどが一斉に帰国したことが印象に残っています。

——最初に三陸沿岸の被害状況を視察された状況は

先遣隊は3月末に駆け足で沿岸部を回り、報告を受けておりましたが、私が現地を視察したのは年度が替わって最初の月曜日（4月3日）でした。岩手山青少年交流の家（文科省外郭団体）がマイクロバスを出してくれるというので、岩渕理事・副学長（現学長）、馬場理事・事務局長、地域連携センター小野寺教授、早川課長と私の総勢5人が三陸沿岸の被害状況を調査しました。遠野から釜石に入ったのですが、少しだけ片付いた瓦礫の山と（TV映像では決して伝わらない）ヘドロの悪臭に声が出なかったことを記憶しています。釜石で訪問した2カ所の避難所の状況は衝撃的でした。避難所の人たちの土気色した表情の暗さと、一方で、献身的に働いているボランティアの姿が今も印象に残っています。

≪大震災発生後２年半の岩手大学の主な対応≫

年	月日	出来事（対応）
2011	3月11日（金） 午後2時46分	東日本大震災発生（盛岡市　震度5強） 犠牲者：帰省中の学生1名　被災者：学生・教職員391名
	3月23日	卒業式中止
	3月28日	沿岸被災地先遣調査団派遣
	4月1日	岩手大学東日本震災復興本部設置
	4月3日	三陸沿岸視察団（学長、副学長ほか5名）
	4月7日	入学式中止
	5月8日	「新入生の集い」開催、前期授業開始
	5月16日	復興へのスローガンを掲げたメッセージボード設置
	5月18日	「岩手県沿岸復興プロジェクト」開始
	10月1日	三陸復興推進本部設置
	10月30日	東京海洋大学、北里大学と基本合意書締結（①）
	11月7日	「岩手県沿岸市町村復興期成同盟会」と『岩手県沿岸市町村の復興と地域の持続的発展に向けた連携・協力書』を締結
2012	1月7日	第1回全国水産系研究者フォーラム　開催
	1月30日	「岩手大学震災復興推進レター」発行開始
	2月9日	（2011（平成23）年度補正予算） 「大学等における地域復興のためのセンター的整備事業」に採択 ・三陸沿岸の「なりわい」の再生・復興の推進事業 （ものづくり復興支援、農林畜産復興支援、生活復興支援） ・いわての教育およびコミュニティ形成復興支援事業 （いわて高等教育コンソーシアム5大学「岩手県立大学・岩手医科大学・富士大学・盛岡大学・岩手大学」が協力して地域を担う中核人材育成事業）
	4月1日	復興推進本部を改組し、「岩手大学震災復興推進機構」設置 「岩手大学地域防災研究センター」設置
	4月3日	「久慈エクステンションセンター」設置（②）
	5月31日	「『岩手の復興と再生に』オール岩大パワーを―東日本大震災からの1年間の取り組み」発行（以降、年1回発行）
	10月1日	「宮古エクステンションセンター」設置
	11月2日	第7回マニフェスト大賞　震災復興支援・防災対策最優秀賞受賞（③）
2013	3月18日	「釜石サテライト」平田地区に竣工移転
	4月1日	「三陸水産研究センター」設置
	4月3日	「大船渡エクステンションセンター」設置
	5月21日	公開討論会「復興を通じた革新　産・官・学・NPO それぞれの役割　～ニューオーリンズに学ぶ」開催（④）
	10月3日～	全学共通教育科目　岩手の研究『三陸復興を考える』開講
	11月9日	第3回全国水産系研究者フォーラム　開催（⑤）

①

②

③

④

⑤

岩手大学の三陸復興支援組織の立ち上げ

――「震災復興対策本部」から「三陸復興推進本部」の立ち上げまでおよそ半年、その間一番苦労されたことは

震災が発生したのが3月11日でしたから、その後の1カ月は、入試、卒業、入学手続き、学事暦変更など、学務上直ちに対応しなければならないことも多く大変でした。一方、スタッフたちには、くじけてなるものかという一種の昂揚感がありました。あっという間のひと月でしたが、4月半ばを過ぎると、東北にも遅い桜が満開になりました。しかし、学生の声が聞こえないキャンパスに、猛烈な寂寥感に襲われた記憶があります。職員の疲労感もこのころがピークでした。5月に入り、遅ればせながら学生がキャンパスに顔を出し、ようやく生気が戻りました。それで教職員のモチベーションが上がりました。1100名ほどの新入生がGW明けの「新入生を迎える集い」(5月8日)に現れたときは、心底〝学生あっての大学〟と痛感したものです。

――「『いわての復興と再生に』オール岩大パワーを」のメッセージはどういう経緯で

学長、理事、副学長と事務局主要メンバーでメッセージを打ち出そうと検討し、すぐに決まりました。一同納得のフレーズは「オール岩大《がんだい》パワーを」のところでした。正門前の看板デザインを教育学部美術科の藁谷《わらがい》収教授に依頼したところ、ほんの数日で「北東北の白地図に(岩大マスコットの)がんちゃんがパワーアップしている図案」が届き、「これだ!」と心が一つになりました。藁谷先生は岩手大学教育学部美術科OBで、地域における芸術活動の重要性を震災以前から重視し、『アートフォーラムいわて』を立ち上げるなど精力的な活動を展開している先生です。

――震災直後の4月1日に設置された「岩手大学東日本大震災復興対策本部」の3大目的を「地域防災」「被災者生活支援」「地域立脚型産業再建」とされました

防災面から「安全な街と暮らし」を、その生活の全面的な支援体制を、それらが持続できるように(1日も早く)「生活を再建する」という3テーマは、県の復興計画を策定する際も緊急課題でした。

水産研究強化への大改革

――三陸沿岸の「水産業の復興」を最重要テーマに掲げられた理由は

三陸沿岸においては「生業＝水産業」という現実があります。特に、漁獲や養殖＋加工＋流通と付加価値が大きく伸びる可能性を秘めており、「水産業の復興なくして三陸の復興はない」と認識するようになりました。また岩手県の三陸地域は沿岸線が２００キロメートル余りもあり、１１１漁港、36漁協、これに2万人余りの漁業者が関わっており、農業・農協の関係に比べ、水産業は零細で分散しています。県の復興委員会が東京ベースで進んだ宮城県は「漁業権の民間開放へ」と進んだのに対し、岩手県は復興委員会もオール岩手の委員構成だったので、「各浜ごとに立ち上がろう」と対照的でした。

――「三陸水産研究センター」の立ち上げで苦労されたことは

第1次産業が農業・林業・水産業・畜産業とある中で、水産分野は農学部の中でも欠落している大学が多く、岩手大学もその例にもれませんでした。１００名を超える農学部教員の中にも、海洋環境や海洋生物、その加工に携わった者は皆無でした。ただ水産重視の考え方を議論する中で、東京海洋大学の当時の松山優治学長（農学部長時代から旧知）や大船渡から一時（東京へ）撤退した北里大学海洋生命科学部との3大学で、２０１１年10月30日に、連携推進の基本合意書を締結できたことが大きな一歩になりました。

――その直後に「全国水産系研究者フォーラム」も開催されました

本学の水産学創生への活動にとって、3大学連携推進合意の2カ月後の２０１２年1月7日に（釜石市で）全国水産系研究者フォーラムを開催できたことも大きかったと思います。このフォーラムには愛媛大学の山内皓平先生をはじめ、熱い海の男たちが参集し、以後のヒューマンネットワーク形成の契機になりました。

第１回全国水産系研究者フォーラム

▼COLUMN

「三陸水産研究センター」は
東日本大震災復興のシンボルであり活動拠点

震災後の岩手大学水産研究体制の整備をバックアップしてきた中心メンバーの一人である山内晧平愛媛大学南予水産研究センター長（愛媛大学社会連携推進機構教授）に聞いた（2015年4月インタビュー）。

——どういう経緯で岩手大学の客員教授に

科学技術振興機構（JST）の齊藤仁志部長（当時）が推薦したのではないかと思います。私が在籍している愛媛大学南予水産研究センターは、2008年4月に宇和海に面した愛南町に地域立脚型で地域振興に寄与する研究所として設立されました。我々の地域でのこれまでの活動が三陸沿岸の水産業復興に役立つと考えられたようです。

山内晧平愛媛大学南予水産研究センター長

客員教授を引き受けたのには2つの理由がありました。私が前職の北海道大学水産学部長の時、小沢釜石市長（当時）から水産学部と水産資源の活用を中心とした包括連携協定を結びたいという要請があり、2005年10月に協定を締結した経緯がありました。もう一つは当時、私は地域自治体との連携を模索していて、その点で進んでいた岩手大学を参考にしていたからです。こんな個人的な事情もあって、水産研究者として岩手県の震災復興に少しでも貢献したいと思っていた矢先の申し出でしたので、喜んで引き受けたわけです。

——愛媛大学南予水産研究センターではどんな研究を

南予水産研究センターが面する宇和海地域は日本一の養殖生産量を誇り、漁業生産量を上回っています。当センターは、環境科学研究部門、生命科学研究部門、社会科学研究部門が連携し、天然資源に負荷を与えない養殖を中心として、生産から流通・販売に加えて漁村文化までの研究をもとに一貫したシステムを構築することを目的としています。特に、地域のニーズの中に研究シーズを見出して、地域の課題を解決することに留意しています。研究課題は多岐にわたっていますが、主なものは生産現場環境の保全と赤潮発生機構とその予報システムの開発、海洋生物の生命機能を活用した、付加価値が高く安全・安心な養殖魚の作出に関する研究や新養殖魚の開発、地域に合った新しい流通システムの開発、漁村文化や魚食教育に関する研究などです。これらの研究を機能的に融合させて、生産者が利益の出せるシステムを構築するための活動をしています。言い換えると漁業の6次産業化です。

――岩手大学三陸水産研究センターとどんな連携を

愛媛大学の南予水産研究センターと同じく、岩手大学三陸水産研究センターも地域に立脚して地域振興を図るセンターです。しかも、それまで大学の中に水産関連の学部はもちろん、学科さえない状況の中でセンターが設立された事情は愛媛大学も同じです。地域振興のためには産学官連携が欠かせません。しかし、現実的にはそれぞれの機関は設立目的も異なりますし、文化も違いますので、機能的な連携を行うためにはいくつものハードルがあります。これらのハードルの克服は両センターにとっては共通の課題であり、共に越えていかなければ我々の活動は地域振興に結びついていきません。両センターで連携して教育・研究協力に加えて地域振興に関する情報を共有し、一緒に新しい水産システムを作って水産業を発展させ、三陸震災復興に貢献したいと思っています。

――岩手大学三陸水産研究センターに期待されることは

岩手大学三陸水産研究センターは東日本大震災復興のシンボルで、復興活動の拠点という役割を担っています。復興のためには、既成の水産業やそれを支えてきた水産学を未来に向かって変革していく必要があります。すなわち、これからの水産研究者には、有機的な産学官連携により高い志とそれを実現する覚悟をもってイノベーションを興し、次世代型の新しい水産システムを構築することが求められています。三陸水産研究センターはそれらの中核としての役割を期待されていますので、我が国の水産系研究者は全力でその活動を支援するつもりです。

岩手大学と地域の関わり

――岩手大学は、もともと地域自治体との連携に熱心な大学でした

２００４年度の法人化の折に「岩手の〝大地〟と〝ひと〟と共に」を校是に掲げたように、地域との結びつきの強い大学として誇れると思います。ＩＮＳ（いわてネットワークシステム、１９５頁参照）がその象徴で、20年余り前、大学のみならず官・民の若手～中堅有志が、肩書を外して任意に参加交流する場として生まれました。三陸沿岸では「海洋と社会」という研究会がスタートし、共通の課題を幅広く自由に討議する場と気風が育っていました。

――地域との関わりは震災後、変わりましたか

２００８年度に、私が愛媛大学南予水産研究センター長に就任して以降、国立大学96校（現在は80校）は、一部のスーパーグローバル研究大学と医療などの専門特化大学、そして多くの地域立脚・地域貢献大学に機能分化しつつあります。岩手大学の学内では、震災以前は、「あまり〝地域だ、岩手だ……〟と限定しなくてもよいのでは」という声が少なからずあったのですが、震災後は先のスローガンのように〝地域に見捨てられたら終わり〟という思いが求心力を発揮したことは間違いありません。

――三陸沿岸部の復興再生の鍵は

30年前、岩手大学に赴任した時、東京―盛岡は４時間半かかりました。それが今では２時間12分と半分に短縮されました。ところが盛岡と三陸沿岸とは、相変わらず今でも２時間半、交通のハンディはいかんともしがたいものがあります。人口減少率も沿岸部は県平均の２倍で進行するなど、そもそも沿岸地域が以前から「地崩れ」しかけていた時の今回の震災でした。その中で希望のよりどころは〝人材の育成を通じた地域の担い手づくり〟しかないと思います。

――三陸沿岸地域の再生の方向は「田園回帰」でしょうか

被災地域の将来を考えると、今後は地域に住み、そこで働き、地域コミュニティに参画するという姿勢が重要になってくると思います。経済評論家の寺島実郎氏が言うように、仕事には本来「かせぎ」と「つとめ」の両面

があります。つまりカネを稼ぐことと、社会的な役割を務めるということですが、この両方を今日満たすことは、実に困難です。しかし地方においては、日本のGDPには貢献できなくとも、これを満たす仕事（生業）は多くあります。その多くは稼ぎは悪くとも、機械では決して代替できないものです。休日には、お祭りなど伝統文化を継承する地域資源活用の担い手になるなど、多くの世代を包括した人間本来の多面的活動を発揮できるのが、地域の強みだと思います。

三陸沿岸地域復興再生はどこまで進んでいるか

――東日本大震災発生から4年、産業振興センターの立場から、三陸沿岸地域の復興再生はどこまで進んでいると思われますか

学長として大震災に直面したころ、震災後3年以降が〈復興〉再生の〉正念場と意識していました。4年経った今、国民の東日本大震災への関心が薄れつつあることも事実です。岩手大学教職員の意識にも見え隠れしているのではないかと少々気になります。

――東日本大震災復旧復興に国のお金が重点的に投入される5年間が今年度で終了しますが（震災後5年間の26兆円が今後5年間は5兆円に減額）、「いわて産業振興センター」の立場から今後をどう見ていますか

被災地を含めた全県的、かつ全産業的、全世代的な復興が望まれますが、建設資材と人件費の高騰が公共事業費を押し上げ、沿岸水産業などで人材が集まらない事態が起きています。このように立ち直りのスピードに産業間で格差が生まれ、固定化、いやむしろ二極化していることが気がかりです。これは地域間、集落間、集落内でも見られます。「津波てんでんこ」という言葉が〝わき目も振らずにてんでに津波から避難する〟スローガンとして定着しましたが、現状は「復興てんでんこ」になっていないか？　検証と対応が望まれます。

――大震災から丸4年、被災地岩手で感じておられることとは

２０１４年の首相年頭所感では、東日本大震災に関する言及が避難生活者のことや福島原発の廃炉や汚染水問題に及んでいましたが、今年（２０１５年）の首相年頭所感では東日本大震災の対応は課題の一つに挙げただけで、東京五輪の招致演説で〝汚染水はアンダーコントロール〟と胸を張ったように、(政府は)現場の苦悩が今も続いていることに正面から目を向けていないように感じます。

これからの地方創生と地方大学の責任

――「文系学部の廃止・削減」論が地方創生に与える影響は

地方創生にこそ、文理を超えた総合的人材が必要です。文科省の進めようとしている「文系学部の廃止・削減論」は、これと逆行するものですが、これもこの間の日本の大学のグローバル化とイノベーション創出への取り組みの遅れに対する焦りから生まれた、近視眼的な対応ではないでしょうか。

――地域再生には大学だからこその役割があるのでは

もろもろの格差が、地域間に、世代を超えて、連鎖・定着しつつある今の日本の状況の中で、産官学など多様な主体が手を携えることが必要です。その点で比較的自由に〝ネットワークのハブとして〟機能できるのが「(大)学」です。まさにCOC(知の拠点)としての大学が発揮すべき役割や責任が大きくなっていると考えております。

参考文献
『農山村は消滅しない』(小田切徳美/岩波新書/2014)
『何のために働くのか　自分を創る生き方』(寺島実郎/文春新書/2013)

2 地方国立大学の存在意義を国民的議論に
――和歌山大学学長と山形大学学長に聞く

2015年2月10日朝、仙台から仙山線で山形へ向かった。その日の午後0時半からJR山形駅ビルの山形メトロポリタンホテルで開催される山形大学主催の「知の拠点整備事業（COC事業）シンポジウムIN山形」に参加するためだった。

仙台を出るとき晴天だった空から、やがて雪が舞ってきた。作並温泉を過ぎて電車が山間地帯へ登っていくにつれ、雪は本降りになってきた。秋には紅葉の美しさに見とれる仙山線の最高地点は、雪で覆われ真っ白。もう少しで、芭蕉の句で有名な山寺と思った山中で突然、電車はガッツンという音とともに急停車した。30分くらい経って、イノシシと衝突したことが原因だと車内アナウンスで判明した。車体の損傷の具合を調べ、停車していた電車がやっと動き出したのは1時間半後だった。

「知の拠点整備事業（COC事業）シンポジウムIN山形」の様子

シンポジウムに間に合わないのではと気が気でなかった。山形駅に到着し、急いで会場に駆け付けた時は、当時の山本健慈和歌山大学学長の基調講演『地域貢献は地域の苦悩の共有から始まる～大学の責任ある地域参画のために～』が始まって20分ほど経っていた。そんな思い出があって実現したのがこの学長対談である。

地方の国立大学と地域の連携は、試行錯誤の段階がまだ続いていると筆者には感じられる。その連携に正解はないし、マニュアルも、ひな形もない。それぞれの地域ごとに価値を発掘し、付加価値を生み出すプロセスを地方の国立大学が主導権を握って欲しいと強く思う。国の指示や補助金が縦割りに降りてくる国と自治体の関係は決して対等ではない。だからこそ、地方創生・地域再生に、地の拠点、知の拠点である大学にもっと力を発揮して欲しいと願うばかりである（2015年2月2日インタビュー）。

地域と大学の成り立ち

――大学の概況と地域の特性

山本　和歌山大学は、戦前からあった和歌山高等師範と和歌山高等商業を基盤に1949（昭和24）年に新制和歌山大学として発足しました。その後、1995年にシステム工学部、2008年に観光学部を新設し、現在は4学部、4大学院を擁する紀伊半島唯一の国立大学です。観光学部の設置は、紀伊半島の自然と歴史資産の活用の必要性が背景にあります。2014年4月には観光学

≪山形県と和歌山県における国立大学の位置づけ≫

	山形県	和歌山県
面積	9323km^2（全国 9 位）	4726km^2（全国 30 位）
人口	113 万人（全国 35 位）	97 万人（全国 40 位）
人口密度	121 人／ km^2（全国 42 位）	205 人／ km^2（全国 29 位）
高齢化率	28.34%（全国 5 位）	27.95%（全国 7 位）
県都人口（集中度）	山形市 25 万人（22%）	和歌山市 36 万人（37%）
10 万人以上の都市	鶴岡市、酒田市	なし
大学数 *	国立 1、公立 1、私立 3	国立 1、公立 1、私立 1
大学生数 *	12896 人（全国 37 位）	8788 人（全国 44 位）
国立大学学生数（県内比率）	9214 人（71%）	4771 人（54%）

＊大学数・学生数　……文部科学省「学校基本調査」平成 24 年

小山清人山形大学学長（左）と山本健慈和歌山大学学長（現国立大学協会専務理事）（右）

部に博士課程を設置し、2016年度には「国際観光センター（仮称）」を設置する予定です。設置後は、観光学の研究で世界的に有名なイギリスのサリー大学とオーストラリアのクイーンズランド大学と連携します。日本や東アジアを中心に観光学研究を進めて、両大学と並ぶ国際的観光学研究の拠点になることを日指しています。

小山　山形大学は、1949（昭和24）年に、山形高等学校、山形師範学校、山形青年師範学校、米沢高等工業専門学校、山形県立農林専門学校を母体に新制山形大学として発足しました。現在は6学部6大学院を擁する東北地方有数の総合大学です。「自然との共生」を理念とし、〝教育〟を最も重要な使命に位置付けています。

――両大学の特色は

小山　山形大学のキャンパスは山形県内に分散しています。工学部は米沢市、農学部は鶴岡市、本部など他学部は山形市にあります。そのことが昔は弱点と言われてきましたが、今は逆に強みになっています。昨年度の文部科学省のCOC事業の認定を受けた『自立分散型地域システムの構築事業』は、まさにキャンパスの分散というインフラを活かして地域活性化のシステムを開発します。

山本　和歌山大学が立地するキーポイントは何かと考えますと、紀伊半島の広大な自然を生かした教育研究に注力することになります。また和歌山という風土には、人を育てる環境基盤と若者が育つ可能性があります。人間関係が非常にこころ厚くて、青年たちに対して想い深く、色々なことを支えてくれる人たちが実際にいます。東京のような大都会のコンクリートで打ち固められ、人間関係の希薄なところでは、そういうことを見つけ出すのは難しいと思います。

――地方創生の時代を迎えて地方の国立大学の責任は

小山　山形県は、中核となる都市が日本海沿岸部と内陸部に分散し、広大な面積を有する農村と都市の共生型の地域ということになります。明治維新後に廃藩置県が実施される前は、自然環境も歴史も文化も産業も違う、庄内、最上、村山、置賜という具合の藩に分かれていましたから、それぞれの地域の個性（歴史や文化）を生かした地域作りが必要です。その個性ある地域作りに山形大学の総合力を活かせる時代が来たと考えております。また山形県の場合も近年大学が増えています。４年制大学だけでも、本学のほか、東北公益文科大学、東北芸術工科大学、東北文教大学、県立保健医療大学、県立米沢栄養大学があります。２００４年には、県内の大学・短期大学と「大学コンソーシアムやまがた」を設立しました。今後は国公私立に関係なく、補完しあえる部分は協力していくことが必要です。

国立大学の法人化から12年

――法人化で国立大学は変わりましたか

山本　２００３年７月の大学の法人化は大学に競争原理を導入するという正論の部分と国の財政削減という喫緊の課題の両面がありました。いまは財政削減の側面が行き過ぎて、地方の国立大学は「壊死」の危機にあります。ＯＥＣＤ諸国の中で、ＧＤＰ比の高等教育予算が世界最低という現実も踏まえて、特に地方の国立大学の存在意義や地方の国立大学への国家予算配分の考え方について、国民的な議論を深めることが喫緊の課題だと痛感しています。

小山　法人化そのものについては、大学の自主性・自立性の尊重、大学の裁量が大きくなったという意味では良かったと思います。本学も、この10年で、企業との共同研究等により、受託・共同研究費で全国でもトップ10に位置するまで頑張ってきました。一方で、毎年１％ずつ減額される運営費交付金が、本学の場合、毎年１億円の減額になります。人件費が中心をなす大学にとって、この金額は大きいです。職員でいうと毎年20名ずつ削減しなければならない計算になります。この10年、外部資金の獲得、人件費の削減等努力を進めてきましたが、そろそろ限界にきています。人件費削減で賄えない歪みが、だんだん学生の教育環境に影響が出てきている状況を懸念しています。

――国立大学を取りまく状況は

山本　いま、２０１6年4月から始まる6年間の国立大学法人への運営交付金の議論が大詰めです。政府サイドの案は運営交付金を3割カットして、それを財源に大学改革を促進誘導しようというものです。もともと国立大学の財政構造は、学部・大学院の教育に当たる教職員の雇用と事業費だけで構成されてきたわけですから、返してもらっても本来の教育を中心とする事業が行えるだけで、改革の原資にはならないのです。

――地方の国立大学への地元の期待は

小山　山形大学の教員は、他の地方大学に比べて、教育面でも研究面でも地元への貢献を意識する教員が多いように思います。そういうこともあり、県民の大学に対する関心・愛着は、他県と比較しても高いほうだと思います。〝おらだ（我々）の大学〟と言ってもらえるように、しっかりと地元に根付いた大学づくりを心掛けたいと思っています。

地方の国立大学も〝地域と共に〟

――地域へのメッセージは

山本　２００９年8月、私が学長に就任した時に、経営目標を「地域を支え、地域に支えられる大学」と決めました。そして「和歌山大学は　生涯あなたの人生を応援します」を大学運営のスローガンにしたのです。「生涯応援する」というスローガンに、当初は戸惑った人も多かったと思います。生涯応援の対象は、学生はむろんですが、教職員、卒業生、地域社会、そして地域住民を含むのだと、事あるごとに説明してきました。5年経った今では、このスローガンが学外でも知られてきました。その証拠に、〝そんなスローガンを掲げている和歌山大学なら、こんなことを考えて欲しい〟という注文も寄せられるようになってきたことを喜んでいます。

小山　山形大学のビジョンは「地域創生」「次世代形成」「多文化共生」です。教育、研究、社会貢献に全力で取り組み、国際化に対応しながら、地域変革のエンジンとして「キラリと光る存在感のある大学」を目指します。

――地域貢献の方針は

山本　大学の地域貢献は、責任ある地域参加でなければいけません。地域の方々と地域の課題を共有し、ともに苦悩し、その解決過程に参加することが必要です。私たちが大学人としての出来合いの知識、出来合いの研究成果で地域住民とお付き合いしても、到底、住民の苦悩には答えられません。実際、そういう切実で、深刻な問題が地域にはあります。「地域の苦悩の共有から始める」という和歌山大学の地域貢献の基本的な考え方は、1998年に設立した生涯学習研究センターや、南紀熊野サテライト（2005年紀南サテライトとして設立）、岸和田サテライト（2006年設立）での実践の中から確信したものです。

小山　地域貢献で一番大事なことは、地域との信頼関係です。地域を「俯瞰」する立場としての大学も大事ですが、それ以上に重要なことは県民、住民と同じ目線で物事を考えることだと思います。我々が考えている以上に地方は厳しい状況にあります。同じ境遇・責任を共有できなければ相手にされません。その観点から山形大学の場合は、地域にとって「即戦力の人材育成」に注力したいと考えています。

――和歌山大学の「生涯学習研究センター」は全国でもユニークですが

山本　生涯学習研究センターは、かつては和歌山大学を始め30近い国立大学に設置されていましたが、その後、廃止や縮小に追い込まれています。和歌山大学の場合、生涯学習研究センターの活動の中で、サテライトの設置や大学と地域を繋ぐコーディネーター人材育成へと地域貢献のかたちを進化させてきました。実際、日本の大学は、近年「社会貢献」を基本的使命として位置づけていますが、その哲学や手法は、まだまだ未成熟です。生涯学習研究センターの活動を通じて「地方の国立大学」という自己意識を鮮明にしてきた和歌山大学の取り組みは先進的なものであると自負しております。

――「大学と地域の連携コーディネーター育成」に注力しています

山本　地域と大学を結びつけるには、地域のことも分かり、大学のことも分かって、その間を取り持つ人が絶対に必要です。それは、教員、職員と並ぶ、第3の職種とも呼べる人材で、地域と大学の関係を成立させる人材とも言えます。この人材は、教員・研究者そして事務系職員の日々の協働作業から生まれてきます。和歌山大学では「地域と大学を繋ぐコーディネーターセミナー」を2012年度から開催しています。初回は、関心も高く、全国の大学や諸機関から100名が参加しました。2年目からは実践的なグループ研修に移行しましたが、2013年度は51名、2014年度は55名が参加しています。コーディネーターの重要性が浸透してきたと感じています。

文部科学省のCOC事業と「地方創生」

――文部科学省が打ち出したCOC事業とは

山本　文部科学省がCOC事業構想を打ち出したのは2013年です。国が初めて地域に向き合った高等教育政策として評価できます。そこでは大学が地域にもっとコミットし、地域再生にとって大学の存在価値があることを実現することを課題として設定しています。その点では、2011年3月の東日本大震災後の岩手大学と福島大学の活躍が文部科学省の背中を押したことは間違いありません。もっとも、国立大学の成り立ちとこれまでの行動パターンを考えると、地域連携事業を、大学経営もしくは学長の経営理念の中心に据えることは、いまも相当な難題なのではないかと感じます。

――山本学長は社会教育学研究者から学長に

山本　私の専門は社会教育ですが、それらの研究の過程で自治体政策やまちつくり実践へ関与するようになりました。加えて自分自身の子どもの教育に関連して、無認可共同保育園の運営に関与しました。このことが、子ども・家族の生涯・人生の支援の研究と実践に関わるきっかけになりました。その研究と実践の経験が、和歌山大学の学長に就任してからの大学の地域貢献についての基本的な考え方の基盤に繋がりました。

――COC事業の今後の方向は

山本　いま、国立大学改革という政策の中でCOCが叫ばれていますが、これは地域を舞台に学生を育てよう、地域の課題解決に（研究者の個人的な関心からでなく）大学全体で取り組む体制を大学運営の中核に組み入れようとする考え方です。初めて地域に向き合った高等教育政策として評価できます。もっとも、和歌山大学ではすでに行ってきたことです。大学が地域に参加するというこれまでの和歌山大学の活動は、〝学生が育ち〟、〝大学が育ち〟、そして〝地域が元気になる〟というプロセスを作り出そうと取り組んできました。そのことを「地域から世界を見通し、地域で育て、世界に発信」というメッセージで表しています。

――山形大学のＣＯＣ事業「自立分散型地域システムの構築事業」の狙いは

小山　このプロジェクトは山形県の地方創生の鍵を握る、と言って過言ではありません。広大な山形県に自立分散型の社会システムを構築すること、そしてその社会システムを動かし関与していく有能な人材を育成すること、という２つの目標を立てています。その背景には、本学が２００５年に県北の過疎地域（最上地域）にバーチャル大学『エリアキャンパスもがみ』を立ち上げ、文部科学省の現代ＧＰの認定を受けて取り組んできたことがベースにあります（第６章１参照）。

――「地方創生」と地方大学の役割

山本　もっとも重要な役割は、地域の持続的発展を担う人材育成のプロセスに大学が関与することです。さらに地域の自治体の計画立案や施策の中に、大学の位置づけが明確にされていることも必要です。いま一つは、複数の大学、自治体、企業などが地域創生に関わる協働体を作ることが今後の方向ではないでしょうか。ですから地方創生に関わる地域の大学を国立、公立、私立と区別して考えることはナンセンスです。

小山　本学としては山形県全体をキャンパスと考えたＣＯＣ事業ですから、各市町村には大学をシンクタンクとして活用いただこうと考えています。ですから、山形県と６市町村を連携自治体に指定し、それぞれの自治体と、課題整理と課題解決に向けた取り組みを進めています。

――地域の切実な要望は「卒業生の地域定着」ですが

小山　本学の場合、県内からの入学者25％、卒業者の県内就職率が25％で、割合的に見れば同率になります。問題は県内からの入学者数が少ないことで、ここ３年を見ますと、山形県内の志願者よりも宮城県からの志願者の方が多いです。山形県全体で考えてみても、県内の高校卒業者が県内の４大学に入学する率は18％しかありません。東北6県だけでなく、全国的に見てもかなり低い数字です。山形県の場合は県外の大学へ進学したのちのUターン率は極めて少ないです。一方、県内の大学に入学した学生の県内就職率は結構高いです。この状況を考えると、卒業後の地域定着を高めるには山形大学の県内からの入学率を上げていくことが肝要だと思っています。もちろん即効薬はありません。そこでまず取り組むことは、地域社会が求める人材とはどういう人材かを認識し、その求められる人材と出口（就職先）を意識した教育を実践するしかないと思います。その積み重ねが山形大学への信頼（＝ブランド）になって、結果として卒業後の県内への定着につながっていくと考えています。そのための施策を着実に実行していくつもりです。

東日本大震災で再認識された地方の国立大学の存在意義

――東日本大震災後の福島大学と岩手大学の活動の評価は

山本　東日本大震災後1年経った2012年の予算編成過程で検討された「大学改革タスクフォース」で、社会とのかかわりで広く国民的議論の必要な事項として「（生涯学習や学び直しを含む）地方大学の地域貢献」が挙げられました。これは東日本大震災後の福島大学や岩手大学の活躍が、大きく影響したことは間違いありません（第1章1参照）。この考え方が、2013年6月の「大学改革実行プラン」のCOC事業として結実したのです。

――東日本大震災から丸4年、大学の問題意識は薄れていませんか

山本　私は震災直後から「3・11を忘れない、研究者の社会的責任を考え続けるプロジェクトに持続的に取り組むべきだ」と提言してきました。ところが国立大学協会の中でも、大学によって立場が違うのか、国大協として取り組もうということになかなかなりませんでした。国大協としてのプロジェクトを福島でやるべきだと提案したことがありますが、それに賛同され「私もそのために努力する」と言ってくれたのは、当時の東京外国語大学の亀山郁夫学長でした。この提案は東電福島原発事故から2年後の2013年6月に、やっと福島で実現しま

した。和歌山大学では3・11を忘れない「大学としての活動」を続けてきました。担当理事や担当セクションを説得して、2013年2月に初めて和歌山大学で実現できたのです。翌2014年2月にも2回目のシンポジウムを実施しましたが、今後も継続的に、「3・11を忘れない、フクシマを忘れない。地域と共に、研究者の社会的責任を考える」というプログラムを3・11前後に企画したいと考えています。

“地方の国立大学を壊死させてはならない”

――日本の大学が直面する問題は

山本　大学の存在価値が広く国民に認識、承認されていないこと、そして大学の社会的責任についてのメッセージが社会に十分伝わっていないことです。また全国に800近くある大学の多様性が、大学運営の考え方の多様性につながっています。その結果、深刻な問題を引き起こしているケースも散見します。

小山　今の日本の大学は、社会の動きよりも一歩遅れをとっているように思います。本来、大学は社会よりも一歩先を進んでいなければいけません。人口減少と高齢化、資源・環境問題、グローバル化、価値観・ライフスタイルの変化など、社会は大きく変化しています。だからこそ大学は20年30年先を見据えて、社会が期待する人材をきちんと輩出していかなければならないと思います。

――大学は誰のために、何のために存在するのか

山本　私は、38年間にわたる長い研究生活の中で「生涯学習の自由」「表現の自由」「報道の自由」が、市民の幸せ、地域の幸せ、社会の平和に深く結びつくことを学びました。これから日本が目指す世界平和、国民の幸せ、地方創生に欠かせない、大学の研究・教育の自由、住民の学習の自由、住民の意見表明の自由を保障することの重要性を特に強調したいと思います。また、国立大学はまだしも全国に603もある私立大学の経費の国家負担は、わずかに10％です。このままでは日本の高等教育機関としての大学の衰退は明らかです。国家的な課題として、国民的な議論が必要だと痛切に感じています。

――最近「地方国立大学に対する予算の充実を求める声明」が外部委員から出されています

山本　本学の運営協議会の外部委員からこの声明が出されました。独立法人化以降の教育費交付金の削減がこれ以上進むと、教育研究に携わる教職員の削減が進み、大学現場の疲弊が限界を超えて（特に地方の国立大学の）地域への責任が果たせなくなるという警鐘というか、警告の声です。このような提言が出たことを大学経営の責任者として心強く思っています。政府は「地方創生なくして日本の将来はない」と言いながら、地方創生の一翼を担う大学に期待する地方の声が十分反映されないことに、地方の行政機関や地方経済界の危機感が高まっています。2016年から6年間の国立大学への運営費交付金が、関係省庁や一部の有識者を中心とした中央の立場だけで決められていくことの問題点を広く国民に認識してもらい、公平公正な議論が進むよう強く願っております。

――山形大学でも同様の声明が

小山　経営協議会の学外委員から、このような声明を出されたことに深い敬意を表します。現在、経営協議会の学外委員の重要性（見識・助言・箴言）が一層増しています。その意味で、この声明の重みは大きいです。本学としても、この声明をきちんと受け止めて、今後もしっかりと努力していきたいと肝に銘じております。

参考文献
『地方国立大学一学長の約束と挑戦』（山本健慈／高文研／2015）
『国立大学の予算充実を求める外部委員の声明』（和歌山大学・山形大学に続き東北大学、福井大学ほかからも）
『国立大学』（国立大学協会）

3　地域の未来は公立大学が支える

――公立大学協会会長・副会長に聞く

日本はいま、「地方創生」をスローガンとし、「地方分権」「地域密着」「地域自立」への変革を求められている。その実現のためには「地域人材の育成」が課題になるが、〝知の資産・知のネットワーク〟を形成する「公立大学」の役割に期待がかかる。

文部科学省「大学改革実行プラン」（2012年）では、「目指すべき新しい大学像」として6つの方向が掲げられた。地方の大学、中でも公立大学にとって次の3つが極めて重要である。

・学生がしっかり学び、自らの人生と社会の未来を主体的に切り拓く能力を培う大学
・地域再生の核となる大学
・生涯学習の拠点となる大学

全国に86ある公立大学の現状と今後の方向性について公立大学協会の木苗直秀会長（前静岡県立大学学長・現静岡県教育委員会教育長）と近藤倫明副会長（北九州市立大学学長）に聞いた（2015年1月9日インタビュー）。

平成期に急増した公立大学

――公立大学の現状を教えてください

木苗　終戦直後の1949（昭和24）年には、公立大学は18しかありませんでした。39年後の1988（昭和63）年までに倍増しましたが、それでも36に過ぎませんでした。ところが平成に入って、急速に増加して、2014年現在では全国に86の公立大学があります。全

体の3分の2の60大学が、この26年間に設置された平成生まれの大学で、数の上では国立大学とほぼ同数になりました。

平成になって増えたのは、地方公共団体が地方の進学先の確保や地域ニーズに対した人材の養成、地域産業の振興などを目指して積極的な設置政策を進めたからです。国もその動きを後押ししたのです。

近藤　内訳をみると、都道府県立が最も多くて58大学（67・4%）、市立が24大学（27・9%）、県市共同立が1大学、組合立が3大学となっています。学部で最も多いのは看護・保健医療、福祉系で、あとは人文系、理工系、芸術系など多様な学部があります。

学生数は約14万8000人、教員数は約1万3000人、事務職員が約4700人です。学生数だけを比較しますと、国立が約61万人、私立が約209万人、短期大学が約14万人ですから、国立大学のほぼ4分の1の規模になります。

――組織運営体制の特徴は

木苗　法人の長である理事長が、大学の学長を兼ねることが原則ですが、両者を分離することも可能です。意思

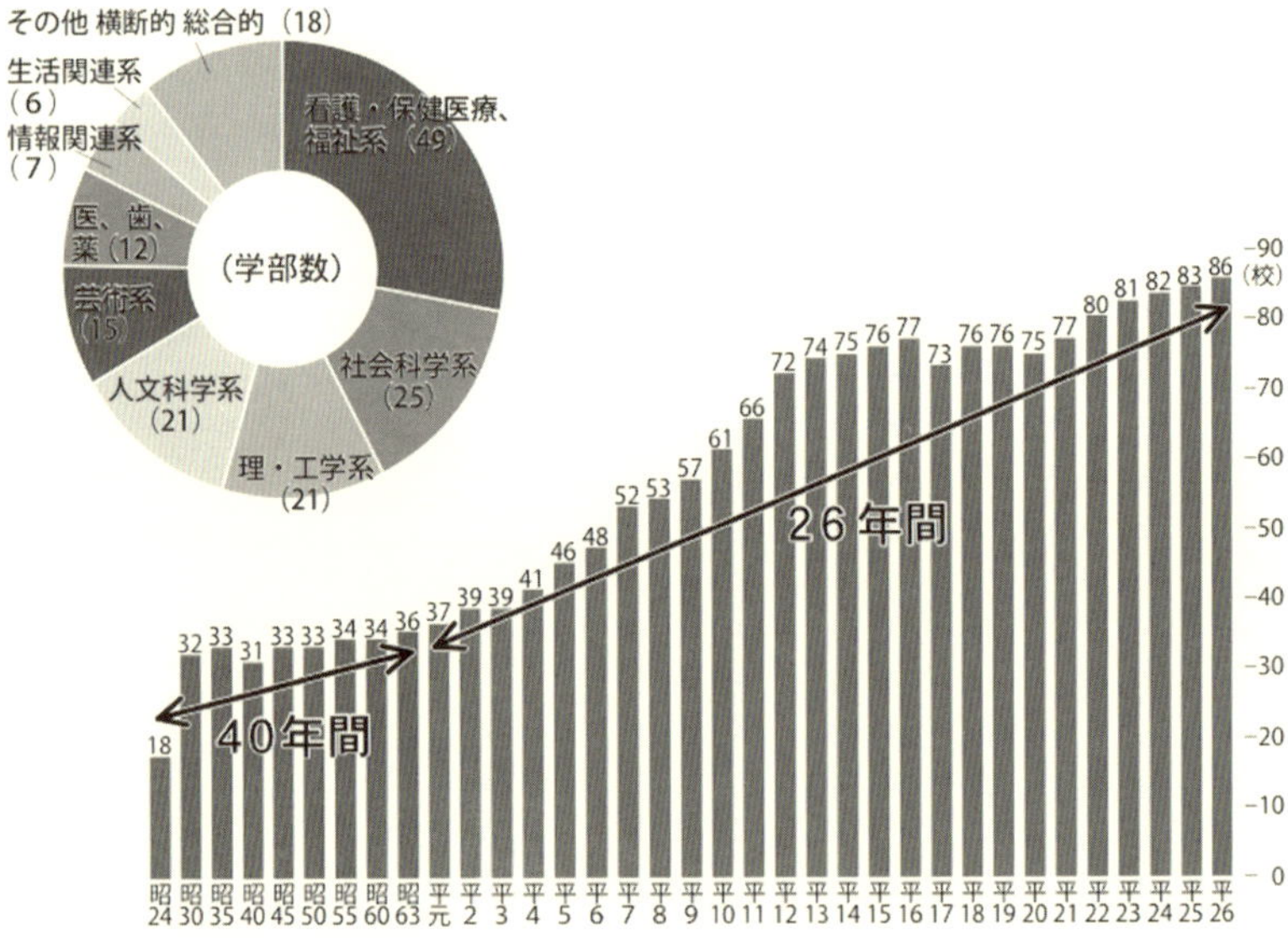

公立大学数の推移と学部の内訳

≪公立大学が進めてきた３段階の改革≫

時　期	段　階	背景となる行政課題	施　策
第１期 1989 ～ 2003 年 （大学数　37 → 76）	公立大学の設置	地域活性化 地元進学先の不足 特定分野の人材育成	新たな理念で大学設置 地域ニーズとのマッチング
第２期 2004 ～ 2013 年 （大学数　77 → 83）	公立大学法人の設立	行財政改革 経費削減公務員数削減、 大学のガバナンス改革	法人組織の整備 中期目標の設定 評価による PDCA 大学組織の見直し
第３期 2014 年～ （大学数　86 ～）	自治体政策への公立大学の積極活用	地域の未来 地域の再生 個性を活かした地域戦略	地域の大学機能の充実 大学人材の活用 大学の知的資源の活用

決定のプロセスにおける透明性を確保し適正な意思決定を担保するために、理事長・学長分離型にするか、一法人に複数大学を置くかなど、多様な運営体制が選択されています。

公立大学は法人化で改革が加速

――公立大学が抱える課題は

木苗　公立大学が設置されている地域の課題は、多岐にわたります。公立大学の場合、一部の例外を除いて、学部の総合性が十分ではない大学もあります。そこで、地域の課題を見極めて、専門性を高めること、すなわち選択と集中が必要です。さらに、地域の国立大学や私立大学と連携して、地域課題への対応に主導権を発揮するという考え方も重要になります。

――それらの課題に対する改革は

木苗　平成に入って学校数が急増したわけですが、迫られる改革に対し、公立大学は積極的に取り組んできました。改革は３段階に分けられます。第２期の法人化は、大学改革を大きく前進させるきっかけになりました。すべての大学で一斉に行われた国立大学の改革と異なり、地方自治の原則に基づいて、法人化するかどうかは設置団体の判断に任されました。法人化によって、設置団体は大学にドラスティックな改革を提案しました。大学側もこの機を逃さず、学長の強いリーダーシップのもとで組織改革に取り組んできました。

最終的には地方創生ということになりますが、公立大学を取り巻く環境はそれぞれ異なっています。直近の10年にわたって、設置団体との個別折衝を経て、それぞれの大学の特徴を活かして法人化を進めてきました。その過程で公立大学では、大学としてのガバナンス改革が先進的に進められてきました。ただし、法人化によって、設置団体との距離がむしろ遠くなった事例も少なくありません。

木苗直秀公立大学協会会長（前静岡県立大学学長）（左）と近藤倫明副会長（北九州市立大学学長）（右）

２０１４年からの第3期は、公立大学の教育研究機能を充実させ、自治体政策を積極的に活用し、地域社会の中で公立大学の存在意義の定着を図るための改革を進めてきました。そのためには設置団体の大学政策の検証が必要かつ重要になっています。

——法人化によって自治体との距離が遠くなったとは

近藤　法人化によって、公立大学は設置団体とは別の法人格になりました。そのことが、自治体における設置大学の位置付けが変わるという面も確かにありました。

これは当然予想されていたことですが、公立大学が自治体の一機関であったときに、自治体の財政担当部局や人事担当部局が行っていた業務を、今後は公立大学法人が自ら行わなければなりません。そのための独自の業務体制の整備やノウハウの蓄積が必要になっています。

公立大学は地域密着型の〝知の拠点〟

——公立大学こそ、文部科学省が提案する「地（知）の

拠点整備事業（大学COC事業）」としての役割に磨きをかけるべきではないでしょうか

木苗　文科省が2013年度から進めているCOCは、地方創生という差し迫った課題解決に向け、強力な牽引となる仕組みです。地域の課題解決のための〝知の拠点〟という意味では公立大学の位置付けが非常に高いので、COCの公立大学への重点配分や幅広く使途を認めるなどの弾力的な運用を国に要望しています。

公立大学の強みは、設置団体による政策との連動がしやすいこと、地域課題の把握など地域密着度に違いがあること、学部や学生数の規模が国立大学に比べて小さく小回りがきくため、専門性を深められることです。

――公立大学協会でも、公立大学の役割について議論されていますか

木苗　協会では、2014年度に中村慶久副会長（岩手県立大学学長）を委員長として、「公立大学の存在意義に関する課題」を議論してきました。その結果、地域や自治体との日頃からの連携が不可欠であること、また地域での学生の学びにおいては、地域を知り、地域の課題を考え、それを解決する力を育てる視点が重要であること、そして、学生が行う地域住民と一体となった活動を全学の教職員がバックアップすることが必要であると報告しています。

――日本創成会議・人口減少問題検討分科会が提言した「ストップ少子化・地方元気戦略」では、地方大学の在り方にも触れています

近藤　地方に次代を担う若者を集める上で、大学を核とした研究組織や産業を育成することが有効な手段だと考えられるようになり、地方大学への期待が高まってきています。公立大学としての役割と使命を改めて意識し、地域に根ざした取り組みを一層進めていく必要性を感じています。

具体的には、自治体や地元経済界による地方大学への投資が円滑に行えるような制度づくりなどが提案されています。COCでは、こうした官・民等との連携を構築し、地方での若者の雇用創出や就職率の向上を図ることが求められています。

公立大学の力を活かすための地域活性化研究会

――公立大学協会では「地域の未来は公立大学が支える」と宣言しています

木苗　地方創生と人口減少対策は国の最重要課題の一つです。そこで、地方の大学、とりわけ自治体が地域の課題解決のために設置している公立大学に、これまでになく大きな期待が寄せられています。

公立大学として、地方創生の要請に応えるためには、引き続き大学改革を進めると同時に、設置団体、国の政策関係者が知恵を出し合い、地域が必要とする機能の充実を図ることが必要です。そこで、公立大学政策に関わる総務省、文科省、全国公立大学設置団体協議会、公立大学協会の4者で構成される協議の場を2014年8月に設け、同年9月、「公立大学の力を活かした地域活性化研究会」を発足させました。

――具体的にはどんな議論が

近藤　9月に第1回地域活性化研究会を開催し、毎月1回の研究会を積み重ねて、12月に中間とりまとめを発表しました。第1回はCOC事業の優良事例の紹介、第2回は地域活性化に関する取り組み事例の紹介、第3回は公立大学の地域活性化に関する活動事例のアンケート結果のとりまとめに関して意見交換、第4回は総合評価を行いました。

――取り組み事例とは

木苗　奈良県立大学からは観光創造や都市文化の再生に取り組む地域創造学部の活動について、高知県立大学からは人口減に対応する県の施策と連動させた大学における取り組みについて、釧路公立大学からは地域のシンクタンクとしての地域経済研究センターの活動について、山口県立大学からは知の融合と異世代交流による地域活力の創造について、それぞれ報告されました。いずれも地域の特性に合わせた取り組みで、他の公立大学のヒントになるものでした。

近藤　活動事例のアンケート結果では、公立大学の取り組みには地域コミュニティの活性化や地域産業の振興などに効果をもたらしているものが多く、もっとも切実な課題である「定住促進（若者定着や地域からの人口流出抑制に向けた取り組みなど）」に直接結びつく事例は少

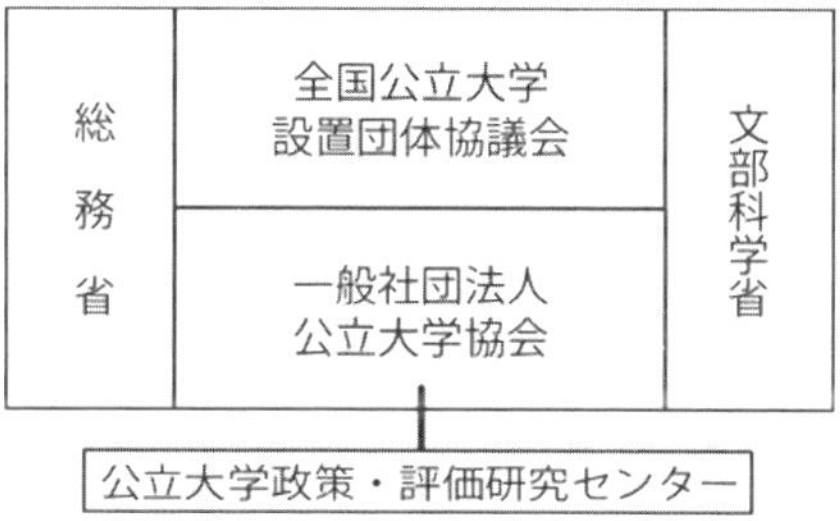

公立大学政策に関わる４者協議の枠組み

地域活性化研究会

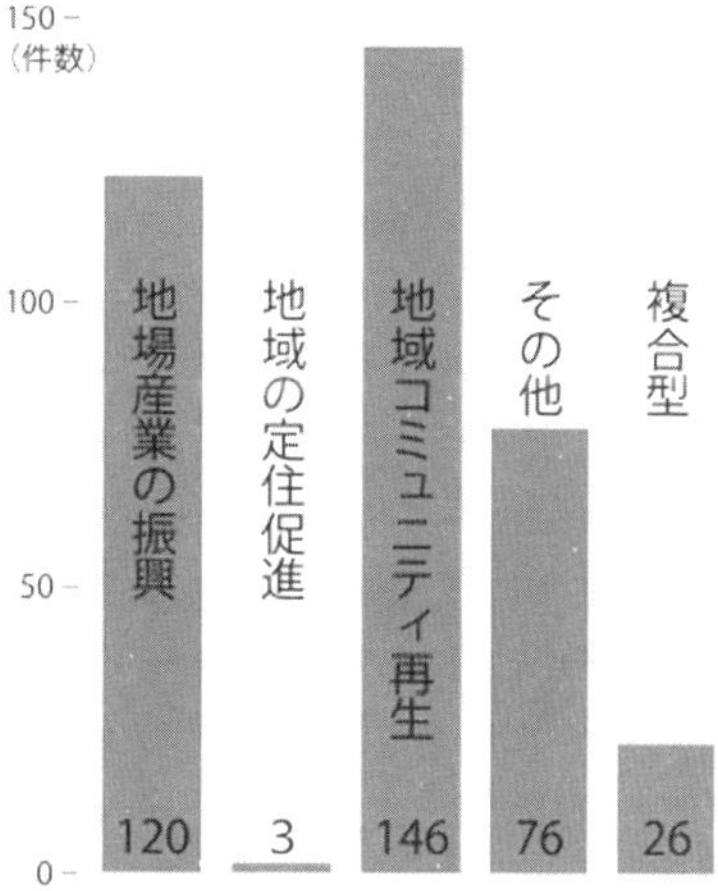

地域活性化に関する活動事例

ないことが分かりました。

中間とりまとめでは、公立大学は地方公共団体が設置する大学として、率先して地域課題の解決に取り組んでいく使命があること、公立大学には雇用創出、若者定着に関わる取り組みの拠点として具体的な成果を上げることがより求められていること、公立大学が新たな役割に伴う取り組みを行うための体制を構築することや、そのための予算確保が大きな課題になること――などが主な方向性として確認されました。

木苗　地域活性化にあたって、公立大学に自由度と責任を持たせるために、総務省からの支援強化を強く希望していますが、大学の使命を考えると、文科省との連携は不可欠と考えています。

鍵を握る職員育成と教職連携

――北九州市立大学では「職員の人材育成」に積極的に取り組んでいます

近藤　公立大学の運営を支える事務職員は、設置団体からの派遣職員と法人独自で採用したプロパー職員で構成されています。その割合は、公立大学全体でいえばほぼ同数ですが、今後、プロパー職員の比率が高まることが予測されます。それらに対応するために、特に設置団体からの派遣職員とプロパー職員の協力とともにプロパー職員の育成をいかに組織的に推し進めるかが重要になります。

　また、大学のマネジメント上の大きな課題として、大学運営や学生サポート、地域連携にあたって、大学教員と職員が車の両輪として協働することが必要不可欠です。しかしこの協働が、必ずしもうまくいっていないという現実もあります。

――北九州市立大学では職員教育をどのように

近藤　2005年度の法人化から2010年度までの6年間の第1期中期計画の総括として、市派遣職員とプロパー職員のバランス、事務組織の在り方、SD（スタッフ・ディベロップメント）計画などの長期戦略の不明確さが指摘されました。私が学長に就任した第2期中期計画においては「事務体制の強化策」を盛り込みました。その中核が「プロパー職員の比率アップ」です。

　2014年5月時点では市派遣職員41人、プロパー職員29人になっていますが、第2期中期計画終了時点（2017年3月）では両者の比率をほぼ同数になるように計画しています。

　市派遣職員とプロパー職員がそれぞれに成果を出すこと、また、教職員それぞれが公立大学の構成員としての自覚を高めていくことが重要です。大学ビジョンの共有化や、大学職員としての専門性の向上、教職協働による成果に向け、本学では「リサーチマインド」の醸成に取り組んでいます。

――リサーチマインドとは

近藤　課題の発見、解決に向けて調査研究を志向する積極的な姿勢、客観的データに裏付けられた意見を述べる研究者としての心構えを持つことです。これを教職協働を通じた実践の中で職員に身に付けてもらいたいと考えています。

　具体的な活動として、学生支援の教職協働や、70周年記念事業の教職協働プロジェクトがあります。学生支援の教職協働では「北九大方式」と名付け、教員・職員を含めた多職種による学生の支援システムにより、学生を卒業までフォローします。

大学の発信力も問われる

——研究会での議論を経た今後の方向性は

木苗　「地方への新しい人の流れをつくる」「地方に仕事をつくる」「県内就職率を向上させる」など、喫緊の課題に対する共通認識ができたことは大きいと思います。

近藤　ありふれた地域連携では、もはや地域の評価は得られません。公立大学としても、真に地域社会における存在意義を十分に果たしているかどうか見直しを行うことが必要です。

　また、資金運用や民間からの長期借入など、公立大学法人に課せられた制約の緩和や地域との連携をより具体化するための環境整備も検討課題だと感じています。

——若者の雇用や地元定着に結びつく具体策はありますか

木苗　研究会でのアンケートでは、「地域学実習」を必須科目とし、全学生が地域の課題を認識し、地域での活動を体験する教育カリキュラムを実施する計画や、大学が金融を含む異業種を結ぶハブとなり、研究成果の実用化に向けてのビジネスモデルをつくる計画などがありました。注目すべき提案です。

——先進事例として、北九州市立大学の「インターンシッププログラム」があります

近藤　北九州市はものづくりを経済基盤としてきた都市ですが、政令指定都市の中ではもっとも人口減少で苦しんでいる都市でもあります。若者流出や中小企業の人材不足に対応して、学生の地元定着や企業の技術力強化を実現させるためのインターンシップに取り組んでいます。北九州市内の工学系4大学と北九州高専を含む5校の学生が対象で、北九州地域活性化協議会が運営を担っています。

——これらの施策を住民に

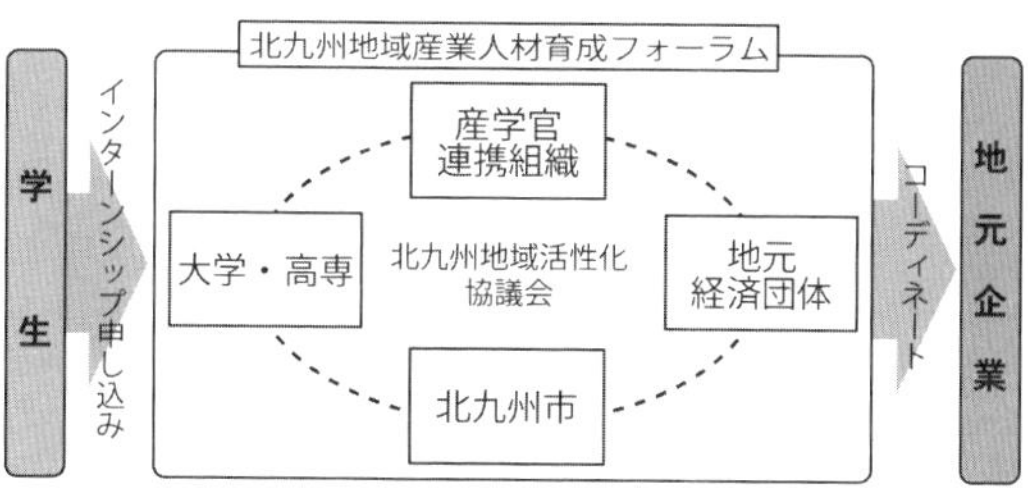

地域活性化研究会

知ってもらうことも大切では

木苗　各公立大学は設置時の状況を踏まえて考えると、それぞれの自治体や地域住民、企業等との連携が必須です。そのためには、大学が積極的に意思の疎通を図ること、情報発信を常に行うことなどが重要です。

近藤　北九州市立大学では、公開講座やシンポジウムをはじめ、地域課題に対応した調査研究や技術開発など、それぞれの事業ニーズに応じて市民や産業界、自治体等への広報を意識して行うことで、関係者からより高い支持を得られるよう努力しています。

　学生のオフキャンパス（オンコミュニティ）活動を支援する「地域共生教育センター」では、開設当初はこちらから活動プロジェクトの開拓を行っていましたが、最近は、地域の方から多くの要望が寄せられています。広報戦略も一歩進み、大学との連携プロジェクトに参加した地域の方々が、口コミで情報発進の担い手となるような新しいかたちができています。

――公立大学協会会長としての２年間を振り返ると、大学評価に関する新たな試みも行われているようですが

木苗　公立大学政策・評価研究センターを開設できたこと、大学評価ワークショップを試行し、大学の質保証を通して外部評価「大学ピアレビュー」のモデルづくりができたこと、学長会議時に学生会議を共催し、意見交換できたことが収穫でした。公立大学の力を活かした地域活性化研究会も、今後の活動を大いに期待しています。

　また、「大学ポートレート」については、最終的な結論には至っていませんが、国内外への広報を考えると早急に結論を導く必要があると考えています。

▼COLUMN
期待される公立大学同士の連携プロジェクト

２０１５年度から文部科学省が新たに進めている「地（知）の拠点大学による地方創生推進事業（ＣＯＣ＋）」の選定では、公立大学が申請大学で選定されたケースは４件（滋賀県立大学、岡山県立大学、広島市立大学、北九州市立大学）しかない。国立大学は36件、私立大学２件である。文科省はＣＯＣ＋事業を次のように規定している。

大学が地方公共団体や企業等と協働して、学生にとって魅力ある就職先の創出をするとともに、その地域が求める人材を養成するために必要な教育カリキュラムの改革を断行する大学の取り組みを支援することで、地方創生の中心となる「ひと」の地方への集積を目的として「地（知）の拠点大学による地方創生推進事業」を実施します。

これらの状況を踏まえて考えるべきは、全国の公立大学が共通課題で連携することである。３つの連携プロジェクトを提言したい。

一つは、観光交流人口の拡大というテーマだ。地元の観光関連産業の活性化につながる。観光の中で注力すべきは「学習観光」である。「スタディツアー」ともいう。「歴史観光」「伝統文化観光」「アンチエージング観光」などいろいろ考えられる（第４章１参照）。

具体例を一つだけ挙げると、近年関心が高まっている「ジオパーク観光」である。鳥取環境大学（山陰海岸ジオパーク推進協議会）、兵庫県立大学（豊岡市・篠山市・丹波市）、岩手県立大学（宮古市）などが連携し、全国のジオパークを定期的に訪問するジオツアーを企画推進するのも一案だ。

日本のジオパーク活動の生みの親である岩松暉鹿児島大学名誉教授は「この災害列島に住む日本人の地学リテラシーがあまりにも低いことを遺憾に思い、２００４年にジオパーク活動を始めました。ジオパークは観光振興が主目的でなく、子どもたちから大人まで日本の素晴らしい自然の成り立ちを知り、同時に火山噴火や地震や津波の恐ろしさを理解し、そんな自然と人間が共生してくための学習と教育がジオパーク活動の目的です」と語る。

2つ目は、地方の大きな課題である「農漁業の再生」を公立大学が主導権を持って進めることである。公立大学には農業漁業系の学部はほとんどないので、都道府県が運営する農業大学校や農業高校と連携する。いまの日本の農業・水産業、林業の課題は、担い手の確保や育成、農業経営・マーケティング力強化、6次産業化企画などの人材育成に関わるものが主である。だからこそ公立大学の文系学部の教員や学生の出番である。地域密着型の大学だからこそ、地域の農業・漁業・林業の再生に公立大学が主導権を持つべきではないだろうか。

3つ目は、行政改革プロジェクトでの公立大学間連携である。一言でいえば、地方・地域の政策立案能力のレベルアップに、公立大学がどれだけ寄与できるかというテーマである。中村良平岡山大学大学院教授が「地方大学、政策分析の人材育てよ」として次のように指摘している。

「人口減少に直面する地方の再生のため、安倍晋三首相は2014年に「地方創生」を打ち出した。(中略)一方、文部科学省は国立大学に大学ごとの特色を明確にするよう求めている。地方に貢献するのか、グローバル人材の育成や研究かなどの選択を大学は迫られている。

この2つの流れのなかで、多くの地方大学は「地域貢献型」の道を選ぼうとしている。そのために起きているのが「地域創生」や「地域デザイン」などをうたう学部の新設だ。(中略)ただ、地方創生関連の学部をどうやって持続可能にしていけるかは大いに工夫が必要だろう。(中略)

ところが地方自治体の創生プラン(総合計画)を見ていて感じるのは、数値目標はあっても、施策を実施した時に、どういう経路でまちの姿が変わるのか、客観的な分析で示されていないことだ」(日本経済新聞『私見卓見』2016年5月20日付)

学生を将来の地域政策分析人材に教育するのと並行して、現在の行政人材の政策分析力(もちろん政策立案力も)を向上させる教育こそ公立大学の出番ではないだろうか。全国86の公立大学が連携して取り組むべきだ。

4 地方私立大学の地域再生の使命を考える

――鹿児島国際大学学長と沖縄国際大学学長に聞く

地域課題の解決に地域密着型の私立大学は、どう対応してきたか、地方創生・地域再生の時代を迎えて、津曲貞利鹿児島国際大学学長と大城保沖縄国際大学学長に聞いた（2015年2月27日、東京市ヶ谷私学会館にてインタビュー）。

大学の現状と建学の精神

――大学の概要は

津曲　鹿児島国際大学は、1932（昭和7）年に九州の私学としては初めて設立された、経済商業関係の高等教育機関である鹿児島高等商業学校が前身です。現在は、経済学部、福祉社会学部、国際文化学部の3学部と大学院を有する学生数約3000人（卒業者数は約4万人）の南九州屈指の文系の総合大学です。1960（昭和35）年に経済学部だけの鹿児島経済大学として設立し、2000年に国際文化学部を新設したときに鹿児島国際大学に改称しました。

大城　沖縄国際大学は、沖縄が日本国施政権下に返還される1972（昭和47）年5月15日直前の2月25日に、沖縄大学と国際大学の2大学を統合して開学しました。現在は社会科学と人文科学を専門とする法学部、経済学部、産業情報学部、総合文化学部の4学部と大学院3研究科を有する学生数約6000人（卒業生約5万人）の大学です。

――建学の精神は

津曲　「世界的な視野で物事を考え、地域に貢献する人材の育成」です。日本の最重点課題が地方の創生になってきた今、建学の精神に沿って、地域に特別の思いをもって、グローバルな発想と行動力で、地域の活性化のために活躍できる人材を育てることが本学の使命と考えています。その意味で、今進めています南大隅町との取り組みは本学の教員にとっても学生にとっても、非常に重要なプロジェクトだと思います（第3章3参照）。

大城　建学の精神は「真の自由と、自治の確立」であり、教育の理念は「沖縄の伝統文化と自然を大切にし、人類の平和と共生を支える学術文化を創造する。そして豊かな心で個性に富む人間を育み、地域の自立と国際社会の発展に寄与する」ことです。

——入学生と卒業生の県内比率は

津曲　鹿児島国際大学の入学生の90％は鹿児島県内出身者、卒業生の70％は県内就職なので、地域に貢献できる人材を確保し、そして育成することが本学の最重要ミッションです。

大城　沖縄国際大学も入学生の90％が沖縄県出身者です。卒業生は88％が県内に就職します。

——沖縄国際大学はなぜ、入学生も卒業生も沖縄県が多

《鹿児島県と沖縄県の位置づけ》

	鹿児島県	沖縄県
面積	9188km^2（全国10位）	2281km^2（全国44位）
人口	166万人（全国24位）	142万人（全国36位）
人口密度	181人／km^2（全国36位）	623人／km^2（全国9位）
県都人口（集中度）	鹿児島市 62万人（37％）	那覇市 31万人（22％）
高齢化率	26.5％（全国12位）	17.3％（全国47位）
大学数＊	国立2、公立0、私立4	国立1、公立3、私立4
大学生数＊	18129人（全国27位）	19894人（全国24位）
私立大学生数	6475人（36％）	8530人（43％）

＊大学数・学生数　……文部科学省「学校基本調査」平成24年

※鹿児島県と沖縄県の違い

鹿児島県：高齢化が進んでいる、離島を多く有する、火山が多い、農業が盛ん、人口が鹿児島市に1極集中している、人口が減少している

沖 縄 県：大学生を含む若者が多い、県そのものが離島である、自然が豊か、琉球王国の歴史を持つ、観光立県である、基地問題を抱える、人口が増加している

いのですか

大城　沖縄の若い人たちは沖縄が本当に好きなんです。本土からずいぶん離れた場所に位置することもありますが、沖縄の長い文化や家族関係の絆の強さが沖縄から離れることに抵抗を感じる側面もあると思います。

——海外からの留学生は

津曲　鹿児島の地理的特性を鑑み、アジアとりわけ中国や台湾からの留学生を多く受け入れています。そのほか、海外協定校のあるカナダやイギリスなどからの交換留学生もいます。今後はベトナムやタイといった東南アジアにも目を向けていきたいと思っています。

津曲貞利鹿児島国際大学学長

鹿児島国際大学キャンパス

大城　沖縄の歴史や地理的な条件から、特に韓国・台湾の大学とは数十年にわたる留学生の交流が盛んに行われております。その他にも、フランス、カナダ、オーストラリア、アメリカの海外協定校の留学制度、そして今年から中国やスペインの大学との交流協定も予定しております。

——教育方針は

津曲　地域に特別の思いを持ち、世界的視野でものを考え、地域に貢献できる人材を育成することが基本方針で

大城保沖縄国際大学学長

沖縄国際大学正門

す。その手法として「フィールドワーク」を重視しています。学生が大学という空間から出て、地域社会と交流しながら、自らの関心や問題意識に基づいて探求し、自らの言葉でまとめ上げていく教育手法です。現地に出向いて調査する、地域の人にインタビューする、問題を発掘・収集するというプロセスです。そして、その成果を地域社会に還元する、ということを重視しています。

大城　本学は、地域に根ざし世界に開かれた大学を目指し、地域を動かし世界に羽ばたき、国際社会の架け橋となる「万国津梁《ばんこくしんりょう》の沖縄」を担う人財の育成を目指しています。

――「万国津梁《ばんこくしんりょう》」とは

大城　「世界の架け橋」という意味です。１４５８年に琉球王国の尚泰久王が鋳造させ、首里城正殿に掲げていたと言われる鐘に刻まれた銘文の一部です。その精神に基づき「平和・共生」「個性・創造」そして「自立・発展」の実現を目指しています。つまり、「沖縄を知り、世界とつながる教育を通じて、沖縄の未来をリードする人材を育てる」が基本方針です。

――具体的にはどんな特色ある教育ですか

大城　沖縄は多文化を受け入れてチャンプルー（混在）し、大胆にカチャーシー（かきまわす）しながら、新しい独自文化をはぐくんできました。また逆境にあっても決して諦めない強い気持ち、〝なんくるないさー〟精神もウチナンチュ（沖縄人）らしさです。沖縄を、世界を動かすには、まず沖縄の歴史・文化を深く理解することが必要です。沖縄の歴史やアイデンティティを深く学べることが本学の特徴であり優位性だと思っております。

――沖縄国際大学は女子学生が多いようです

大城　本学では、女子学生が50％弱とほぼ男女が拮抗しています。ここ5年間を見ますと、各学科から選出される特待奨学生や卒業生総代は80％前後が女子学生です。また交換留学生として毎年10名から15名を外国協定校に送り出していますが、その85％が女子学生です。そういう現状を踏まえて、本学では女子学生が卒業後に世界で活躍できるような大学環境作りを目指しています。言うまでもありませんが、女性が活躍し、女性が輝く、社会環境作りは沖縄県のみならず、我が国の最重要課題です。

――鹿児島国際大学の女子学生は

津曲　約3割が女子学生です。社会福祉学科や児童学科、音楽学科に多く在籍しています。

――卒業生は、地域のどんな分野で活躍していますか

大城　開学以来40年で送りだした5万人の卒業生は大半が沖縄で活躍しています。140万県民の5万人ですから、卒業生の活躍によって沖縄国際大学が沖縄の社会経済の屋台骨を支えていると言っても過言ではないと思っています。

津曲　開学以来、本学で学んだ卒業生は、短期大学を合わせると実に6万人に達し、鹿児島県を中心に全国幅広い分野で活躍しています。地元経済を支える経営者や職業人、保育所・幼稚園、小中高校、さらには養護・特別支援に携わる教職員、プロフェッショナルな音楽演奏家や音楽関係者、高齢化の進展に伴いますます必要とされる医療・福祉を支える指導者などです。

私立大学の地域貢献は

――地方創生に果たす地方の大学に期待が集まっていますが

津曲　地方の大学にとっては、「地域の課題を解決する」という使命がますます重要になっています。過疎高齢化は、全国の地方が抱える共通の課題であり、やり方を間違えると地域間格差はますます広がってしまいます。本学としても、鹿児島県の実情を踏まえた独自の取り組みを考えないといけないと思っています。地域に貢献できない地方大学は生き残れないと思うからです。

――具体的にはどんな対応を

津曲　地域にとっては、いくら過疎化が進んでも変わらない絶対価値があります。ロケーションであり、歴史や文化であり、そこで生活する人です。それをさらに高めていかねばいけません。大学は地域のポテンシャルを活性化するストックを持っています。地域に資する研究の「知」を蓄積し地域に還元することと、地域を担う若者を育成することです。この観点から大隅半島の南大隅高校と取り組んでいるような「高大連携」を重視しています。「大学入学」ということは派生的なことで、高校生に、まず地域の魅力をきちんと感じてもらう、そういうプログラムに取り組んでいます。

――沖縄国際大学はどうですか

大城　沖縄の将来を展望する専門性の高い人材を育成する機関として、研究所と大学院の役割が大きくなると考えています。

――文科省が掲げるCOC事業の「知の拠点」としての私立大学の役割は

津曲　鹿児島国際大学は建学時から一貫して、地方の大学としての「知」の拠点をめざしてきました。「知」の拠点は「地」の拠点でもあります。まさに文部科学省が進めているCOCと合致する取り組みです。その実践研究のために30年の歴史を持つ地域総合研究所をこれから一段と生かしていきます。また、2015年度より「産学官地域連携センター」を設立し、行政や企業と連携して地域活性化の取り組みを始めました。

「地域研究所」のポテンシャル

――両大学とも地域に密着した私学として「地域研究」をテーマとした研究所を設置しています

津曲　本学の「地域総合研究所」は1968（昭和43）年1月に旧鹿児島経済大学の附置機関として発足し、鹿児島県、奄美群島、沖縄の地域経済の研究を主に行ってきました。1971（昭和47）年から年1回、『地域総合研究』を発刊して、その成果を世に問うています。2001年に鹿児島短期大学が本学へ統合されたときに、同短大の南日本文化研究所を地域総合研究所に統合、研究領域も経済分野だけでなく、南九州の文化芸能分野まで広がっています。

大城　本学の研究所は、沖縄の発展に寄与する研究を推進するために、全国でもユニークな存在である南島文化研究所をはじめ、産業総合研究所、沖縄法政研究所、沖縄経済環境研究所の4つの地域研究拠点を展開しています。

――それぞれ、どのような研究やプロジェクトを行っていますか

津曲　教員を中心としたプロジェクト研究、行政や各種団体との共同研究、地域からの委託を受けて実施する委託研究に分けられます。「地域と知のネットワークづくり」をここ数年の研究所のテーマとして掲げています。研究成果と地域の現場とを結びつけるプロデューサーと

しての機能を果たすことが大学人の使命だと考えて取り組んでいるところです。

大城　もっとも歴史のある「南島文化研究所」は、日本本土および中国・朝鮮・東南アジア諸国との交流を通じて周辺地域の文化を吸収し、これを固有の文化に融合させ独特の文化を形成してきた琉球弧の島々を対象とする学際的な共同研究を行っています。毎年発行する紀要のほか、地域を特定して島嶼の総合調査を実施し、報告書を発行しています。

「産業総合研究所」は起業家志望の学生向けの起業家育成支援セミナー、調査研究活動、研究会、地域ブランド化による村おこし等の産官学地域連携フォーラムを通して、地域振興につながる活動を行っています。「沖縄法政研究所」は沖縄にかかわる法と政治の諸問題を研究する目的で、1997年11月に設立された研究機関です。研究会や講演会や公開シンポジウムを開催するほか、本学の学生などを対象に無料法律相談を行っています。「沖縄経済環境研究所」は東アジア経済の発展、先島諸島の観光と環境、沖縄の雇用・労働問題についての調査、研究を行っています。

地域（県）の抱える課題

――それぞれの地域の課題は

津曲　鹿児島県は、過疎高齢化対応、地域産業の活性化、さらに離島振興という課題を抱えています。その中で福祉社会学部は本学だけにしかありませんので、福祉関連の課題解決には責任があります。また、地域の産業振興、交流人口の拡大策、観光需要をどう活性化させるかなどの課題は密接に関連しています。経済学部と国際文化学部という地域振興と国際化推進に寄与する学部を有する本学としては、地域との連携をさらに深めて大学としての役割を果たしていきたいと思っています。

――両県には共通課題としての離島問題があります

大城　沖縄の離島である久米島、宮古、八重山後援会支部の総会に出席し、本学教職員とご父兄の皆様による就職相談、懇親会等を行い、離島僻地奨学金制度の導入予定について説明して参りました。

津曲　本学には種子島・屋久島・奄美諸島などから毎年十数人の入学者があります。親元を離れ、生活習慣や文化などの違いからなじみにくい環境もあることなどから、奄美群島ゆかりの学生・教職員の有志で「奄美結いの会」を組織して、親睦を深めています。また、昨年より奄美市でミニオープンキャンパスを実施しています。今年は併せて保護者との懇談会と入試説明会を同時に開催する予定です。

≪離島上位３県≫

	鹿児島県	沖縄県（本島を除く）	長崎県
有人離島数	28	39	51
面積（km^2）	2484	1012	1550
人口（千人）	171	131	137

3大学大学院地域研究シンポジウム

両大学に北海道の札幌大学を加えた3大学の経済学部大学院は、「地域経済」をテーマにした研究交流を14年間続けている。

――このシンポジウムはどういう経緯で始まったのですか

大城　札幌大学大学院の研究科長だった黒柳俊夫先生が、教え子の沖縄国際大学大学院研究科長だった渡久地朝明先生に共同シンポジウムの提案をされて実現しました。

――これまでの成果は

津曲　3大学院シンポジウムの10周年記念として『地方は復活する―北海道・鹿児島・沖縄からの発信』を2011年に日本経済評論社から出版しました。

――まさに、地方創生・地域再生の基盤になるような研究ですが、市民への公開は

大城　これまでは研究者の交流にとどまっていましたが、本学が当番校として今年（2015年）12月初めに開催する15回目のシンポジウムは市民の皆さんにも公開するかたちで実施しようと思っています。

――このシンポジウムの今後の方向は

大城・津曲　これからの日本の再生にとって「地域」というキーワードが非常に重要になります。地域の活性化は、実効的なガバナンスの面から考えて、国よりも県や市町村が音頭を取らないと具体的な地域の課題解決にはつながりません。ですから地域にある大学の役割は極めて高くなるはずです。これまで、15年継続してきた我々のシンポジウムは、今後ますます注目されると思います。地域への公開を前提に一層、頑張っていくつもりです。

――経済学部大学院以外の３大学連携は

津曲　３大学が共通に研究している分野として「考古学」の分野が一番、協同研究や共同シンポジウムの可能性があります。本学では中園聡教授を中心に理論考古学の分野で全国レベルの成果を上げていますし、沖縄国際大学の上原静教授の琉球瓦の研究は、中国との交流史や黒潮文化の源流の研究で中園教授の研究と大いに関連があります。それぞれの地域の歴史・文化研究の分野で３大学共同シンポジウムの可能性を検討したいと思います。

――地域福祉や社会福祉の分野でも両大学の交流が望まれるのでは

大城　本学と鹿児島国際大学は福祉関係の学科があり、離島問題という共通課題もあります。隣接県でもありますので、共同研究や共同の研究発表の場があることは望ましいと思います。

≪これまでの研究テーマ≫

年度	テーマ	開催地
2002	地域経済の阻害要因とその展望	札幌
2003	地域経済の活性化と関係主体	沖縄
2004	地域づくりを考える	鹿児島
2005	地域開発と環境問題	札幌
2006	構造改革と地域社会	沖縄
2007	グローバル時代の地域社会	鹿児島
2008	地域づくりの実態と課題	札幌
2009	地域づくり Part3 ―経済不況と地域再生を目指して	沖縄
2010	歴史に学ぶ地域経済	鹿児島
2011	地域経済における金融の役割	札幌
2012	地域経済と地域振興	沖縄
2013	地域再生を考える	鹿児島
2014	六次産業化の試み―ワイン（北海道）、焼酎（鹿児島）、泡盛（沖縄）	札幌

地元の自治体との連携

――地方の大学が地元の自治体と連携協定を結ぶ事例が増えています

津曲　本学では2014年に鹿児島市、奄美大島の大和村と包括連携協定を結んでいます。阿久根市とも同年、「地域活性化共同事業に関する覚書」を締結しました。南大隅町とは2014年、本学の地域総合研究所が「地域福祉計画推進事業委託業務」を行ったのを機に、「南大隅町を中心とした大隅半島地域の地域づくり〔地域福祉を含む〕と産業の育成」というプロジェクトに進展しています。協定締結はまだ行っていませんが、発展的にそのようになると思います。

――どんな内容の連携ですか

津曲　鹿児島市とは、①中心市街地の店舗実態調査等による地域経済の活性化、②海外クルーズ船おもてなし企画の提案・実施等による観光振興、③景観形成重点地区選定に向けた共同現況調査や広報紙の相互掲載、④子育て支援施設での館内サポーターや心のパートナー派遣事業への参画、⑤おはら祭りやスポーツイベントなどへのボランティア参加などの取り組みを想定しています。「知の拠点」としての大学機能の強化を図って鹿児島市政の課題解決につなげるとともに、学生も参加することで地域活性化の担い手の育成にも努めていきます。大和村とは、①地域の振興、②保健・福祉・介護の発展・推進、③教育・文化の振興、④人材育成などの事項について連携・協力します。本学は地域に根付いて課題を考え、研究することに重きを置いています。医療・地域振興などの分野で成果を生んでいくことを期待しています。阿久根に関して言えば、経済学部で地域経済を学ぶゼミ生27人が2014年8月から2015年3月にかけて、観光客へのアンケート、約40種類の土産品試食、特産品販売フェアなどを開催して調査してきました。そして、「地

連携協定を結ぶ森博幸鹿児島市長と津曲貞利鹿児島国際大学学長

元の農水産物を生かしてイベントなどに徹底的に絡める、食によるまちづくりが重要である」と提言しました。

――沖縄国際大学の自治体との連携は

大城　本学は宜野湾市の協力を得て創立された大学なので、宜野湾市とは開学以来、協力関係があります。「宜野湾市・沖縄国際大学懇話会」を設けて、相互の関係を強化するための情報交換を行っています。具体的な連携事業としては、ひとり親家庭の中学生に対して、構内の教室を開放し、学生ボランティアが児童の学習支援事業を実施した「宜野湾市役所児童家庭課との連携事業」や「宜野湾市はごろも長寿大学」を運営しています（第4章2参照）。

連携協定を結ぶ伊集院幼大和村長と津曲貞利鹿児島国際大学学長

「生涯学習」講座について

――沖縄国際大学の「生涯学習」講座は

大城　先ほど申し上げた本学と宜野湾市が共催する「はごろも長寿大学」は認知症予防がテーマですが、カリキュラム全体としてみれば沖縄県ならではの高齢者向けの「生涯学習」プログラムになっています。

――どんなカリキュラムですか

大城　4カ月間13回の講義のうち健康維持や福祉関係が3分の1、沖縄の歴史や文化を学ぶ講義が3分の1、あとは「気持ちをつづる絵手紙」などカルチャー関連が3分の1です。沖縄文化に関しては「沖縄民謡に見る民衆の心」だとか「残したいふるさとの言葉ウチナーグチ（琉球語）」などの講義があって人気があります（第4章2参照）。

――鹿児島国際大学の「生涯学習」講座は

津曲　本学の生涯学習講座の取り組みは、1999年に正規の授業科目を一般市民に開放する「市民開放講座」をスタートさせました。当時は全国で初めてという正規授業のオープン化でした。その後、本学の特性を生かして、音楽関連や語学関連も含めて講座を増やした結果、講座数は300以上にまで達しました。

――それは今も続いているのですか

津曲　実は3年ほど前に、この「市民開放講座」を一旦停止させました。民間のカルチャーセンターなどと競合・重複する事態になったからです。その後の地域住民からの要望と本学の地域貢献強化の方針から、本年（2015年）4月に「生涯学習センター」をリニューアルして、地域住民の学ぶ機会の提供と教養の向上を図る「生涯学習講座」として再開することにしました。

――どんなカリキュラムですか

津曲　本学の教員の研究分野を活かしたテーマで、年4、5回開催します。カナダ人教員の「国際俳句講座」やブドウ王として有名な長沢鼎の研究者の「薩摩藩英国留学生講座」などです。

――沖縄国際大学の南島文化研究所には市民参加のプログラムがあります

大城　南島研のいくつかのプログラムには、一般の市民県民の方が、数多く参加されます。「南島文化市民講座」が代表的なものですが、大学の研究者や学生とともに市民の方々も参加される「地域学習」や「シマ研究会」は生涯学習そのものです。参加される市民の方々を見ていますと、沖縄が大好きで、沖縄の歴史や文化を学ぼうとする沖縄の人たちの〝生涯学習〟への意欲を感じます。

第2章●自治体主導型の大学連携

幸福実感都市の実現を目指して

——東京都荒川区と「幸せリーグ」

筆者が荒川区の〝幸福実感都市への挑戦〟を知ったのは、2013年3月19日に内閣府の主催で開催された「日・ブータン共同研究・合同ワークショップ（幸福度を活かした政策決定と地域創造）」で西川太一郎荒川区長の事例発表を聞いた時だ。ブータンのGNH（国民総幸福）のことは知っていたが、東京都荒川区が独自の幸福度指標を設定して、区民の幸せ実感向上のプロジェクトを進めていることは知らなかった。さっそく会場で西川区長に取材のお願いをして、その年の『月刊広報』8月号に掲載した（以下に転載）。

荒川区が主導する「幸せリーグ」の大学との連携は、大学の先生方の「知恵」と「知識」と「人脈」を実にうまく活用する仕組みである。それまでに『月刊広報』の「地域・大学・広報」で取材してきた大学と地域の連携にはなかった首長さん主導型の〝独自の大学との連携の仕組み〟である。さらにその大学の先生方が〝それぞれの分野の超一流〟であることにも驚かされる。

余談になるが、ブータンはインドと中国に囲まれたヒマラヤの山国で、面積は3万8400平方キロメートル、人口約74万人、日本でいえば九州くらいの広さの国土に高知県民くらいの人が暮らしている山国である。並外れた親日国で、東日本大震災の年に国賓として来日された第5代の若きワンチュック国王ご夫妻が被災地（福島）を訪問されたことは日本人の記憶に新しい。親日のブータンにもっとも寄与した日本人は、〝ブータン農業の父〟と称えられる大阪府立大学農学部出身の西岡京治である。西岡は1964（昭和36）年に農業指導員としてブータンに渡り、1992年に59歳で亡くなるまでの28年間、ブータン農業の基盤作りに一生をささげた人だ。葬儀はブータンの国葬として行われ「ダショー（国家の恩人としての爵位）」の称号を授与された唯一の外国人であった。2014年にはブータンに「西岡京治記念館」が開設されている。

区政は区民を幸せにするシステム

荒川区は東京都の北西部に位置し、人口約21万人、JR山手線・京浜東北線・常磐線、地下鉄日比谷線、つくばエキスプレス、京成線、都営荒川線が走り交通の利便性に富み、人口は増加傾向にある。もともとは経営学者を志したという西川太一郎荒川区長は現在3期目。都議会議員、衆議院議員、経済産業副大臣の経験もある。上から目線ではなく、党人政治家としての経験からリーダーシップの在り方を学んだ区民目線のリーダーだ。そのリーダーシップで、中央集権全国画一主義・経済成長至上主義・競争原理主義の追求で異常な格差社会に陥った日本を地方・地域の視点から変革する可能性を秘めた「全国基礎自治体連合・幸せリーグ」を牽引する。

西川太一郎荒川区長

西川荒川区長に「幸福実感都市構想」の背景と目標を聞いた（2013年9月インタビュー）。

——東京23区の中で「荒川区」の特色は

一つだけ言えば、「地域力の強さ」です。

——地域力とは

下町情緒が残っていて、人の絆が強く、情緒・風情が色濃いことです。再開発の進んでいる地域もあるので流入人口も多いのですが、120ある町会の加入率が63％くらいあるのは東京23区の中でも有数です。

——区政に企業経営的な手法を取り入れたのは

若いころに経営学を学んだからかもしれません。区役所は区民のための組織ですから、区民の期待に応えて初めて存在する価値があります。「区民のための地域マネジメント」を推進するためにドメイン（事業の領域）を設定することは、経営学的な発想に立てば当然のことです。

――荒川区の「6つの都市像」と「区民総幸福度指標」との関係は

２００７年3月に策定した荒川区基本構想の中で「幸福実感都市　あらかわ」を目指す都市像として掲げました。具体的には6つの都市像を決めましたが、「区民総幸福度指標」はこの6つの分野ごとに設定されています。

――目指す都市像に「幸福実感都市」を掲げられたのは

区長就任のころにテレビ番組でブータンのＧＮＨ（国民総幸福量）のことを知って、これだと直感したことがきっかけです。東大名誉教授の月尾嘉男先生にご相談したら、ぜひやるべきだと賛同していただいたことに背中を押されました。

――区長が主導される「区政は区民を幸福にするためのシステム」を実践するには、区職員の意識改革（縦割り発想・蛸壺意識・前例踏襲など）が欠かせないのでは

その職員の意識改革のために、２００５年4月に区長に就任すると同時に「あらかわビジネスカレッジ（ＡＢＣ）」という区職員の教育研修のための組織をつくりました。職員に対するインパクトが必要だと思い、区長の私だけでなく、副区長・収入役・教育長など3役にもお願いして1期目の退職金を支給しない条例を議会にお諮りし、その同額をＡＢＣの運営にあてました。私たちの覚悟を職員に伝え、公務のプロを目指す志を改めて思い起こして欲しかったからです。

――区民の幸福実感向上の施策を進める上で、国や都の壁を感じることがありますか

いろいろあります。一例を挙げますと「不居住住宅除却」の権限が区にないことが上げられます。首都直下型地震のリスクを抱えていますので、いざというときの火災の延焼などのリスクに対して居住者のいない家屋の除去が必要なのですが、都や国に権限があるため、区としては手を打つことができません。もっと切実なのが児童相談所の問題です。虐待やいじめ、疎外される子どもなど、多くの子どもたちが深刻な問題をかかえていますが、その拠点になる児童相談所は都道府県や政令指定都市の管轄で、身近にいて現場の実情を知る立場の区役所には権限がないのです。児童相談所を区の管轄にすることが子どもたちの幸福実現のためにぜひとも必要だと思っています。

――大学の知や人脈をうまく活用されています

首都圏にはたくさんの大学があります。その地の利を活かさない手はありません。私自身の人脈を中心に早稲田大学や東京大学など伝を頼って、区の掲げる課題に沿ってその分野の一流の先生にご相談してきました。その積み重ねの結果、現在の幅広い大学の先生方のサポート体制をつくることができました。本当に心強く有難いことだと思っております。

――全国版の「幸せリーグ」の結成を呼びかけた理由は

8年前（２００５年）にスタートさせた本区の「区民幸福実感向上」の取り組みへの関心が、全国の基礎自治体で年々高まって、荒川区へ視察にこられる首長さんや議員さんが増えてきました。来庁された方々といろいろ話し合いをする中から「同じ思いの基礎自治体の仲間を増やし、互いに切磋琢磨して住民の幸福実感向上を大きな〝うねり〟にしよう」と強く思うようになったのです。

――２０１３年６月５日の「幸せリーグ」キックオフの反響は

おかげさまで、その後の2カ月で4つの基礎自治体が参加を表明されました。マスコミの報道や口コミで全国的にも幸せリーグのネットワークがさらに注目されるようになりました。先週（9月22日）は（すでに２０１１年12月に）「日本一の幸福実感県・高知を」と提言されている土佐経済同友会からのお招きで高知へ行ってきました。「高知県は荒川区のようになれるか」という地元の高知放送の2時間番組に出演しました。幸福実感都市を掲げた先駆者の荒川区としては、うかうかしておれないと肝に銘じたところでした。

≪荒川区民総幸福度（GAH）の取り組み経緯≫

2004年11月	「区政は区民を幸せにするシステムである」というドメイン（事業領域）設定
2005年11月	荒川区民総幸福度（GAH）プロジェクトチーム設置
2006年11月	職員3名をブータンへ調査のため派遣
2007年～	区政世論調査で区民の幸福度を調査
2007年	「幸福実感都市あらかわ」を掲げた荒川区基本構想策定
2009年10月	荒川区自治総合研究所（RILAC）設立
2011年9月	ブータン王国ナムギェ・ペンジョール上院議長来訪
2013年6月	全国「幸せリーグ」発足

▼COLUMN
「幸せリーグ」をバックアップする顧問陣

区民を顧客と規定し「顧客満足」を地域経営の理念として行政マーケティングを推進する基礎自治体は、おそらく全国でも荒川区だけだ。荒川区の「幸福実感都市」実現への取り組みは、縦割り行政による不効率、決断のスピード欠如、企業誘致への産業振興の偏向など日本の中央集権型行政システムを改革する挑戦である。この荒川区のGAHを全国の自治体に拡げる「幸せリーグ」には超一流の顧問団が招へいされている。

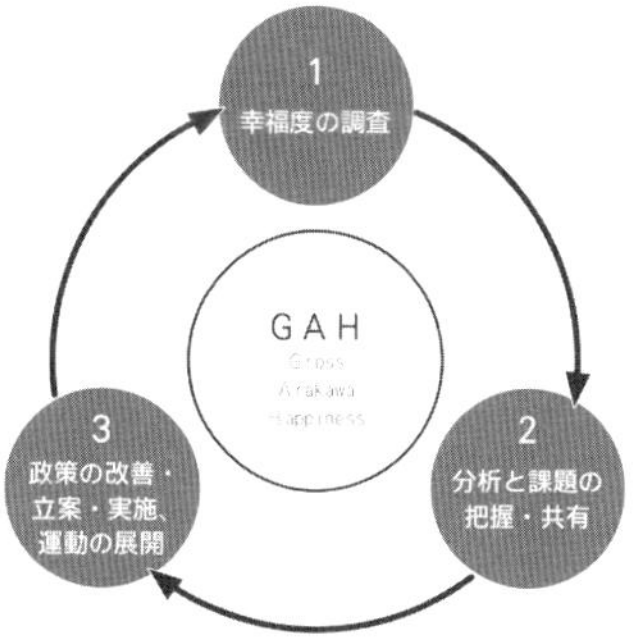

GAH 指標の活用イメージ

【月尾嘉男氏】１９４２年生まれ。東京大学名誉教授、専門はメディア政策・システム工学。主要著書『地球の救い方』（遊行社／２００９）

「１９７６年、当時のブータンのジグミ・シンゲ・ワンチェク国王はＧＮＨ（国民総幸福量）の提唱にあたって、人々の幸福な生活を可能にする基盤である自然環境や精神文明、文化伝統、歴史遺産を壊してまで、また家族や友人や地域社会の絆を壊してまで、経済成長を目指すのは決して国家のすべきことではないと、画期的なことを言われました。幸福になるためには物質的な満足を満たすだけでなく、精神的、感情的、心理的に人々が満足するような社会を作って行かなければならないのです」（第４回荒川区自治総合研究所区民フォーラム、基調講演『地域から実現する幸福・幸福社会への巨大転換』より）

【小宮山宏氏】１９４４年生まれ。三菱総合研究所理事長、第28代東京大学総長。専門は化学システム工学、地球環境工学、知識の構造化など。地球温暖化問題対策技術の研究を進める傍ら、「プラチナ社会（地球環境問題を解決したあとの元気な超高齢化社会）」の実現を目指すリーダー。主要著書『日本「再創造」―「プラチナ社会」実現に向けて』（東洋経済新報社／2011）、『サステイナビリティ学への挑戦』（岩波書店／2007）

【神野直彦氏】 1946年生まれ。東京大学名誉教授、専門は財政学、地方財政論。主要著書『地域再生の経済学』（中公新書／2002）『「分かち合い」の経済学』（岩波新書／2010）

「地域力は地域社会の構成員が、利他的行為を相互に実践できるかどうかにかかっている。その利他的行為の能力は、分かち合うという「共生意識」、地域社会の協働意思決定に地域社会の構成員が参加しているという「参加意識」、地域社会の構成員の地域社会に対する「帰属意識」の3つの要素が、相互に絡み合いながら「地域力」を構成する」（神野直彦氏発言『地域力の時代』RILAC編／三省堂）

【原　丈人氏】 1952年生まれ。デフタ・パートナーズグループ会長。主要著書『新しい資本主義』（PHP新書／2009）。公益資本主義の提唱者として知られる。アメリカ型の金融資本主義に疑問を持ち、「公益」を基軸にした新しい資本主義を提唱している。

【広井良典氏】 1961年生まれ。千葉大学教授、専門は公共政策、社会保障。主要著書『コミュニティを問い直す―つながり・都市・日本社会の未来』（ちくま新書／2009）

「現代社会では、個人はその土台にある「コミュニティ」や「自然」、ひいては「スピリチュアリティ（精神的なよりどころ）」とのつながりを失いがち。自然。それは場所とか土地といったもので、それへの愛着といったものがベースにある。しかし戦後の高度成長期に、コミュニティとか自然、土地というものとのつながりが途切れがちになった。これをもう一度回復していくということである」（第3回荒川区自治総合研究所区民フォーラム講演『幸福について―個人の幸福、社会の幸福』より）

【坂田一郎氏】 1966年生まれ。東京大学教授、専門はイノベーション学、産業組織論。主要著書『クラスター形成による地域新生のデザイン』（東大総研／2005）

「幸せリーグ」は52の基礎自治体でスタート

2013年6月5日、全国52の基礎自治体が参加して住民の幸福実感向上を目指す基礎自治体連合「幸せリーグ」がスタートした。設立趣意書には「住民の幸福実感向上を目指す基礎自治体連合（通称幸せリーグ）を結成し、「住民の幸福の追求」という共通の使命のもと、志を同じくする基礎自治体が　相互に学びあい高めあうことを通じて　真に住民本位の自治体運営を実現し、だれもが幸福を実感できるあたたかい地域社会を築いていく」と宣言した。会長には西川太一郎東京都荒川区区長、幹事には市原健一茨城県つくば市市長と中山泰京都府京丹後市市長（当時）が選出された。

幹事の中山泰京丹後市市長に聞いた。

2013年6月5日に開催された「幸せリーグ」設立総会には40超の自治体が出席した

――京丹後市とは

京都府の最北部に位置する人口5万7000人の市で、2004年4月に峰山町、大宮町、丹後町、弥栄町、網野町、久美浜町が合併して誕生しました。2013年2月時点で、100歳以上の高齢者が全国平均の2・5倍の60人在住している「健康大長寿の里」として知られています。

――「住民の幸福」を行政目標に掲げる理由は

これからの日本は経済大国もいいのですが、そのベースの上に「幸福大国」を目指すものであって欲しいと願っています。幸福とは日ごろの生活の中に〝共に〟あるものですから、住民生活の現場で行政を展開する市町村など自治体から率先して「幸福」を中心軸に据えたまちづくりを主体的に育んでいく、地域から幸福の国づくりを牽引していくことが実践的で有意義だと考えています。

――基礎自治体が「幸せリーグ」で連携する狙いは

一つは「幸福」、それ自体は抽象的な価値観であり、それを明確な目標として行政の中に取り入れていくことは全国的にはまだ始まったばかりで、まだ手探り状態です。ですから、互いに情報交換し学び合っていくことで、互いの幸福まちづくりの政策的な伸びしろを大きくしたいということです。

もう一つは、このリーグに参加する地域同士が交流することで、全国各地の地域ごとに色合いの異なる「幸福の中心軸」が多様に育まれ、日本全体が多様な幸福観にあふれる「幸福大国」への発展を促していくことです。

――京丹後市の「市民の幸福実感向上」の取り組みは

「市民総幸福の限りない増進・発展と最大化」を掲げて昨年3期目の市政をスタートしたところですが、その実現のために「幸福のまちづくり研究会」を発足させ、活動を開始しています。本市が留意していることは、1つには、「利己」の行動から安定的な幸福感は得られないので、対極にある「利他」を〝幸福のまちづくり、地域づくり〟の中に明確に位置づけていることです。2つには、市民総幸福と言っても誰かの幸福が犠牲になって他の誰かの幸福が高まるかたちは想定されるべきではないので、「誰もが置き去りにされない、誰もがますます幸福実感できるまちづくり」を目指しています。

※利他：自分がコストを払っても他人のために行動すること

――特に重要に思っておられることは

家族や友人、地域・団体内外の隣人含めて、人と人との関係、支え、支えられ、支えあうことの大切さ、それが人と社会全体の幸福にどう繋がっていくのか、あるべき施策を探っていきたいと思っています。このほか、都市対地方の意味での地方社会特有の環境を活かした幸福、少子高齢化を克服するための幸福、少子高齢化の中でこそ得られる幸福など、あらゆる環境の中に「幸福の種と糧」を再発見し、はぐくんでいく姿勢を大切にしたいと思っております。

自治体職員は〝上空からの目線〟を！

荒川区顧問である坂田一郎東京大学教授は「幸せリーグ」設立総会、第一回実務者会議で、「荒川区民総幸福指標」に関する住民調査と分析結果について講演した。坂田教授に聞いた。

――「住民が幸福を実感できる近未来の街つくりの視点」

について自治体職員にはどのような話をされましたか

住民の幸福は多様な要素が絡み合って出来ています。そこで、長い時間軸と高い（総合的な）目線で考える俯瞰的な見方の重要性を強調しました。自分の部署（地上の目線）だけで施策を考えるのではなく、区全体の視点で問題解決（上空からの目線）を考えることが、幸福度を高めるまちづくりには欠かせないのです。

――具体的にはどんな課題が

より良い未来社会の構想のためには３つの要素が必要です。一つは技術的に、またはアイディアとして可能となる社会を創造することです。次に国民がどのような将来を選択するかを推し量ることです。住民の希望が技術を育て、技術の開拓が希望を膨らませます。ですから、この２つは相互に作用するものなのです。３つ目が財政的な制約です。この３つが相まって目指すべき未来社会が見えてきます。１年先の未来はある程度思い浮かべることができるにしても

坂田一郎東京大学教授

５年を超える先の未来社会は住民には具体的に見えにくいし、アンケート調査でもとらえられません。行政の方から住民の方々に対し、具体的な選択肢を積極的に提案していくしかありません。そこで行政職員の立案能力が問われます。

――「近未来の街つくり」に行政職員に必要なことは

社会の変化に対する感度を磨くこと、たこつぼに陥らず部署横断的な発想で考えること、予測される未来の問題を先送りしないこと、そして最も重要な課題である超高齢者社会への洞察を深め部署を超えたアクティブエイジングへの政策・施策に取り組むことです。

――荒川区の幸福実感指標に関する住民調査はどのように進めていますか

２０１２年度から１０００人の区民に協力してもらい、30の質問項目と５００の選択肢に回答してもらいました。

――現時点で分かったことは

荒川区が掲げる６つの都市像が幸福に関連する要素を網羅していること、総合的な幸福実感から見て、住民が８つの異なる傾向を持つグループに分かれること、幸福

度が高いと回答した方々の共通要因として、余暇の充実、経済的余裕、良好な家族関係、地域への愛着、生きがいの実感の5つがあることが分かってきました。

――当面の課題は

基礎自治体の行政がまず取り組むべきことは「地域への愛着をどのように高めていくか」、「幸せを十分に実感できない方々（一部の高齢者、若者、一部の中年）の家族関係、生きがいや地域とのつながり、生活の余裕を充実させるため、行政がどのような支援ができるか」の2つではないかと思います。

――先生は荒川区の住民だそうですが、地域への愛着を持てる要素は

アンケート調査から分かったことですが、できるだけ長く住んでもらう、助け合えるコミュニティ作りに参加してもらう、経済を活性化する、町並みを良くする、防犯力を高め安全安心を確保することが重要です。

――「幸福度指標」の分析を区の施策に活かす、今後の方向は

大きく3つの方向があります。①各幸福度指標と区の政策・施策・事務事業との関係性をさらに深く検討していくこと、②重要な政策・施策・事務事業への取り組みを組織横断的に進めていくこと、そしてもっとも重要なことは、③住民個人の取り組みや地域のさまざまな主体の協力・連携を高める「荒川区民総幸福度（GAH）運動」のうねりをさらに高めていくことです。

――荒川区の幸福指標の分析と政策への落とし込みは、幸せリーグに参加している他の基礎自治体にどう応用できますか

民間では、提供するサービスへのニーズ調査を行うことがマーケティングの基本です。しかし公的分野ではこれまで十分に行われていません。今後は公的なサービスでも、幸福度を高めることをニーズと捉え、住民の方々の多様なニーズを把握した上で、サービスを企画し提供していく姿勢が欠かせません。またそうして把握したニーズは未来社会を構想する基盤にもなります。地域の実情によって具体的な指標は変わってくると思いますが、荒川区の試みは（全国の）モデル的な事例になると考えています。また同様な調査を行う地域間で比較を行えば、地域の特色がより明らかになるはずです。

▼COLUMN❷
RILAC（荒川区自治総合研究所）は自治体の自前のシンクタンク

ＲＩＬＡＣは２００９年10月1日に設立された。２年後には公益性を認められて、現在は公益財団法人である。荒川区の基礎自治体としての「政策形成力の向上」、「質の高い住民サービスの提供」などを実現するための調査研究や政策提言を行う自前のシンクタンクである。二神恭一所長（早稲田大学名誉教授）と檀上和寿副所長（荒川区から出向）に聞いた（２０１５年10月インタビュー）。

――ＲＩＬＡＣが荒川区とは別組織になっているのは

区政の課題を行政から一歩離れて俯瞰し、中長期的な視点で捉えるとともに、科学的な知見を活かすためです。

――組織と人員は

所長と副所長、研究員と外部の有識者（客員研究員）、事務職員で構成されています。客員研究員は主として大学の先生ですが、研究テーマによって変動します。

――ＲＩＬＡＣが担う機能は

①区が抱える行政課題についての基礎的な研究と政策提言、②知の蓄積、③人材育成、④行政・区民・全国へ向けての情報発信が主なものです。

――これまでの研究テーマは

「子どもの貧困・社会排除問題」「地域力」「荒川区民総幸福度」「親なき後の支援」「ＣＳ（顧客満足）と職員のモチベーション」です。

――研究成果をどのように活かしていますか

荒川区への政策提言や情報提供のために研究会の成果は「中間報告書」あるいは「最終報告書」などのかたちで発行しています。研究会のワーキンググループのメンバーとして荒川区職員も参加していますので、人材育成に資する側面もあります。また報告書は全国の基礎自治体にも参考資料としてお送りするとともに、ＲＩＬＡＣのＷＥＢサイトでも公開していますので、活動に対する理解が高まっていけば幸いです。

――区民の「ＧＡＨ推進リーダー会議」が設置されました

荒川区民総幸福度（ＧＡＨ）に関する研究会はこれまでの４年間で17回開催され、その対策を検討するワーキンググループはすでに１０１回を数えています。それらの成果の浸透と実践のために、町会、青少年育成、福祉、まちづくり、スポーツなど、地域活動を牽引されている方々に「ＧＡＨ推進リーダー」になっていただき、「ＧＡＨ推進リーダー会議」も設置しています。

――全国「幸せリーグ」の事務局としてはどんなことを

年に数回、参加自治体の担当者の勉強会と交流会を荒川区をはじめ各自治体で開催しています。２０１５年の６月にはこれまでの取り組みの成果の発表会を行いました。

――どんなテーマで

「幸福度調査グループ」「幸福度活用グループ」「定住人口増加グループ」「まちおこしグループ」に分かれて活発な意見交換を行いました。

――発表に対する評価は

幸せリーグ顧問の月尾先生と坂田先生から貴重なコメントをいただきました。

・立場の異なる様々な自治体が結束して、自分たちで日本を維持していくという覚悟を示す。それが「幸せリーグ」にとってこれから非常に重要になる。

・地域の価値を発見する場合、地域の中にいるとなかなか気づかない。外からの視線は、気付きにおいて非常に重要。その意味で「幸せリーグ」のような横のつながりで、同じ問題意識を持って入り自治体がお互いアドバイスし合う取り組みは非常に有効なものである。

参考文献

『ＲＩＬＡＣ ＮＥＷＳ №１～№14』（荒川区自治総合研究所）
『地域力の時代―絆がつくる幸福な地域社会』（荒川区自治総合研究所編／三省堂／２０１２）

第3章●地域イノベーションのかたち

1 自然共生型の人づくりと地域づくり

——金沢大学里山里海プロジェクトの試み

『月刊広報』の取材で、初めて珠洲に行ったのは2009年12月初めのことだ。その日は雲一つない冬晴れで、羽田からの飛行機はあっという間に能登空港に着陸した。空港から珠洲への道は雑木林の中を延々と続いていた。珠洲（小泊）までの時間は、羽田からの飛行機の時間より少し長かったように記憶する。富山湾を隔ててはるか向こうに雪をかぶった雄大な立山連峰が見えた。想像できないほどの素晴しい景色だった。

その最初の奥能登訪問からもう6年経った。金沢大学の奥能登プロジェクトはさらに発展して、自然共生型の地域づくりはフィリピンの棚田の保全にまで活動が広がっている。

「奥能登は平地が少なく河川も短いため、傾斜地を利用した棚田とかんがい用のため池による稲作が行われてきた。そうした奥能登の棚田やため池には、日本の大部分の地域ですでに絶滅したゲンゴロウ類やサンショウウオ類をはじめとする希少動物や、サンショウモ、ヒツジグサといった希少植物がいまも残されている。このことによってわたり鳥の飛来地や猛禽類の餌場として機能しており、奥能登のため池や棚田は日本における生物多様性保全の重要拠点である」（『能登半島生物多様性調査報告書』赤石大輔ほか／2009）

そんな能登半島の北東端に位置する珠洲市三崎町小泊に、金沢大学が廃校となった小学校校舎を活用して、研究交流プロジェクト「能登半島　里山里海自然学校」を開始したのは2006年10月のことである。それから10年、この自然学校を活動拠点として、大学主導型の地域連携による地域活性化と持続的な発展を目指す取り組みが進められている。地域と大学連携のプロジェクトの中でも屈指のCOCプロジェクトである。大学が主導権を持って、地域を動かしてきたお手本だ。

※生物多様性：地球上の生物は何十億年の進化の過程で多様に分化し生息場所に応じた相互の関係を築いている。この多様な生物の世界を「生物多様性」という。

※里　山：奥山と人里・街の中間域にあって、農業など人間が手入れをすることで形成される中山間地。人の手が入らないと荒廃し原野に戻る。

大学でしかできないことを、大学らしからぬやり方で

17年にわたって金沢大学の里山里海プロジェクトを引っ張ってきた中村浩二地域連携推進センター特任教授・里山里海プロジェクト代表に聞いた（2015年2月インタビュー）。

——金沢大学の里山里海プロジェクトはいつから

1999年10月に設置した「角間の里山自然学校」が里山プロジェクトの始まりです。金沢大学の角間キャンパスは約3分の1が里山ゾーンで、多様な植物と昆虫、哺乳類が生息しており、中には絶滅危惧種などの貴重な生物も含まれています。その後、金沢大学創立50周年事業の一環で「角間の里」を白山麓の村から移築し、ここを拠点に市民にも開放して里山や生物多様性を学ぶ活動を進めてきました。

——金沢大学が、金沢城址の旧キャンパスから角間キャンパスに移ったのはいつですか

1989年の文学部、法学部、経済学部の移転に始まり、6年かけて1994年の本部事務局の移転で完了し

金沢市にある金沢大学と
珠洲市の金沢大学能登学舎

ました。

——今や〝里山里海〟は誰もが知っている言葉になりました

私自身が〈ＳＡＴＯＹＡＭＡ〉を実感したのは、２００８年５月にドイツのボンで開催された第９回生物多様性条約締結国会議（ＣＯＰ９）のハイレベル会議でのことでした。「日本の里山里海における生物多様性」と言うテーマで、生物多様性条約事務長のアハメド・ジョグラフ氏、環境省の審議官、谷本正憲石川県知事が、生物多様性を保全するモデルとしての里山について発表し、討議を行いました。１２０席余りの会場は人であふれました。この時、私は〈ＳＡＴＯＹＡＭＡ〉が生物多様性の保全を語る上での世界のキーワードになったことを実感しました。

角間の里山自然学校

——金沢大学里山里海プロジェクトの目的は

いま全国各地で起きているように、奥能登でも農林水産業の不振、過疎高齢化の急速な進行によって里山が荒廃しつつあります。しかも場所によっては地域社会の維持すら困難になりつつあります。生物多様性の保全・活用によって環境にやさしい農林業などを基盤とした「持続可能な地域づくり」を実現させることがこのプロジェクトの目的です。

——どんなプロセスで進めていますか

まず、自然環境の現状を把握する「健康診断」から始めて、それに対応した里山里海保全活動と地域リーダー育成に取り組んでいます。また子どもたちや住民の方々に、自然観察や体験学習によって生物多様性の重要性を知ってもらう活動も進めています。

——金沢大学がこのプロジェクトを始めた背景は

地域の再生のために、大学が、大学でしかできないことを、大学らしくないやり方でやろうという動機から始めまし

中村浩二金沢大学地域連携推進センター特任教授

《金沢大学里山里海プロジェクトの歩み》

年	世界生物多様性締結国会議	金沢大学の地域連携	プログラム	ファンド・補助金
2005		地域貢献推進室を社会貢献室に改称	2009年から角間の里山自然学校	
2006	COP8（デリー／インド）		能登半島里山里海自然学校	三井物産環境基金
2007		地域づくり連携協定（輪島市、珠洲市、穴水町、能登町、県立大学）	能登里山マイスター養成プログラム	文科省科学技術振興調整費
2008	COP9（ボン／ドイツ）	地域連携推進センターに再編		
2009		石川県と包括連携協定締結	能登半島里山里海アクティビティ	三井物産環境基金
2010	COP10（名古屋／日本）	能登オペレーティングユニット、角間里山本部の設置	里山里海再生学の構築、能登いきものマイスター養成講座	文科省特別教育研究経費 日本財団
2011		能登キャンパス構想推進協議会設立		
2012	COP11（ハイデラバード／インド）		能登里山里海マイスター育成プログラム	石川県と2市2町と金沢大学で出資
2013				
2014	COP12（平昌／韓国）	能登里山里海研究部門（珠洲市）設置	イフガオ里山マイスター養成プログラム（フィリピン）	JICA草の根技術協力事業珠洲市

※COP：
国連の気候変動枠組み条約締結国会議のこと。地球温暖化対策に世界全体で取り組んでいくために1992(平成4)年「国連気候変動枠組条約」が締結された。その条約に基づいて、1995（平成7）年から毎年開催されているのがCOPである。

※能登キャンパス推進構想協議会：
能登地域を一つのキャンパスに見立て、教育や研究を進め、地域の活性化と持続的発展を目指す。9団体（石川県、奥能登4市町、金沢大、県立大、県立看護大、金沢星稜大）が加盟している。

た。ですから、大学を飛び出して、地域の方々とともに〝学び、研究し、実践する〟がモットーです。また金沢大学には農学部や水産学部がありませんので、ほかの大学や研究機関のネットワークや地域の専門家の協力も得てきました。またボランティアやプロの経験者に支えてもらうために「里山メイト」や「里山駐村研究員」「就農支援ネット」などの制度も設けました。

――地域の自治体との連携は

能登に里山里海自然学校をスタートさせた翌年（2007年）に我々の活動を支えてもらう地元の2市2町（輪島市、珠洲市、穴水町、能登町）と石川県立大学と金沢大学との連携協定を締結したことが大きな推進力になりました。能登里山マイスター養成プログラムはこの連携基盤で動きました。

≪奥能登2市2町の概要≫

	面積（km^2）	人口（千人）	人口密度（人／km^2）	高齢化率（%）
輪島市	426	27	63	40.0
珠洲市	247	14	58	42.8
穴水町	183	8	47	40.9
能登町	273	17	62	41.1
合計	1129	67	―	―
石川県	4186	1159	277	26.1

――トキの棲む能登の里山再生を宣言しています

かつて能登では、トキがアカマツ林に営巣し子育てをしていました。1970（昭和45）年に本州で最後のトキが奥能登の穴水町で捕獲されました。繁殖のために佐渡のトキ保護センターへ送られましたが、残念なことに翌年死んでしまったのです。ですから、日本固有のトキが最後に生息していた奥能登にとってトキは能登の自然環境再生保全のシンボルなのです。

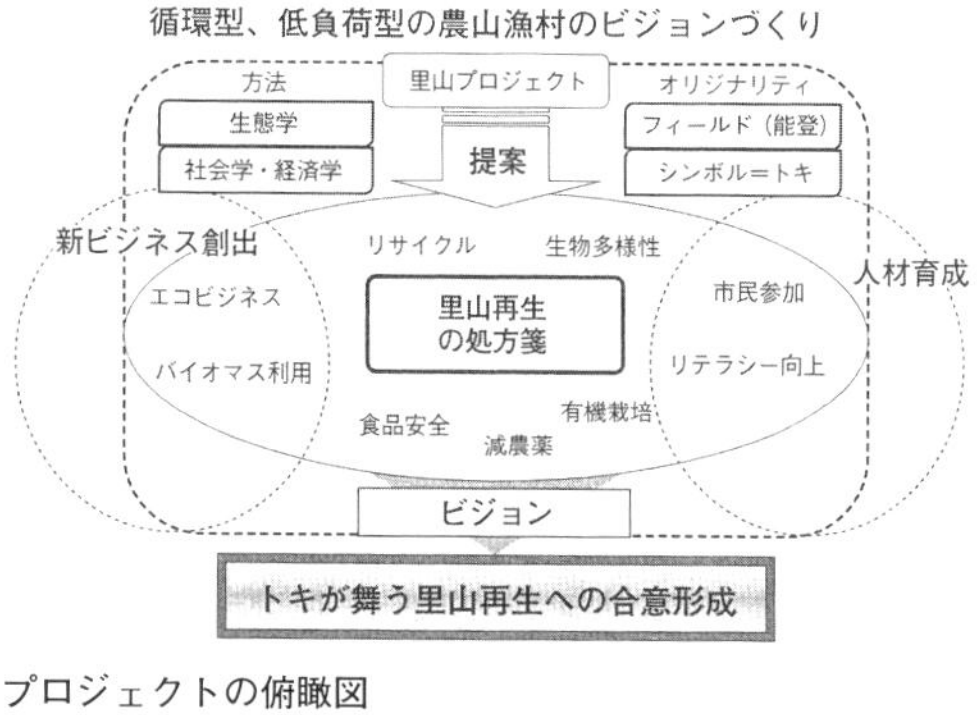

プロジェクトの俯瞰図

――著書『里山復権』に珠洲市のマツタケの生産量の減少が紹介されていました

マツタケは里山の健康度のバロメーターと言われて

います。珠洲市の〝市の木〟は赤松です。それくらい珠洲市にはアカマツ林が多く1961（昭和36）年にはマツタケが23トンも採れたのですが、その後、徐々に減少して、現在は年間1トンを下回る年が多くなっています。かつて人々が生活のためにマキや松葉をマツタケ山から持ち帰ったために、アカマツ林の自然環境が保たれマツタケが生育しやすい環境が整えられていました。50年後のマツタケの減少は里山の荒廃の象徴なのです。

――金沢大学の里山プロジェクトのプログラムがフィリピンに移出されています

２０１３年１月に、金沢で開催された「国際ＧＩＡＨＳ（世界農業遺産）セミナー」で、フィリピン大学のイノセンシオ・ブオット教授から世界的にも有名なイフガオの棚田の保全のための人材育成の協力を依頼されたことがきっかけです。２千年以上前から継承されてきたイフガオ棚田の景観は「天国への階段」とも呼ばれ、世界農業遺産と世界文化遺産に登録されています。しかし20年ほど前から若者の農業離れが続き、いまや4分の1が耕作放棄地になり、存続が危ぶまれる状況です。そこで私たちが奥能登で進めてきた「里山里海マイスター育成プログラム」のノウハウを提供することにしました。

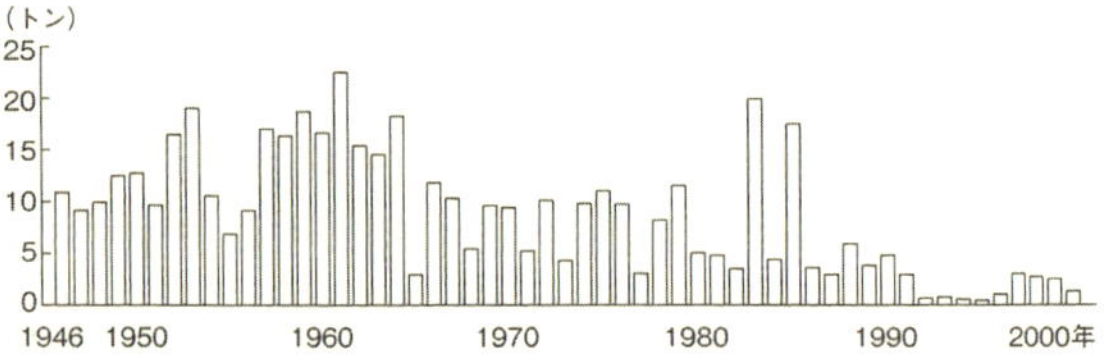

(B)珠洲市マツタケ生産量（珠洲市）をもとに作成

珠洲市のマツタケ生産量推移　（『里山復権』赤石論文より）

――現地の反応は

現地の人たちはイフガオの棚田の自然と文化に誇りを持っており、この棚田を何としても次の世代に伝えていきたいという熱意があります。その熱意にこたえて、この素晴らしい世界資産を未来に引き継ぐ責任をともに果たしたいと考えています。

――金沢大学の里山里海のプロジェクトが、ここまでの発展と広がりを見せるようになった理由は

大学内部の理解、行政の支援、運営資金の確保、ポスドク（博士研究員）を中心とする研究者の確保、そしてなんといっても地域の方々の協力と支援がなければここまで到達できませんでした。

〝地域と共に歩み、地域に学び、地域に返す〟金沢大学能登学舎

川畠平一金沢大学客員教授（能登里山里海マイスター育成プログラム能登学舎長）に聞いた。

川畠平一金沢大学客員教授

――川畠先生のキャリアは

私は石川県能美市の出身で、大学では農業経営経済学を専攻して石川県庁に入庁しました。その後は農業試験場を振り出しに、農政課、農業情報センター、農業総合研究センター、産業創出支援センター、県立農業短期大学など、県の組織の中で研究、教育、コーディネートの仕事を担当しました。２００５年４月に金沢大学地域連携推進センターの地域連携コーディネーターに、２００７年から里山里海マイスター養成プログラムにかかわっています。

――能登半島の現状は

能登半島は東京都と同じくらいの広さがありますが、人口は50分の1以下です。能登半島のおよそ60％は里山と呼ばれる地域です。いまの人口流出や人口減少に歯止めをかけないと、里山の荒廃や伝統文化の担い手不足などの問題が深刻化することは確実です。その防止策として、これらの自然環境の再生保全についての関係者の合意形成とその担い手育成が喫緊の課題です。

――金沢大学の里山里海プロジェクトの背景は

金沢大学は、２００９年に策定した第２期中期計画で「能登半島を中心とした総合的、多角的な地域研究を推進し、国内最高水準の地域研究の拠点とする」を掲げました。その方針に沿って、学内教育プログラムの策定、持続可能な里山里海再生学の構築など研究と教育の両面から進めてきました。

――里山マイスター育成プログラムはいつから

２００７年10月に文部科学省の「地域再生人材創出拠点プログラム」による５年間の「里山マイスター養成プ

ログラム」をスタートさせました。「朱鷺《とき》がよみがえる里山里海の再生」をキーコンセプトとした環境配慮型の農林漁業の創出と新たな里山里海ビジネスを展開できる人材の育成が狙いでした。

――里山マイスターの修了生はこれまで何人いますか

5年間で62名のマイスターが卒業しました。特に能登地域外からの受講生のうち14名が卒業後に能登に定住し活動していることは、我々の期待以上の成果でした。

――「地域力の創造」の重要性を強調されていますが、大学がなすべきことは

大学の持つ「知財」の総合化と、地域の持つ「伝統知」を融合させるプロセスを着実に積み上げていくことが重要です。里山マイスター育成プログラムは２０１２年から里山里海マイスター育成プログラムに発展していますが、研修終了後の彼らがビジネスチャンスと感じ取れる具体的な技術と経営のノウハウを大学の知の強みと地域とのつながりを活かして提案・教育し続けることが不可欠です。

――里山里海プロジェクトを地域の方々に支えてもらうためのサポートネットワークは

２００５年に「里山駐村研究員」を、２００７年に「里山マイスター支援ネット」を、２００８年に「就農支援ネット」を組織しました。

――里山里海マイスター育成プログラムの今後の展開は

能登里山里海マイスター育成プログラムは２０１６年度から新たなかたちでスタートします。社会人だけでなく、金沢大学の学生や海外の方々も学べるようになります。ここで学んだ若い人たちが能登の地域資源を掘り起こし、評価し、ビジネスなどにつなげてくれるよう期待しています。

《金沢大学能登学舎の主な活動》

年度	能登学舎の主な活動
2006～	「能登半島　里山里海自然学校」開講（常駐大学研究員1名）
2007～	社会人養成のための「能登里山マイスター養成プログラム」スタート 地域住民を中心にNPO法人「能登半島おらっちゃの里山里海」設立 「就農支援ネット」設立（常駐大学研究員5名＋NPO常駐職員1名含む32名）
2012～	自主財源（自治体と大学で折半）での「里山里海マイスター育成プログラム」をスタート
2014～	珠洲市による寄付講座で里山里海の研究拠点化が始まる

里山里海マイスター育成プログラムをフィリピンに移植

金沢大学が２００７年にスタートさせた「能登里山マイスター養成プログラム」は、フィリピンの世界農業遺産とユネスコの世界文化遺産に指定されている「イフガオの棚田」を持続させる人材育成へと発展している。国際協力機構（ＪＩＣＡ）の草の根技術協力事業に指定され２０１４年３月から３年間の計画で進められている。

このフィリピンのプロジェクトを日本サイドでバックアップする宇野文夫金沢大学特任教授に聞いた。

――イフガオの抱えている課題は

イフガオは首都のマニラから北に約３８０キロメートル、車で10時間ほどかかります。コルディエラ山脈の中腹に2千年以上前からイフガオ族が耕す棚田群が素晴らしい景観を生み出しています。そのイフガオでは最近、農作業の過酷さや農業が儲からないという理由から若者の農業離れや都市部への流出が続いており、耕作放棄される棚田が増加して棚田の維持が懸念されています。

――これまでの活動は

２０１４年３月に、金沢大学、石川県、世界農業遺産に選定された能登と佐渡の10自治体を中心に「イフガオＧＩＡＨＳ支援協議会」を設立しました。同時に現地では「イフガオ持続発展協議会（ＩＧＤＣ）」が設立され、連携して活動しています。

――1期生の選抜はどのように

イフガオ州の棚田の広がる3つの町（バナウエ、ホンデュアン、マユヤオ）の20代から40代の社会人が59人応募し、書類審査と面接で20人を選抜しました。そのうち

フィリピン・イフガオ州の位置

の15人が女性です。２０１４年９月には第１期の受講生のうち10人が、２週間の日程で来日し、金沢大学と能登半島で学習と交流に参加しました。２期生は25人が学んでいます。

——養成講座の内容は

イフガオ州大学で、月２日の日程で学びます。座学と実習の２本立てです。３つの人材の育成を目指しています。「地域リーダーとしての人材」「環境保全に取り組む人材」「農業ビジネスに取り組む人材」です。とくに農業ビジネスの人材育成では農産品の付加価値商品化、棚田米の新商品開発、エコツーリズム人材の育成に注力しています。

千枚田の稲刈り体験

——イフガオの棚田群に学ぶことはありますか

フィリピンは英語圏で世界中から観光客が来ます。イフガオの棚田はスケールが大きく、ツーリズムが盛んです。その点で世界農業遺産に指定された日本の能登と佐渡が学ぶべき点は多々あると思います。

地域と大学の連携の鍵を握るコーディネーター

地域のニーズと大学の研究シーズとマッティングすることが地域連携の要《かなめ》だと、コーディネーターでもある宇野教授は断言する。「地方創生」の掛け声の下、全国の大学、特に地方大学の地域連携の取り組みが活発化している。文部科学省や総務省も大学の地域連携の後押しに積極的だ。しかし両者をつなぐコーディネーターが十分に機能しなければ連携は空回りする。

——宇野先生のキャリアは

私は石川県の能登出身で、東京の大学を出た後、地元の新聞社で記者や編集の仕事をやりました。そのあと地元のテレビでニュースや番組制作に携わり、２００５年に金沢大学地域連携推進センターの地域連携コーディネーターに採用されました。

——大学の地域連携コーディネーターの役割は

地域連携プロジェクトの成功の鍵は、地域ニーズや地域ビジョンと大学の研究シーズや総合力をすり合わせることが最も重要な役割です。その意味で、民間出身であったことが幸いしています。そして、コーディネートやプロデュースする力量が問われます。

――金沢大学の能登のプロジェクトはその辺が非常にうまくいっているようです

本学の里山里海プロジェクトがここまで展開できた理由は、個々のプロジェクトの蓄積と多くの関係者の力の結集です。また、このプロジェクトに携わってきたポスドクの研究者たち、大学当局の理解と協力、そしてスタートから今日までリーダーシップを発揮してこられたプロジェクト代表の中村先生の情熱と使命感に引っ張られてきた面が大きいのです。天の時、地の利、人の和とよく言いますが、まさにそれを実感しています。

宇野文夫金沢大学特任教授

――このプロジェクトの広報活動での工夫や苦労は

地域の理解と協力を取り付けるための広報活動、大学内部の理解を深めるための広報活動に注力してきました。安倍内閣が打ち出した「地方創生」の施策で、これまで我々が積み上げて来た能登再生の取り組みが注目され、２０１２年度に地域づくり総務大臣表彰を受賞したことなどが追い風になっています。今後、大学のＪＭＯＯＣ（オンライン講座）を活用して、〈ＳＡＴＯＹＡＭＡ〉をテーマに金沢大学の能登やフィリピンでの取り組みを英語で発信するなど、グローバル化にも対応していきます。

――コーディネーターに必要な能力は

大学と地域連携のプロジェクトについて大学内部の「求心力」を高めることが第一です。大学の地域連携の進め方にマニュアルはありませんので、臨機応変に大学の内部と大学の外を仲介する粘り強い説得力が欠かせません。その上で、それまでの仕事の経験を活かすこと、地域の人脈を広げること、スピーディな行動力、課題を嗅ぎ取る嗅覚でしょうか。そしてもっとも重要な能力は、関係するすべての組織や関係者とのコミュニケーション力だと思います。

▼COLUMN

珠洲市から見た「立山連峰の美しさ」を今も思い出す

（『月刊広報』2010年3月号より抜粋）

珠洲市長の英断で設置が決まった「能登自然学校」

金沢大学能登自然学校の開校は、その半年前に珠洲市長に就任したばかりの泉谷満寿裕市長のふるさとへの思いがけん引力になった。2006年、三井物産環境基金の支援事業として金沢大学能登自然学校の設置が決まった。いくつかの候補地の中から泉谷市長の決断と珠洲市議会の賛同によって4600万円をかけた改装が決まった珠洲市立小泊小学校跡地への設置が実現したのである。泉谷満寿裕市長に聞いた。

――珠洲市に金沢大学の自然学校を誘致された理由は

珠洲市に学術的な拠点を……は私の長年の夢でした。いくつかの候補地の中から小泊小学校の跡地に決まったことは非常にラッキーでした。

――珠洲市の抱える問題は

珠洲市は1954（昭和29）年に3町6村が合併して誕生しました。当時の人口は3万8000人で、狼煙（のろし）灯台や見附島といった市内の観光地にはたくさんの人が訪れていました。ところが、50年経ったいま、人口は半減し、65歳以上の高齢化率は35％を超えています。そんな珠洲市の強みは、自然の豊かさと伝統文化です。中でも美味しい食材が豊富にあること、昔ながらの伝統が息づくこと、そんな珠洲市を交流人口の拡大と農林水産業の活性化によって復活させたいと考えています。

――どんな伝統野菜があるのですか

一例をあげますと、幻の「大浜大豆」があります。この「大浜大豆」から作った豆腐、納豆、味噌作りに取り組んでいるグループもいます。また粒の大きさと宝石のように鮮

泉谷満寿裕珠洲市長

やかな赤い色が特徴の「大納言小豆」をブランド化しようとスイーツづくりに取り組んでいる若い女性たちもいます。

――交流人口拡大の手段は

２００６年８月には全国ボーイスカウトジャンボリーを珠洲市で開催し、全国から２万３千もの人が自然の中でキャンピングしました。珠洲の食と自然の素晴らしさを肌で感じてもらうことが出来ました。奥能登の自然の素晴らしさを感じてもらうことが交流人口の拡大と、ひいては定住人口の拡大につながると思っています。

――里山里海自然学校に、どんな期待を

奥能登の自然や文化の素晴らしさを住民が再認識して故郷に誇りをもってもらうことが第一です、そのうえで、地域産業の活性化のために農林水産業の担い手の育成、奥能登の自然を多くの人に知ってもらうエコツーリズムを推進する人材の育成などを期待しています。

「能登里山マイスター」で育成する人材

「里山マイスター養成プログラム」で教員を務める小路晋作助教（現特任准教授）に聞いた。

――「能登里山マイスター」とはどんな人材ですか

環境に配慮した農業を実践できる人、ブランド化など農業に付加価値をつける経営センスを持つ人、能登の自然や文化資源を活かしたグリーンツーリズムを実践する人です。

――里山マイスターになった1期生はその後、どんな仕事を

自治体職員が５人いますが、「農村定住促進プログラムの構築」など、それぞれの職場で地域活性化のプランナーの仕事に就いていています。旅館手伝いの人はエコツーリズムの企画、花卉《かき》販売会社の人は能登産サカキの産地化に、そのほか企業の農業参入の責任者になった人や新規に就農した人もいます。

――里山マイスター養成プログラムの今後の課題は

このプログラムは5年間の国の補助金で実施されていますので、5年間の補助金が切れた後も継続させるための経済的な基盤づくりがもっとも大きな課題です。

——そのためにどんなことが必要ですか

このプログラムを物心両面で金沢大学のメインストリーム化することです。そのためには、大学内の幅広い研究者や教育者の参加と理解が必要です。さらに、このプログラムの意義と成果を地域の方々にわかりやすいかたちで伝達することが欠かせないと思います。

エコツーリズムの企画立案をテーマにしたワークショップ

生物多様性保全の世界の最先端を目指す石川県

文部科学省から石川県へ出向中の石川県企画振興部次長の俵幸嗣さんに聞いた。

——石川県は生物多様性の取り組みに、なぜこれほど熱心なんですか

金沢大学が10年以上前から里山研究など生物多様性に取り組んでいたこと、２００８年4月国連大学高等研究所のオペレーティングユニットが金沢に開設されたこと、その高等研究所の依頼で、２００８年5月にドイツのボンで開催された第9回生物多様性条約締結国会議（ＣＯＰ９）で本県の谷本正憲知事が「石川県の里山里海保全の取り組み」について発表したことがきっかけです。

——国連大学高等研究所とは

持続可能な開発に関する政策決定の研究や研究者の育成を目的とした国連の機関で、地球温暖化、生物多様性、身近な自然の保全などを研究しており、日本の本部は横浜のみなとみらいにあります。オペレーティングユニットは世界の5カ所の一つが日本の金沢市に設置されています。

——ドイツのボンで開催されたＣＯＰ９の石川県の発表の反響は

この会議には世界から約６０００人が集まり、多

俵幸嗣石川県企画振興部次長

くのテーマでパネル展示や発表がありました。石川県の発表には２００人近くの聴衆が集まり立ち見が出るほどでした。

我々の取り組みに予想以上の関心を持っていただいたことに、実は我々も驚かされました。その後、来日された生物多様性条約事務局長のジョグラフ氏からは「能登の里山、里海保全への取り組みは世界のベストプラクティスとして国際貢献できる」とエールをいただきました。

――いまはどういう体制で

その結果、県庁内に部局横断の生物多様性保全のプロジェクトチームを立ち上げ、石川県と国連大学オペレーティングユニットと金沢大学が一体となって幅広い視点での里山里海保全に取り組む体制を整えています。

参考文献

『里山復権―能登からの発信』（中村浩二・嘉田良平編／創森社／２０１０）
『地域と共に（№１〜№８）』（金沢大学地域連携推進センター発行）
『能登の活性化と持続的発展をめざす地域・大学ネットワークの構築』（金沢大学・能登キャンパス構想推進協議会／２０１３）
『里山資本主義』（藻谷浩介・ＮＨＫ広島放送局／角川新書／２０１２）

2 地方創生のための人材育成
――東北大学地域イノベーション研究センターの取り組み

東北大学大学院経済学研究科の「地域イノベーション研究センター（Regional Innovation Research Center＝ＲＩＲＣ）」は２００５年7月に設置され、今年10周年を迎えた。東北大学経済学研究科の内部と外部の知的能力を結集して、東北地域のイノベーション能力の向上と東北地域の産業振興と経済発展に貢献することを目的とする研究所である。

筆者がＲＩＲＣのプロジェクトを最初に取材したのは東日本大震災発生のわずか3カ月前の２０１０年12月の「農商工連携プロデューサー育成塾」の取材だった（コラム②参照）。

ＲＩＲＣは東日本大震災直後の２０１１年4月には、5カ年計画の「地域産業復興支援プロジェクト」をスタートさせたが、その中核プロジェクトの一つが「地域イノベーションプロデューサー塾（ＲＩＰＳ）」である。

震災復興から地方創生へ、ＲＩＲＣの挑戦

２０１５年10月15日、東北大学片平キャンパスで藤本雅彦教授（地域イノベーション研究センター長）にＲＩＲＣの現状と展望について聞いた。

――ＲＩＲＣの活動内容は

地域イノベーションに関する研究と教育、地域イノベーションをけん引する指導的人材（地域プロデューサー）の育成、地域イノベーションに関する情報交流の推進が主なものです。

――農商工連携プロデューサー育成塾は終了したのですか

2009年から2013年まで実施した「農商工連携プロデューサー育成塾」は、4年間で54人が卒塾しました。その間の2010年に卒塾者たちがNPO法人「みちのく6次産業プラットフォーム」を設立し、現在は東北3県を中心に地域活性化につながる多様な活動を行っています。RIRCの教員も顧問として必要に応じて助言しています。

――東日本大震災後のRIRCの役割は

2011年3月の震災発生後に立ち上げた「地域産業復興調査研究プロジェクト」では震災復興に関するシンポジウムの開催のほか、震災復興に関する調査・提言の書籍を継続的に出版しています。また震災発生の翌年には震災復興と地域再生の牽引車となる人材育成のために設置した「地域イノベーションプロデューサー塾（RIPS）」では、これまでに累計101名（2016年3月時点）が卒塾しています。

藤本雅彦東北大学大学院教授（地域イノベーション研究センター長）

――大震災発生からやがて5年ですが、東北の復興状況は

その歩みは決して十分なものではありません。全国メディアの関心も薄れつつあります。

≪RIRCの主なプロジェクト≫

年	内容
2008 ～ 2012	農商工連携プロデューサー育成塾地域産業復興調査
2011 ～	研究プロジェクト
2012 ～	地域イノベーションプロデューサー塾
2012 ～ 2016	地域産業復興支援プロジェクト
2015 ～	地域イノベーションアドバイザー塾

20年前（1995年）の阪神淡路大震災のときも、震災直後から3年は一時的な建設ブームに押し上げられて経済成長率は全国平均を大きく上回りました。しかしその反動で、4年目以降は全国平均を大きく下回ったのです。その後、全国平均に追いつくのに10年もかかりました。

――東北復興策の問題点は

東日本大震災の場合は政府の手厚い支援のおかげで建設ブームが3年で途切れることはありませんでした。しかし建設資材の高騰と（人手不足による）人件費の高騰で26兆円ともいわれる復興財源は底をつきかけています。

――東北地域の復興・再生の障害は

東北地域は震災前から人口流出と高齢化問題に直面していましたが、震災後は人口減少問題がさらに深刻化しています。また、当面の産業上の問題は、それまでの主要産業であった水産加工業の雇用数が大幅に減少していることです。中長期的には、これまで東北経済を支えてきた中小企業がグローバル化やICT革命に対応して、既存産業の再生や新たな産業創出に取り組んでいけるかどうかにかかっています。

――そのために何を

これまでの日本の地域経済政策は大企業の工場誘致でした。しかし経済のグローバル化の進行によって国内で工場を誘致するインセンティブは著しく低下しており、地域経済再生の決定打にはなりません。ですから東北地域においては地域経済を支える圧倒的多数の地元の中小企業の「事業革新」や「事業創出」を促進させることが喫緊の課題なのです。

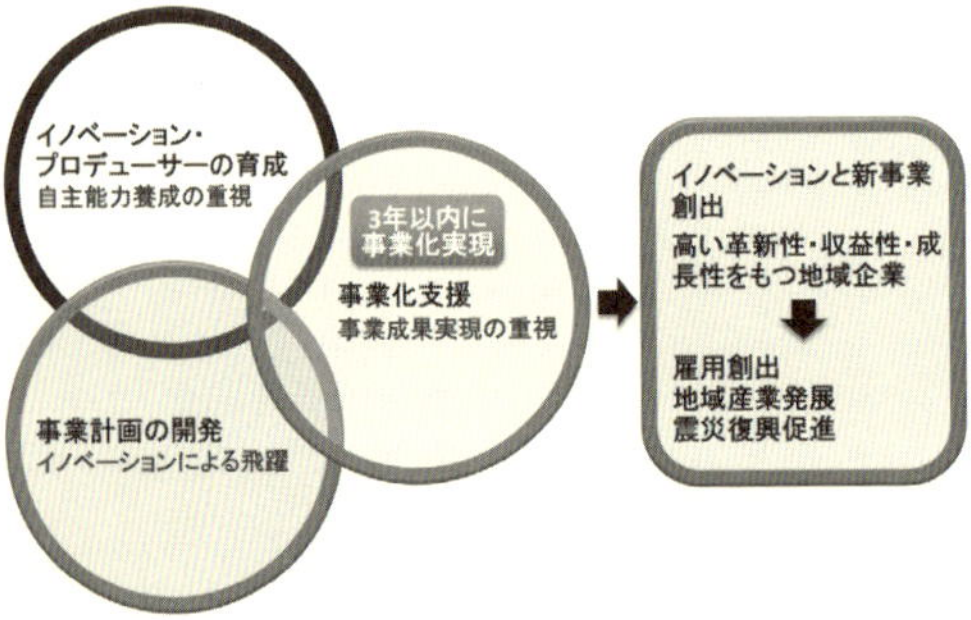

RIPSの目的

――そのための「地域イノベーションプロデューサー塾」ですか

その通りです。RIPSは、Regional Innovation Producer School の略で、被災3県（宮城、岩手、福島）の中小企業や起業家を対象とし、革新的な事業計画作成から事業推進まで、一貫して面倒を見ようという経営人材育成プロジェクトです。そのための「知力・スキル・マインド」を涵養できるカリキュラムを組んでいます。

――MBAとの違いは

革新的な事業プランづくりと、その事業化推進に不可欠な能力の育成に焦点を絞っていることです。ですから東北大の教員が担当する一部の講義を除いては、ほとんどのカリキュラムが実際に事業を成功させた経営者や分野ごとの専門的なコンサルタントや実務家が講師を務めます。また卒塾後の必要な資金援助も可能な体制を整えています。２０１４年から２０１６年まではアメリカのプルデンシャル財団の審査に合格した新事業に対しては、毎年総額３０００万円の補助金が支給されるスキームも用意しました。

――これらの地域イノベーション型企業を「支援する人材の育成」もスタートさせたのですか

２０１５年に開設した「地域イノベーションアドバイザー塾」です。中小企業の事業革新や中小企業の起業の促進には経営者や幹部社員の教育も必要ですが、それらを支える金融機関や公的支援機関に所属する〝目利きアドバイザー〟が欠かせないと考えたからです。私たちは「伴走型支援人材」と呼んでいます。ベーシックコースとアドバンストコースを用意していますが、初年度は地域金融機関や商工会議所の経営指導員などが受講し、ベーシックコースでは25名、アドバンストコースでは7名が卒塾しました。

――今後の方向は

これらの地域イノベーションの取り組みをさらに強力に推進するために、２０１５年８月に「東北地域イノベーション推進コンソーシアム」を設置しました。これ

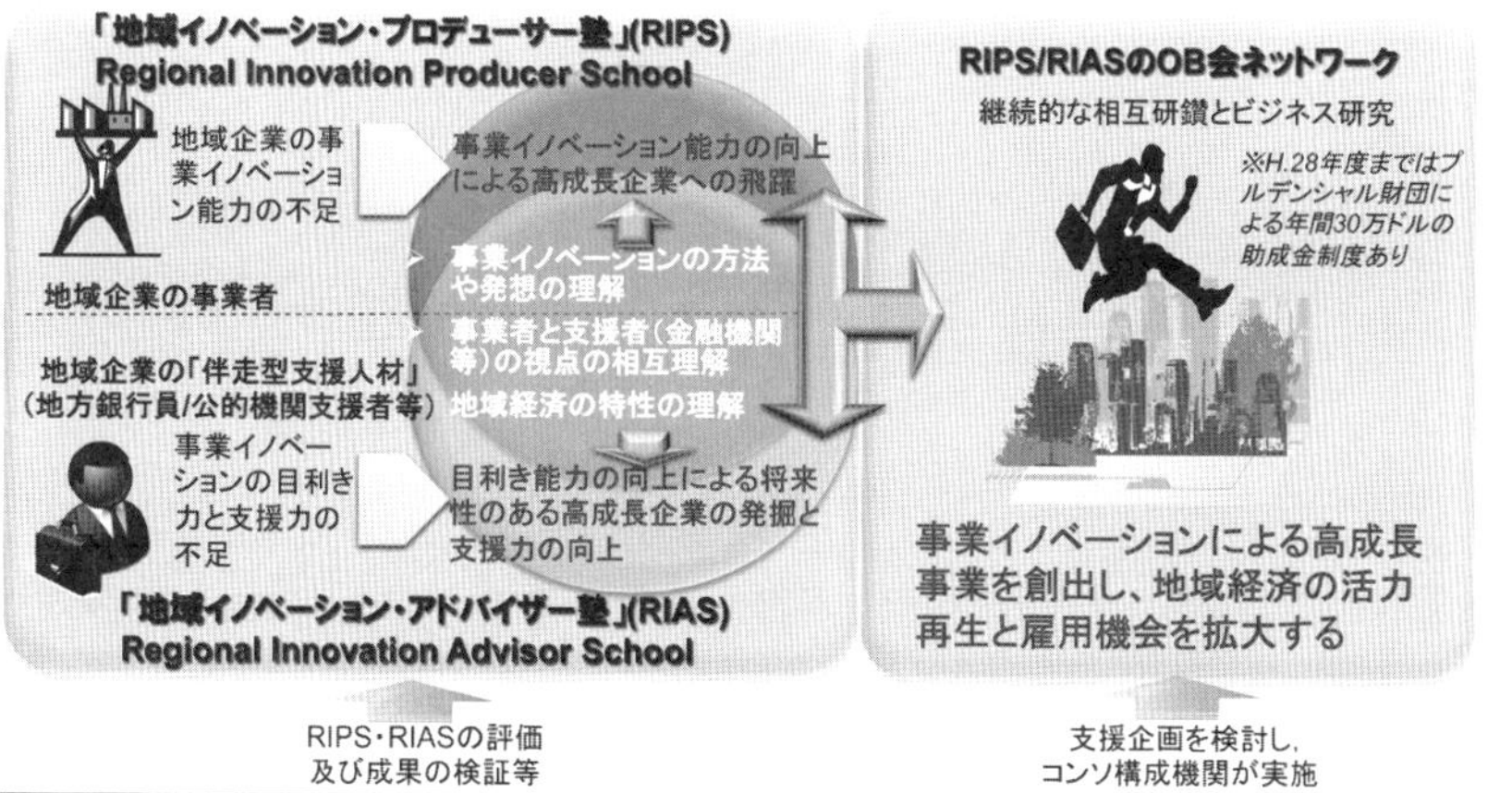

「東北地域イノベーション推進コンソーシアム」（H.27年8月1日設立）
＜設立目的＞東北地域の産・学・官・金・支援機関関係者が、産業の枠を超えて地域企業のイノベーションの推進を支援するために「ヒト・モノ・カネ・情報＋連携」に関する支援策を企画・検討し推進する
＜構成機関＞宮城県、東北財務局、東北経産局、日本政策投資銀行、七十七銀行、花巻信用金庫、宮城県中小企業家同友会、仙台商工会議所青年部、みやぎ産業振興機構、東北大学大学院経済学研究科地域イノベーション研究センター（事務局）

産業金官によるパッケージ型支援

は東北地域の「産・官・学・金」の関係者が、地域産業のイノベーションをパッケージとして支援する組織です。東北経済産業局、東北財務局、宮城県、宮城県中小企業家同友会などと地域イノベーション研究センター（ＲＩＲＣ）が参画し、当センターが事務局を務めます。全国の地方創生に大学が関与する取り組みとしては「先進的なモデル」になると期待しています。

≪初年度のアドバイザー塾卒塾生の所属企業≫

●ベーシックコース
七十七銀行、東邦銀行、仙台銀行、東北銀行、岩手銀行、北日本銀行、大東銀行、花巻信用金庫、会津信用金庫、石巻信用金庫、宮古信用金庫、気仙沼信用金庫、杜の都信用金庫、会津商工信用金庫、仙台商工会議所

●アドバンストコース
七十七銀行、東邦銀行、岩手銀行、仙台銀行、花巻信用金庫、会津商工信用組合、会津信用金庫

※東北財務局　HPより

地域イノベーションプロデューサー塾（ＲＩＰＳ）の理念と戦略

ＲＩＰＳを統括する権奇哲《コンキチョル》教授に、ＲＩＰＳのコンセプトとコンテンツを聞いた。

権奇哲東北大学教授

――ＲＩＰＳを企画された経緯は

もともと震災前に計画していたプロジェクトです。２０１０年度に全国および東北地域における経営人材育成実態調査を実施し、大震災があった２０１１年の後半期には仙台商工会議所青年部と共同で、半年間「カリキュラム研究会」活動を行って、塾のコンセプトと方針を検討しました。その検討結果を踏まえて、２０１２年5月から翌年3月まで12名の塾生を受け入れて塾を試行的に開講し、２０１３年9月に6カ月コースの塾を正式に開講しました。

RIPSは毎年地域の中小企業から30名程度の入塾者を募集し、イノベーション教育と事業開発に取り組んでいます。

――「地域イノベーション・プロデューサー」に求められる能力は

私は新しい生命的関係を構想し実行する人材をプロデューサーと定義します。プロデューサーとしての役割を果たすためには、まず、地域への強い貢献意欲を持つこと、第2に、地域の内外環境を直視して新しい共生関係のかたちをビジョンとして描き、それを実現することを自らの役割としてしっかり引き受ける（定義する）こと、第3に、そのビジョンの実現に向けて課題解決のために必要な方法的知識や視点を明確に持つこと、最後に、必要な協力を周りから調達するためのコミュニケーション能力と粘り強さが必要です。

――カリキュラムは

授業は毎週火曜日の夜と隔週土曜日の終日に行われます。カリキュラムは、イノベーションのための基礎知識を体系的に学ぶ「基礎講座」、事例ベースで特定のテーマについて学ぶ「特別講座」、スキルとマインドを鍛える「研修」、および新事業のビジネスプランを作成する「実践ゼミ」の4つで構成されています。カリキュラムに関してRIPSの大きな特徴は、東北から世界に飛躍するための視点や方法を教育することと、実践ゼミにおいて外部の事業開発指導の方たちが少人数グループ方式によってビジネスプランの作成をきめ細かく指導するこ

《基礎講座のカリキュラム（2014年度）》

・毎週火曜日（18:30～21:00）

	内容	講師
9月	歴史上の偉人に学ぶイノベーション	興津厚志
	デザイン思考（I～IV）	権奇哲
10月	ビジネスデザイン（I～IV）	板垣良直
	経営戦略の基本	大滝精一
11月	マーケティング（I～III）	猪狩尚人・原田学
12月	販路開拓（I～II）	板垣良直
1月	人材・組織マネジメント（I～IV）	藤本雅彦
2月	知財戦略	上條太郎
	経営と法務	鳥飼重和
	業務改善	渡辺勝實

とです。

——飛躍のための視点・方法とは

ＲＩＰＳのカリキュラムについて最も注目すべき点は、東北の中小企業が世界へと飛躍のための視点・方法として「デザイン発想のイノベーション」を提案していることです。これまでイノベーションというと、顧客から何らかのかたちで発信されるニーズを敏感に把握しそれにうまく応えようとする「マーケティング発想」のイノベーション、または技術シーズの有効活用や新技術の開発から商品化・事業化を図ろうとする「技術発想」のイノベーションがほとんどでした。これらの考え方ももちろん必要ですが、ＲＩＰＳでは第３の考え方として、「デザイン発想」のイノベーションに重点をおいています。

ここで「デザイン」とは、従来とは大きく異なる新しい意味や経験を提案し、人々の生活や社会のかたちを大きく変えてより良い状態に導くという意味です。

ＲＩＰＳでは、こうした視点に基づいて、「新しい経験の原型を世界に提案する！」イノベーションにチャレンジしましょうと提案しているのです。また、そのようなイノベーションを実践するための具体的で使いやすい方法を重視しています。

——「経験デザイン」と「原型思考」とは

ＲＩＰＳでは、新しい経験や生活のかたちを描くことを「経験デザイン」といい、経験をデザインするための具体的な方法として「原型思考」というアプローチを学習しています。これからの時代において世界と競争していくためには、マーケティング能力と技術力だけでは不十分で、顧客自身が気づいていないより良い生活のかたちや新しい価値を企業側が描いて顧客に提案する能力、すなわち「経験デザイン能力」が競争のコアになるでしょう。たとえば、むかしＳＯＮＹはウォークマンという製品を創り、世界中の人々に「音楽を持ち歩く」という、今までだれも経験したことのない新しい生活のかたちを提案したのです。これを技術力の勝利と

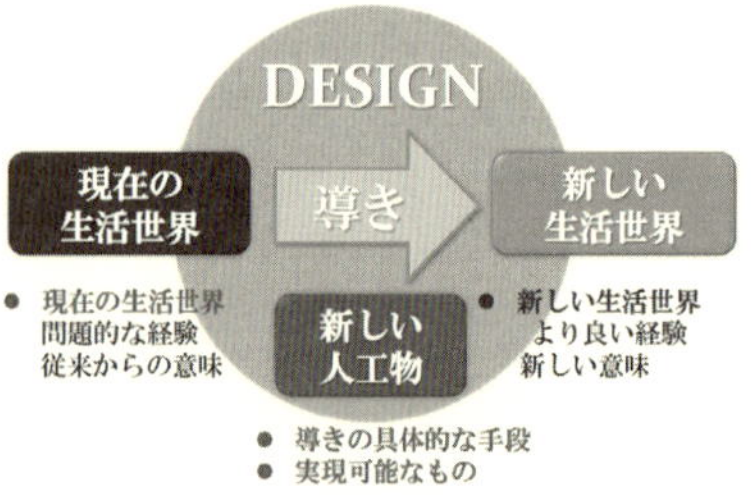

デザインとは導きの構想である

評価する人もいますが、私は当時のＳＯＮＹの経験デザイン能力の勝利だと考えています。

――東北地域の中小企業が抱える問題点は

ＲＩＰＳ開講前の調査で気づいたことは、東北の中小企業の多くが、「家業」段階にとどまっていてマネジメントを整えた「企業」段階に至っていないということです。また、仙台や東北という狭い商圏に安住してしまい、東京や全国、ひいては大きく成長する中国市場や広い世界市場に飛び出そうとする意欲が弱く、イノベーションに挑戦して大きく成長したいと思う経営者が少ないことです。

――これらの東北の中小企業の行動パターンを変革させる方策はありますか

このような東北地域が抱えている課題を変えていくためには、これまでとは異なる考え方をもってイノベーションにチャレンジする経営人材を多く育成する必要があります。そのために構想された仕組みがＲＩＰＳなのです。ですから、ＲＩＰＳでは「東北からの飛躍」を掲げ、またカリキュラムを通じて、塾生一人ひとりがイノベーションの理解とそれを遂行する能力としてのマインドと知識とスキルを習得できる場を提供しています。これから期待することは、まずＲＩＰＳで学んだ塾生から成功事例がいくつも生まれ、私にもできるという周りの経営者たちが増えていくことです。

ニューオーリンズの災害復興再生に学ぶ

２００５年に発生したアメリカのハリケーン・カトリーナで壊滅的な被害を受けたニューオーリンズ市は「起業家の町」として復活した。その背景と理由を、東日本大震災２年半後の２０１３年11月２日に開催された「震災復興政策の検証と新産業創出への提言」のシンポジウムで、福嶋路東北大学教授が報告した。震災後の復興再生のために、東北地域がニューオーリンズの経験に何を学ぶべきか、福嶋路東北大学教授に聞いた。

――ニューオーリンズへの調査と調査報告はいつ

現地調査は２０１２年８月と２０１４年３月です。その内容は『東日本大震災復興研究シリーズ（２０１２

〜2016）』地域産業復興調査研究プロジェクト編にて出版され、毎年開かれたシンポジウム、2015年3月に仙台で開催された国連防災会議でも報告を行いました。

福嶋路東北大学教授

――ニューオーリンズとはどんな町ですか

アメリカの中南部に位置する町で、現在人口は約38万人です。もともとは石油産業と観光産業を柱とする町で、下級労働者の町でした。ハリケーン・カトリーナによる町の壊滅がアフリカ系住民の低所得層の転出を招いたのですが、多くはニューオーリンズに戻ってきませんでした。

※ハリケーン・カトリーナ：2005年8月にアメリカのフロリダ半島とルイジアナ州を襲った台風。ニューオーリンズ市の被害が甚大で、町の85％が水没、死者は1800人、行方不明者は700人を超えた。ニューオーリンズでは、避難命令は出たものの移動手段を持たない低所得者が取り残され、放火や略奪行為も発生し、政府の対応が批判された。

――ハリケーン・カトリーナの影響は

町の80％が水没、数週間にわたって水不足と停電が続きました。主要産業であった石油産業と観光産業が大打撃を受けました。もっとも大きな変化は人口減少です。市の中心部の人口は約45万人から半減したと言われています。もう一つはアフリカ系低所得者の転出と逆に、起業を考えた高学歴かつ専門知識を持った人が流入したことです。その結果、多くのNPOや行政の起業支援策の充実もあって、被災から5年後には「スタートアップに沸くニューオーリンズ」とメディアで報道されるまでに変貌しました。

ルイジアナ州地図

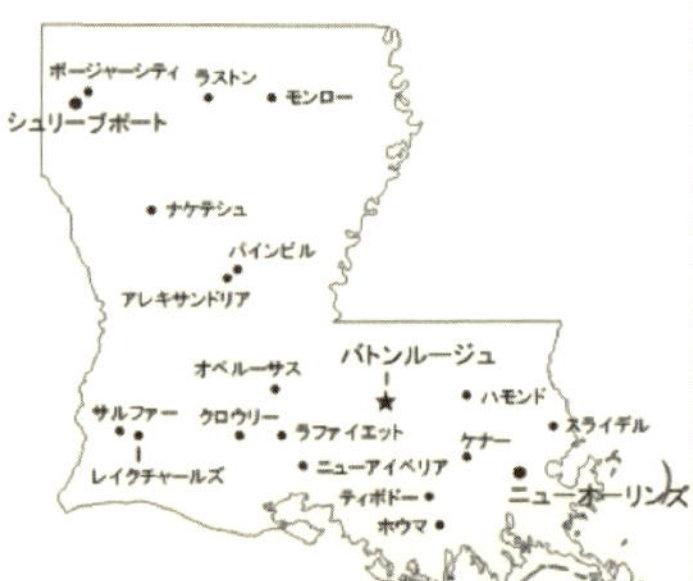

――起業家の町へと変貌できた理由は

大災害に見舞われた地域には起業家精神が沸き起こるという事象は歴史的にも証明できますが、ニューオーリンズが「起業家の町」へ変貌できた一番の理由は、起業家を支援するいろいろな体制が整えられたことです。3つの体制が寄与しました。頻繁に開催された起業支援セミナー、組織の壁を越えた自治体の支援体制、隣接都市バトンルージュとの連携が進展したことの3つです。

――具体的には

一つの例を余すと「Idea Village」のような起業家支援の組織がもともとあったことです。震災後にはさらに起業家を支援する官民の組織が設立されました。そしてこれらの起業支援に関係するすべての組織が「起業家育成」という目標を共有したことと、その活動の土台となる強固な人材ネットワークがフルに機能したことがあげ

≪Idea Villageのカリキュラム≫

IDEA Institute	Founders Roundtable	IDEA sessions	IDEA xcelerator	Capital Village
起業の基礎をワークショップ・パネルなどで学ぶ	起業に関するテーマで仲間同士の議論	メンターや専門家とともに1対1で戦略を議論	11週間にわたる起業に焦点を当てたプログラム	起業家に対する資金調達指導
教育サービス機能	教育サービス機能	戦略コンサルティング機能	戦略コンサルティング機能	資金調達指導

られます。

――Idea Villageとは

企業についての基礎的な知識を教えるほか、最も重要な起業に関して必須の戦略を指導してくれる組織です。Idea Instituteは（基礎知識を教える）一般人向けの講座ですが、そのほかは起業のための専門的なノウハウを指導する登録メンバー向けの講座が組まれています。

――自治体の組織を超えた連携が大きな力になったのですか

もともとルイジアナ州経済開発部は積極的な経済活性化策を導入していましたが、震災後に大きく寄与したのが全米一と言われた「エンジェル税制」です。2番目がニューオーリンズ・ビジネスアライアンス（NOLABA）という官民出資の組織が州や市との間の調整に大きな力を発揮しました。3番目が州都バトンルージュとの連携組織である「ルイジアナ・サウスイースト・スーパーリージョン」です。2009年に組織されました。

――バトンルージュとの連携とは

バトンルージュは人口20数万人のルイジアナ州の州都

で、ニューオーリンズから西に約150キロメートル離れています。カトリーナの大惨害が起こる前はお互いの交流は活発ではなく、どちらかというと競合する都市でした。しかし災害発生後にニューオーリンズからバトンルージュに移住した人や企業が想像以上に多くて、両都市間の交流が活発化する突破口になりました。

——東北を起業家の活躍する地域に変貌させるためにニューオーリンズの経験に学ぶべきことは

起業への意欲と能力にあふれる人材が外から流入すること、Idea Villageのような起業家育成・支援の受け皿を十分に整備すること、起業支援に関係する組織が連携して動くことが学ぶべき必要条件です。

——その場合に、日本（東北）で障害になることは

官の内部の縦割り、異組織間の流動性の低さ、人事異動の壁です。その結果、国・県・市町村の起業支援の連携が全体として円滑にいっているとは言えない状況です。ましてニューオーリンズと同じような起業支援の重層的な人的ネットワークを構築することは難しいと思います。

——とは言え、東北地域の再生にとって起業家支援が不可欠では

もちろん東北地域でも震災後は起業家意識が高くなって、（主として東北出身の）若い人たちの流入の動きもあります。震災直後に創設された（社）ＭＡＫＯＴＯやＩＳＨＩＮＯＭＡＫＩ2.0のような組織が他地域からの人、資金、起業の受け皿となる動きも出ています。また２０１４年からはカタールフレンドシップ基金の支援を受けて「カタール・東北・イノベーター・プラットフォーム」プロジェクトも始動しています。

——その効果は出ていますか

起業家支援体制が整備されたニューオーリンズの場合でも、成果が出るのに被災後約5年かかっています。東北の場合は少し長い目で見る必要があると思います。大事なことは、いま兆しが出ている地域を変える意識の高まりを一過性のものに終わらせないことです。東北だけが変わるのではなく、日本が変わらなければいけない分岐点に、我々は、いま立たされているのだ、という認識を国民全体が共有することが必要だと思います。

▼COLUMN❶ 仙台市のスタートアップ（起業支援）戦略

仙台市は人口107万人。人口約900万人の東北地域（6県）をけん引する中心都市である。政府の東北地域の行政機関の大半は仙台に設置されているし、大企業の東北支店も仙台にある。東京から東北新幹線で、最速1時間45分で結ばれる交通の要衝でもある。仙台市の再生発展なくして東北地域の復興・再生なしと言っても過言ではない。

その仙台市は震災後3年の2014年2月に「仙台経済成長デザイン」を立案した。4つの成長モデル（中小企業の体力強化、イノベーション、街づくり、東北の成長）を掲げているが、最重点テーマは中小企業の「基礎体力強化」である。仙台市経済局の大上喜裕経済企画課長（現仙台市立病院総務課長）と仙台市まちづくり政策局の品田誠司政策企画課長にスタートアップを中心に、仙台市の経済成長デザインの背景と戦略を聞いた（2016年2月インタビュー）。

――「仙台市経済成長デザイン」（2012年度～5カ年計画）の背景は

2011年3月11日の東日本大震災は東北地方に多大な人的被害と地域経済に大きな被害をもたらしました。東北地方の中核都市として、東北を支えるという視点と仙台経済の質的な転換を推進するという視点から立案しました。

――具体的な目標は

新規開業率日本一、新規雇用（2014～2019年）延べ10万人、入込観光客2300万人、農業販売額100億円を数値目標にしています。

――特に重点化している目標が「起業家の町」ですか

震災後に、地域や他人に貢献した

当時の大上喜裕仙台市経済局課長（左）と品田誠司課長（右）

いという意識が女性や若者の間で強くなっています。ソーシャルビジネスのようなビジネスです。これらの意識の変化を取り込むことも新規開業率向上の鍵を握ります。現在は起業家の多い都市No.1は福岡市ですが、できるだけ早い時期に、仙台市がNo.1になれるような施策を、重点的に推進していきます。

――起業するなら仙台で！と言える仙台市の強みは

10の強みを掲げています。仙台都市圏の大きなマーケット、コミュニケーションに適度な都市の規模、東北大学など高等教育機関の集積、首都圏との近接性と交通網の利便性、中枢都市としての機能集積、住みやすい自然環境、港湾・空港の国際化、東北観光の中核都市、多彩な四季折々のイベント、東北随一のスポーツ都市（プロ野球・J1チームの本拠地）の10です。これらの強みを生かした起業や新事業の展開を期待しています。

――起業拡大のための施策は

本市の外郭団体である「仙台市産業振興事業団」の中に設置されている「仙台市起業支援センター・アシ☆スタ」が起業家が持続的・連続的に輩出できる環境を整備し支援する役割を担っています。

――具体的には

起業に関するすべての対応をワンストップで行っていることです。国や県など諸支援機関との取り組みや調整、具体的には支援のための制度をフルに活用するお手伝いをすることです。また先輩起業家や地元企業の経営者による「起業家応援団」を結成して、これから起業を考えている人たちとの交流会を頻繁に行っています。また、特に重要な資金調達、販路開拓、起業拠点の確保などの支援のために専任スタッフや起業支援コーディネーターも配置しています。その施策の一つとして、「SENDAI for Startups! ビジネスグランプリ」を始めました。さらに2016年1月にはスタートアップの様々な政策を統合して、SENDAI Entrepreneur WeeK（仙台起業家週間）として集中的な取り組みを図る予定です。個々の取り組みを個別に進めるのではなく、互いに連携させることによって仙台市の「起業家都市」としての知名度を上げることも目的としています。このような取り組みもニューオーリンズの取り組みを参考にしています。また、カタールの支援で仙台市内に開設された起業家支援施設であるインティラックとも連携を深めて行く予定です。

―「ビジネスグランプリ」とは

仙台市が主催して、起業アイデアを審査・表彰・支援するイベントです。2015年度の起業アイデアは47件の応募があり、グランプリ大賞には「ドローン空撮の総合会社」の企画が選ばれました。

―日本の起業家輩出率No.1都市は福岡市ですが、仙台市の起業率上昇のために福岡市の起業支援策に学ぶ点はありますか

個別の政策よりも福岡市の政策の見せ方、まとめ方といった仕組みは参考になると考えています。都市全体が「元気のある都市」といった広報戦略等です。起業家の輩出には個別の政策よりもむしろ、「その都市は何か面白いことや可能性がありそう」といった、一種の神話（事実ではないことや、事実よりも大きな話かもしれませんが）のような仕組みが大切で、福岡市はその点で参考になります。

《先進地実地研修》

先進地実地研修	所在地	先進事例としての特色
（有）伊豆沼農産	宮城県登米市	農が中核の農商工連携、赤豚生ハムなど多くのブランド食品を創出
（株）一の蔵	宮城県大崎市	工が中核の農商工連携、環境保全型栽培による酒米の安全性・品質優位
（株）大場組	山形県最上町	建設業の農業参入と農商工連携
東鳴子温泉	宮城県大崎市	観光業と多様な農商（工）連携の蓄積
道の駅「上品の郷」	宮城県石巻市	商が中核の農商工連携、新しい特産品のブランド化を実現

農商工連携の実践を目指す受講生にとって、現場の成功事例に接することはインパクトも理解度も大きい。

5つの先進事例を現地へ出かけて学ぶ。

湯治旅館を営む5代目湯守大沼伸治さんによる講話

▼COLUMN ❷

「農商工連携プロデューサー育成塾」から「みちのく6次産業プラットフォーム」へ

（『月刊広報』２０１１年４月号より抜粋）

東北大学イノベーション研究センター（ＲＩＲＣ）の人材育成プログラムとして２００８年から２０１２年度まで実施された「農商工連携プロデューサー育成塾」を取材したのは、東日本大震災発生の３カ月前のことだ。２０１０年12月初め、東鳴子温泉の大沼旅館で開催された実地研修に同行した。

この育成塾を指導する福嶋路東北大学准教授（当時）に聞いた。

――農商工連携プロデューサー人材の条件は

商業・工業・観光業など異質な経営資源を発掘し連携・掛け合わせることができる、地域内のみならず地域外ともネットワークを構築し活用できる、継続的に商品・サービスを提供する仕組みを構想できる、経営人材です。「思い」とか「志」がとても重要で、〝地域をなんとかしたい〟〝自分の人生の中でかたちに残る仕事をしたい〟などの思いです。忍耐を要するチャレンジングな仕事をやりとげるには、なぜ自分はこの仕事に賭けようとしているかについての「自覚」と「覚悟」も必要です。

多様で実践的カリキュラム

この育成塾は隔週、土日に開催される、10カ月のコースである。カリキュラムは「講義」と「事例現地実習」と「ワークショップ」の３部構成で、講義とワークショップは仙台市内で、現地実習は主として宮城県内で行われる。「講義」には東北農商工連携プロデューサー育成コンソーシアムの構成メンバーである宮城大学の先生や研究機関の専門家も出講する。

育成塾の運営を担当した（株）プロジェクト地域活性

この会社は２００３年、「人財」をキーワードに東北の各地域の活性化を支援する会社として設立された。望月孝社長は静岡県出身、「東北の人たちが好きだ。東北の人たちは、全国で一番信頼、信用できる」と言ってはばからない。その上で、この会社を立ち上げた目的を「東北地方は過去、首都圏の人材の供給基地であり続けました。そこからの脱却を図るために設立しました」という。

《講義》
マネジメント研究：10 テーマ
政策研究：4 テーマ　実践研究：8 テーマ

講義テーマの一部	講師
農商工連携によるビジネスモデルの創出とバリューチェーンの再構築	東北大学 大滝精一教授
ビジネスを創造するリーダーの条件	東北大学 藤本雅彦教授
資源獲得の戦略	東北大学 福嶋路准教授
食生活様式の変化と「食」の地域ブランド	東北大学 伊藤房雄教授
食の安全のための技術と方法	宮城大学 老川信也准教授
外食・中食の消費者ニーズと食材調達	宮城大学 堀田宗徳准教授
地域食材の流通―現状と課題	FMS 総合研究所 三輪宏子社長

　みちのく6次産業プラットフォームは、２００９年度の「育成塾」受講生の提案によって２０１０年４月29日に設立された。橋浦隆一副理事長は、プラットフォームを立ち上げた理由を「私自身、初年度の『農商工連携プロデューサー育成塾』に参加して、たくさんの人の出会いとビジネス上の発見をすることが出来ました。農商工連携による新たな付加価値創造は信頼できる人と人とのネットワークつくりと交流が必要だと考えたからです」と語る。

※みちのく6次産業プラットフォーム
http://michi6.nou-shou-kou.jp/

日本の未来を左右する地域の自立

「地方分権」や「地域主権」は政治スローガンの段階から実践の段階に入っている。今回の研修で学んだ「鳴子ツーリズムのスピリッツ」の一つに「脱・くれない族」というのがあった。〇〇してくれないと言っても、何も始まらない。自分たちが時間も知恵も

《都道府県別　起業率トップ５（2013年度）》

『Forbes JAPAN』2015年4月号に興味深い分析記事が掲載された。「地方からの逆襲！47都道府県起業率ランキング」という記事だ。

	都道府県	起業率（%）	廃業率（%）	起業の特徴
1	沖縄県	7.61	3.87	IT産業の開業が多い。交付金が潤滑油という側面もある。
2	宮城県	6.12	3.97	東日本大震災以降、向社会的行動による起業動機が増加。
3	福岡県	5.91	3.88	「スタートアップ都市宣言」をした福岡市は若者率19.2%で日本一。
4	埼玉県	5.84	3.44	創業融資件数・金額が2012年に大幅増。55歳以上と若者向け。
5	千葉県	5.7	3.42	三井不動産・東大などと連携する「柏の葉キャンパスシティ」効果。

算出方法は2013年度の厚生労働省の「雇用保険事業年報」を基本に、起業率は＝当該年度に雇用関係が新規に成立した事業所数／前年度末の適用事業所数×100%。廃業率＝当該年度に雇用関係が消滅した事業所数／前年度末の適用事業所数×100%。

お金も出し合って、できるだけ自前でいこうというスピリッツである。「農商工連携プロデューサー育成塾」の今後について、福嶋准教授は次のように語った。

「農商工連携の成功の必要条件は『地域を愛する心』『人的ネットワーク』『戦略的なコラボレーション』です。「農商工連携プロデューサー育成塾」の強みは、大学・行政・企業・NPOなどの（東北を活性化するという）『志』をひとつにした人の絆にあると思います」

参考文献

『地域発イノベーション』（Ⅰ東北からの挑戦）（Ⅱ東北企業の資源発掘展開発展）（Ⅲ震災からの復興・東北の底力）

『東日本大震災からの地域経済復興への提言』、『東北地域の産業・社会の復興と再生への提言』『震災復興政策の検証と新産業創出への提言』（いずれも東北大学経済学大学院編／河北新報ブックセンター）

3　地域福祉から地域振興へ

——鹿児島国際大学と鹿児島県南大隅町の連携

鹿児島県肝属郡南大隅町は本土最南端に位置する人口約８２００人の過疎高齢化の町である。戦後のピーク時（１９５０年）の人口は約２万５０００人であったが、日本の高度成長期に人口流出が続き、50年後のいま、人口は３分の１に減少している。南大隅町の高齢化比率は44・８％（２０１４年10月現在）で、分散する小規模集落では60％を超えるところもある。その南大隅町は、２０１３年度から鹿児島国際大学と連携して地域福祉計画の策定に取り組んでいる。さらに２０１４年度から両者の取り組みは若者の人口流出に歯止めをかける観光や農漁業の６次産業化など産業振興策の連携へ広がっている。

鹿児島県南大隅町と鹿児島国際大学

南大隅町と鹿児島国際大学の取り組みの現状と今後の方向について、２０１４年９月29日、森田俊彦南大隅町長と津曲貞利鹿児島国際大学学長に語ってもらった。

南大隅町と鹿児島国際大学の概要

——南大隅町とは

森田　南大隅町は２００５年３月に、旧佐多町と旧根占町が合併して誕生しました。合併時の人口は９８９６人でしたが、約10年経過した２０１４年４月１日現在の人口は８３２０人と人口減少が続いています。65歳以上の高齢化比率は44・8％で、鹿児島県内で一番高い自治体です。人口の割に、広い町内に高齢化比率が60％を超える集落が散在していることも、行政の大きな課題になっています。主な産業は畜産、あとは野菜・果樹などの農業、規模は小さいのですが漁業です。これまで農商工連携、定住促進、町民の健康づくりを基本政策として推進してきましたが、本土最南端の景勝地である佐多岬を中心とする観光による交流人口の拡大にも力を入れて行きます（鹿児島国際大学の概要は、第１章４参照）。

南大隅町を代表する観光スポット佐多岬
●南大隅町 http://www.town.minamiosumi.lg.jp/

――南大隅町の課題は

森田　南大隅町の課題は３つあります。まず高齢化に対応する「地域福祉の問題」です。２番目は所得や雇用確保のための「産業振興の問題」、３番目が人口流出に歯止めをかけるための「定住促進の問題」です。産業振興策の中では、とくに観光に注力していきたいと考えています。本町には自然、歴史、文化などの隠れた観光スポットが数多く眠っています。最大の観光資源である本州最南端の佐多岬は昨年度に「佐多岬ロードパーク」としてアクセス道路を町有化したこともあり、観光入り込み数が増加していますので、今後はシンボルタワーの整備などを進めＰＲも強化します。

――鹿児島国際大学が取り組んだ南大隅町の地域福祉計画立案のプロジェクトは

森田　２０１３年度の第１期は本町最南端に近い１１０人くらいの島泊集落での実態調査をお願いしました。第２期の今年（２０１４年）度は本町最北部に位置する８００人くらいの滑川地区での実態調査を実施中です。来年（２０１５年）３月に報告を受ける予定です。その結果を踏まえて、きめの細かい住民サービスに結び付けたいと思っています。昨年度の島泊の調査結果で、同じ町内でも過疎が進む島泊集落と町の中心部に近い滑川地区では、高齢者の意識や要望が違うことを改めて気づかされました。調査結果を大いに期待しております。

――地域振興計画への取り組みも始まっています

森田　高齢者比率が高く、認知症問題や徘徊老人の問題を抱える本町の第一の課題が地域福祉であることは間違いありません。同時に、人口流出に歯止めをかけ持続可能な町にするための産業振興も同じくらい重要な課題です。本町では毎年200人以上の人口流出という深刻な状況を抱えています。昨年は約230人の人口減で、うち180人が自然減（死亡）、40人から50人が流出で大半が高校生です。地元の県立南大隅高校の卒業生も毎年10人くらいしか地元に残りません。そこで地域福祉計画策定でご縁のできた鹿児島国際大学に、産業振興策立案や若者の雇用創出策についても力を貸していただきたいとお願いしたわけです。

――大学の対応は

津曲　2013年度から福祉社会学部の高橋信行教授が南大隅町の「地域福祉計画策定」のお手伝いを始めたのですが、2014年度からは本学の「地域総合研究所」を窓口に、「南大隅町を中心とした大隅半島の（地域福祉を含む）地域づくりと産業の育成」をテーマに、6人の本学教員が南大隅町でフィールドワークを始めています。「町づくり」「農業振興」「観光」「教育」「コミュニティ論」を新たなテーマとしてそれぞれの専門分野で研究計画を作成し、2年間で研究成果を出す予定です（コラム③参照）。

――地域総合研究所では何を

津曲　教員を中心としたプロジェクト研究、行政や各種団体との共同研究、地域からの委託を受けて実施する委託研究をやっています。ここ数年の地域総合研究所の重点テーマは「地域との知のネットワークづくり」です。地域の現場と研究成果を結びつける〝プロデューサー〟としての機能を果たすことが大学人の使命だと考えるからです。

――南大隅町のまちづくりの一環で南大

森田俊彦南大隅町長（左）と津曲貞則鹿児島国際大学学長（右）

隅高校との高大連携が始まっています

森田　南大隅町の唯一の高校が鹿児島県立南大隅高等学校ですが、この南大隅高校の存立問題は5、6年前から南大隅町にとって大きな課題になっています。この数十年の人口減少で、本町の中学校は9校から、根占中学と佐多第一中学の2校に統合されました。当然、高校進学者の数も減少します。地元の南大隅高校に進学する若者を増やすには、若いときから地元に誇りと愛着を持つ子どもたちを増やすことが一番大切だと思います。

今年30回目を迎えて全国的にも有名なイベントに育ったドラゴンボート大会も、昔はスタッフが足りないので高校生に手伝ってもらっていました。県内はもとより、全国から多くのチームが参加するドラゴンボート大会の運営を手伝うことで、地域に対する愛着を感じることができます。高校卒業後、就職するにせよ、進学するにせよ、一度、外の空気を吸った経験をもとに、南大隅にUターンしてもらい、地域のために活躍してくれる若者が一人でも多く出てきてくれることが望ましいと考えております。

ドラゴンボート大会の様子

——大学の立場では

津曲　地域を活性化させていくには次の担い手である若者を地域全体で育てることが重要です。本学が南大隅高校と進めようとしている高大連携は大学の教員の指導の下に、高校生と大学生が地域の課題を一緒に考えることに大きな意味があると考えています。大学で学ぶ18歳から22歳は、「知」と「活力」が、もっとも輝く時期です。その彼らを社会で役立つ人材に育成できるかどうかで大学の真価が問われます。地元の高校生とともに南大隅町の地域の課題と解決策を考えることは、本学の最も重要な教育方針である〝学生のうちから社会に出て、自分のモノサシを知る〟恰好のフィールドワークだと考えております。

——南大隅町での高大連携ではどんなことを

津曲　今年（２０１４年）8月に、本学の経済学部馬頭《ばとう》忠治教授とゼミ生15人が、南大隅高校2年生21人と一緒に、南大隅町の観光を考えるうえでの、人的、文化的、自然のポテンシャルについて意見交換をしました。馬頭ゼミの研究テーマは「地域作りのための地域住民による協働の可能性」です。南大隅町では、将来の地域を担っていく高校生や大学生など若者のアイデアやつながりを核とする地域作りの可能性を探求する高大連携を進めていきます。

――これからの両者の取り組みの方向は

森田　町政には短期的課題と長期課題があります。短期的には財源の問題とマンパワーの絶対的な不足がありまず。本町の抱えるもっとも大きな課題は高齢者の福祉のレベルを維持強化することです。特に認知症問題には、これまで力を入れてきました。そのために、国（厚生労働省）が推進する認知症施策推進5カ年計画「オレンジプラン」のモデル事業「認知症初期集中支援チーム設置促進事業」もやってきました。これらの分野で鹿児島国際大学（福祉社会学部）の知を利用させてもらえることは小規模自治体としては大変ありがたく、職員の能力強化にも職員研修などを通じてさらにご協力いただきたいと願っています。

津曲　地方の大学にとっては、「地域の課題を解決する」という使命がますます重要になります。過疎高齢化は、全国の地方の共通課題であり、やり方を間違えると地域間格差はますます広がっていきます。したがって鹿児島県の抱える課題を研究し、解決策を提言するのが鹿児島の大学としての本学の責任だと考えています。本学は建学時から一貫して、地方の大学としての「知」の拠点を目指してきました。「知」の拠点は「地」の拠点でもあります。その実践研究のために30年の歴史を持つ「付置地域総合研究所」をこれから一段と活かしていきます。また2015年度より「産学官地域連携センター」を設立し、行政や企業と連携して地域活性化の取り組みを始めました。「地域の在り方」を「大学の在り方」にどう取り込めるか、すべての地方大学が問われています。地域に貢献できない地方大学は生き残れない時代が来た、と強く感じています。

住民との協働による地域福祉が地域活性化につながる

——福祉や介護などの専門学部に期待が集まります

津曲　2014年5月に、「日本創生会議」（増田寛也座長）が発表した、「このまま手を打たないと」に全国の896の自治体が消滅するという仮説・提言は、日本全国の自治体に衝撃を与えました。南北600キロメートル、多くの離島を抱えて過疎高齢化が進む鹿児島県は、地域福祉計画の立案・推進が喫緊の課題になっています。そこで県内唯一の福祉社会学部を有する本学には県内の多くの自治体からの協力依頼が増えています。とくに奄美群島の自治体からの相談が多いです。

——大学の社会的責任の方向は

津曲　地域の絶対的な価値を高めるには、大学が地域の課題を解決することに責任を持つことが必要です。マイケルポーターが提唱する新しいマーケティング理論であるCSV（Creating Shared Value）の考え方に近いもので、大学のこれからの社会的な責任でもあります。地域をより良い場所にするために（地域と大学が）新しい価値を協創することです。そのためには住民の立場に立った発想と行動が必要です。鹿児島県内でも最も過疎高齢化が進行する南大隅町を持続可能な地域に再生するための「地域福祉から地域振興への協働」は、政府が取り組む「地方創生」のモデルケースそのものなので、本学としても今後ますます注力する方針です。

▼COLUMN ❶ 鹿児島国際大学と南大隅高校の高大連携プロジェクト

２０１４年８月21日と22日、鹿児島国際大学経済学部の馬頭忠治教授のゼミ生15人と南大隅高校商業科の２年生21人の合同ワークショップが南大隅高校で開催された。１日目は、ホテル佐多岬の宮迫孝子社長の講演「南大隅のポテンシャルをデザインする」を聞き、その後、６つのグループに分かれて討議して、疑問や提案を発表した。南大隅の隠れた人的・文化的ポテンシャルの発見や観光客の交通の利便性向上、そして地域の独自性を活かした土産物開発の提案が多く挙げられた。２日目にはゼミ生が「南大隅町観光マップ作成の視点」を高校生にプレゼンした上で、「南大隅の豊かな自然を楽しめるような工夫」「地域の魅力をみんなで再発見して、オリジナルな方法で伝える」などの大切さを高校生に訴えた。

馬頭忠治鹿児島国際大学教授

地域づくりのための地域住民による協働の可能性を研究する指導教員の馬頭教授は、南大隅高校との高大連携の方向について次のように語る。

「地域は若者を必要としています。また若い人たちも誰かに必要とされ、誰かの役に立つことで、確実に成長します。学生たちは、期待されることで自らを変えようとして自信も取り戻します。さらに学生には、地域づくりは地域の潜在力を共有することから始まり、協同するプロセスであることを学んでほしいと思います。みんなが地域が抱えている問題に向き合い、お互い学びながら問題解決に取り組む当事者になれば、誰もが地域の希望を作れます。11月には「南大隅の未来を高校生に語る」のテーマでシンポジウムを開きます。「高校生・レストラン・まごの店」の仕掛人の岸川政之氏、馬頭ゼミ生の地域未来論、南大隅町企画課の地域振興プランを高校生にプレゼンします。

（「脱東京計画」と題して報告。南日本新聞／平成26年12月27日掲載）さらに1年後には「高校生がみんなに語る大隅の将来」（仮題）のテーマで大隅地域のいくつかの高校と大学が核になった地域協同プロジェクトを立ち上げる計画です（11校1095人にアンケート調査「大隅の高校生の声を聴いて」を報告。平成28年2月20日）」

その南大隅高校は本州最南端の県立高校で、その歴史は古い。1926（大正15）年に創設された小根占実科高等女学校がルーツである。現在の生徒数は約100人で、大半の生徒は南大隅町、錦江町、鹿屋市の出身である。部活では自転車部が全国屈指のレベルで多くの有名選手を輩出している。2014年8月に山梨県で開催されたインターハイでは学校対抗で総合2位に入賞した。町内には県営の自転車競技場があり大学自転車競技の強豪、鹿屋体育大学自転車部との共同練習でレベルアップを図っている。南大隅高校が目指す教育方針について、岡元良二校長は「小規模校の特色を活かして、一人ひとりの生徒にきめ細かな教育をする、地域との連携を学ぶ、自転車競技の奥義を窮める」と語る。

県立南大隅高等学校　自転車部

▼COLUMN❷ 過疎地域の活性化は地域福祉から始まる

鹿児島国際大学の高橋信行地域総合研究所所長兼福祉社会学部教授に、過疎高齢化地域の地域福祉と地域振興について聞いた（2015年10月インタビュー）。

――地域福祉とは

「地域福祉」は、障害者福祉、高齢者福祉、子ども家庭福祉など分野別に区切った福祉を地域を基軸として横断的に展開していくもので、それらの活動は、専門職による在宅福祉と住民参加による地域組織化に分けられます。いわば、自治体と専門職（社協、社会福祉士など）と住民の3者が協働で推進するものが本来の「地域福祉」なのです。また全国一律、県内一律ではなく、地域の実情に合わせたきめ細かな計画と実践が必要です。したがって、自治体の首長のやる気とリーダーシップが不可欠になります。さらに自治体が地域福祉計画を立案する場合に、都道府県が策定する「地域福祉支援計画」が指針として必要になりますが、この地域福祉支援計画を策定していない都道府県が2012年3月時点で全国に5つあります。鹿児島県はそのうちの1つです。その結果、鹿児島県の市区町村の地域福祉計画策定率は30％台にとどまっており、全国の都道府県では下から2番目です。鹿児島県は、少なくとも地域福祉計画策定についてはかなり立ち後れた県だといえます。ちなみに高知県や隣県の熊本県の地域福祉計画策定率は100％ですから、県民にとって、その差は大きいです。

高橋信行鹿児島国際大学教授（兼地域総合研究所所長）

——基礎自治体が策定する「地域福祉計画」とは

2000年に新たに規定された社会福祉法107条は地域福祉計画に3つの条件を提示しています。最も重要な条件は「地域福祉に関する活動への住民の参加」です。高齢者や障害者、そして子どもたちを対象とした地域福祉は行政から与えられるものではなく、行政と住民が協働して企画運営すべきものという考え方です。もっとも、地域福祉計画は義務づけられたものでないため、2013年の実績では、市区部では80％が策定していますが、町村部では40％しか策定していないのが現状です。

——それはなぜですか

一番大きい理由は町村部では役場の職員のマンパワーが不足していることです。もう一つは都道府県が立案する地域福祉支援計画が策定されていない場合です。地域福祉についての県のやる気度は、市町村に影響します。ただ最も大きな問題は、他の福祉計画と同様、これらの計画策定もシンクタンク等の関与によって作られたものが多く、自治体や住民主体によって作られているとはとても言えない点です。

―南大隅町の地域福祉計画策定の基礎調査は

２０１３年度に、私の社会調査実習の履修生が南大隅町島泊地区を対象に、地域福祉計画（立案）のための基礎調査（アンケート調査と高齢者へのインタビュー）を行いました。同地区は人口約１１０人で高齢化比率は62％です。

―明らかになったことは

アンケート調査からは、集落は体の不自由な人の生活環境、働く環境として大変低い評価であり、「道路交通の便」「病院や診療所の利用や整備」でも低い評価であること、生活上の不安では「収入が少ない」が全体の5割近く、健康面での不安、孤立死の不安も多かったことがわかりました。

特に地域福祉の視点から気になったのが、介護が必要になったときに、どこで介護を受けるかという質問で、通常これらの回答は、「現在の自宅」と答える人が最も多いのですが、島泊は3分の1程度しか、自宅を選んでいないのです。施設や医療機関が多く選ばれています。在宅で生活することの困難さを、住民が肌で感じているのかもしれません。在宅福祉は地域福祉の柱の一つのはずですが、高齢者インタビューでも、子どもの声が聞こえないのがさびしい、日常生活では買い物と病院に行くことが不便で、心配の種、もちろん健康のことも気になるなどの声も多く寄せられました。

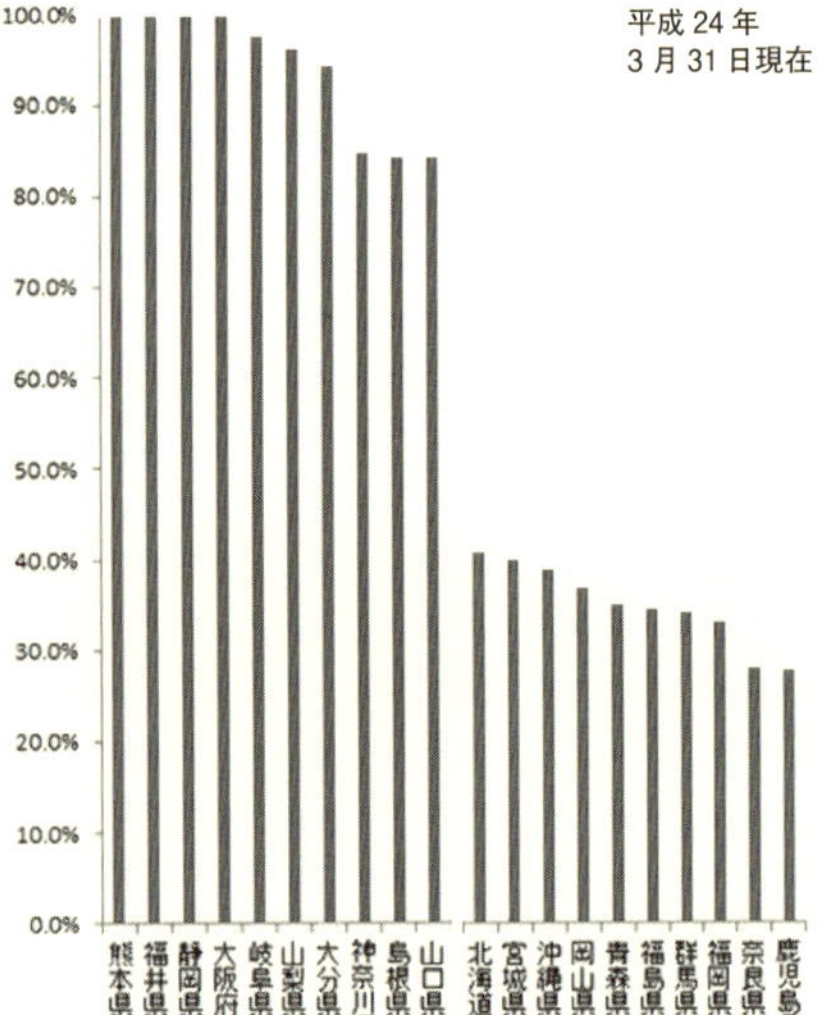

都道府県別　地域福祉計画策定状況
（上位10県と下位10県）　厚労省HPの図をもとに作成

また、学生たちへの要望として、「外からの目で、いろいろ情報提供して欲しい、地域にいたら地域のことが分からない」という声もありました。その外からの目が欠けがちな行政にとって耳の痛い指摘です。高齢者の方は、地域のことをよく見ていますし考えています。

学生のヒアリング風景

――2014年度に実施した、町の中心部に近い滑川集落（約800人）の実態調査の結果は

島泊とも共通するところが多かったですが、ただここでは、若い人の社会的な孤立の問題がありました。「金銭管理が苦手」「社会の動きがわからない」など高齢者が答えるだろうと想定した質問に多くの若者が反応していました。これも驚きでした。

――南大隅町の地域福祉計画策定の当面の課題は

社会福祉協議会を中心に作成される「地域福祉活動計画」と一緒に行政の「地域福祉計画」を作成することが必要です。どちらが先行しても構わないのですが行政の地域福祉計画には「ビジョン」が必要ですし、社協の「地域福祉活動計画」には明確なアクションプランが必要です。また、総花的な計画にせず、特定の部分に特化して、全体計画は地域福祉計画、地区や集落には、それぞれの実情に合わせた地域福祉活動計画を策定する、という考え方も重要です。

――今後の方向は

地域福祉計画が他の行政計画と明らかに違うのは、住民参加がこれまで以上に求められていることです。島泊調査の報告書を全戸に配り、その感想を聞いたところ、やはり調査に参加してくれた方は、報告書にも関心をもち、また報告書が一定の地域を刺激する起爆剤の役割を果たしているようでした。

滑川校区では、調査報告会を開催し、ワークショップで今後の地域福祉の在り方について住民と検討を行いました。こうした活動を今後も続けていきたいと考えています。

島泊集落に限らず多くの高齢者は、自然豊かで、住み慣れた地元でいつまでも暮らしたいと望んでいると思います。その希望を実現するには、行政だけでなく、ボランティア活動も必要ですし、若い人たちが一人でも多く、この町で暮らそう、この町に戻ってこようと思うまちづくり活動も欠かせません。

——過疎高齢化は地方の共通の課題です

地域福祉は住民の要望や課題を掘り起こすことと、同時に地域の社会資源を発見・開発することが必要です。それらを結び合わせることが益々重要になります。そのことが過疎地の活性化につながるのです。いわば、地域をデザインする、地域の設計図を書くということなのです。

——ということは、いま国が盛んに言っている「地方創生」の一丁目一番地は、地域福祉計画を立案することと考えていいのですか

その通りです。地域福祉計画は、地域の設計図を住民と合意形成をしながら作っていくようなものです。その意味で、計画書をつくることよりはそのプロセスが重視されます。地域福祉のプロセス指向と呼ばれる側面です。そこにうちのような研究所がお手伝いできればと思っています。研究所がシンクタンクと同じことをやっていては意味がありません。自治体と住民が主体的につくりあげる福祉計画のお手伝いをすることが、地域の地の拠点としての大学の、そして研究所の役割であると考えています。

——「地域振興か地域福祉か」という議論もあります

南大隅町のように小規模集落が広い町内に散在しているような地域では、集落単位で考えると、そこに住んでいる人たちの幸せ（安寧）を実現することが第一です。この集落はいずれなくなるかもしれませんが、生きている間はできるだけ安心安全を保障していくべきなのです。南大隅町には多くの集落が分散していますが、それらの集落の安寧の土台の上に地域の経済振興があるのです。国の施策もその考え方に立った改革が必要です。

▼COLUMN③

〝地域福祉から地域振興へ〟共同研究発表会開催

2016年2月20日、南大隅町役場で鹿児島国際大学付置地域総合研究所が2年間進めてきた南大隅町の地域調査と研究の発表会が行われた。その成果を踏まえて、南大隅町と鹿児島国際大学との連携協定の締結式も開催された。

当日の発表の中で、筆者は以下の提言に注目した。一つは南大隅町の経済構造の自立化の方向を指摘した

連携協定を結んだ森田俊彦町長（右）と津曲貞則学長（左）

富澤拓志大阪産業大学教授（地域総合研究所委託研究員）の発表。もう一つは「どんな過疎地でもそこに郷土愛を持つ人がいれば廃れない」と分析した経済学部4年生（馬頭ゼミ）のアンケート調査（前出）を踏まえての発表だった。

研究発表会の様子

富澤教授は、「南大隅町の持続可能な経済を作る上で必要なことの一つは町内から漏出するマネーを減らすこと、もう一つは新たな試みを育てる雰囲気を作ること」だと提案した。そのネックになっている南大隅町の経済構造の2つの課題を指摘する。一つは公的支出（介護や建設）への依存度が高く、その公的支出の長期的減少が町内総生産縮小の一因になっていること。その減少は行政サービスや教育など人口減少の比例分と公共投資等の削減に由来しており、今後の回復は期待できないこと。第2は、町内の産業間の分業関係（産業連関）が希薄で、地場産品の売上や経済対策の波及効果の大半が町外に流出していること、だ。

この現状を打破するには、町内産業の調達先・支出

構造を見直し、マネー流出の穴をふさぐことと「経済振興政策」を実施することが必要であるが、この対策は簡単ではない。そこで後者の視点が重要になる。「地域性を生かした創造」が町内で継続できる環境を創ることである。その環境作りの鍵は優秀なリーダーの存在ではなく、新奇なアイディアを育てるフォロワーの存在だ。地域の発展は、誰かをキーマンに仕立て上げ、その人を育てていく周囲の人たちの存在が重要である。言い換えれば「住民全員で地域の活性化に取り組む人たちを盛り上げていくことが鍵になる」と指摘した。

　馬頭ゼミ4年生の東崎《こちざき》彩香さんは南大隅高校の生徒たちとの交流や南大隅町のフィールドワークを通じて「(どんな過疎地でも)その地域を愛する人たちがいる限り、地域が廃れることはない……」とした(コラム①参照)。そのために次のことを提案している。

・今後の学校教育(特に高等学校)では、地域を愛する人材を育成することに努力すべきである。
・高校生が自分が生まれ育って暮らしている地域の良いところを知る機会を持てるようにすること。
・高校生が自分自身の力で未来を創れる術を学ぶ機会をつくっていくこと。
・小学校や中学校などが存在している地域は、その学校が存続していける新しい取り組みに力を入れること。

　南大隅町ではすでに9つあった中学校が2つに統合されている。彼女の提案は高校生だけでなく、中学生、小学生にも教えていくべき「地域の無形資産」の重要性を指摘している。第6章1で紹介した、廃校の跡地活用を模索する、山形県金山町の「世代を超えて生き続ける学校」に繋がる。

第4章●生涯学習のかたち

1　伝統文化の神髄を大学で学ぶ
——大阪市立大学の上方文化講座「文楽」

大阪市立大学の数ある地域連携の中から、「上方文化講座」を取り上げたのは偶然のことだった。筆者の大学時代のクラスメイトが当時の金児学長と高校時代の同級生だったことから『月刊広報』の「地域・大学・広報」に大阪市立大学も取り上げて欲しい、という学長の意向が伝わってきた。

その1カ月後に大阪市大を訪問して広報室から地域連携プロジェクトの情報をもらったが、しっくりくるものがなかった。東京に戻ってＨＰで調べるうちに「文楽の公開講座」をやっていることを見つけて「これだ！」と思ったのがきっかけだった。それから2カ月後の8月下旬の3日間の講座を取材を兼ねて受講した。開講6回目（２００９年）の「仮名手本忠臣蔵」だった。以下は２００９年8月の取材である。

年一回開催されている上方文化講座は今年（２０１６年）で13年目を迎える。大阪を代表する伝統芸能「文楽」がテーマで、初回は２００４年9月28日から4日間、「曾根崎心中」を題材に開催された。

文楽は大阪が発祥の地である。太夫が語り、三味線弾きが演奏し、人形遣いが人形を遣う三業が一体となった人形浄瑠璃は、２００３年にユネスコの世界無形文化遺産に指定された。この「上方文化講座」は大阪市立大学文学部の正規の授業科目であり、大阪市民のみならず全国の市民向けに開放している。

≪人形浄瑠璃文楽の歴史≫

年号	出来事
1684	竹本義太夫が大阪道頓堀に「竹本座」を創設
1703	近松門左衛門の「曽根崎心中」初演。竹本義太夫と近松門左衛門のコンビで数々のヒット作が生まれる
1734	それまで一人遣いだった人形が、三人遣いになる
1909	松竹が文楽の興業を始める
1948	組合問題から松竹側の「因会《ちなみ》」と組合側の「三和会《みつあ》」に分裂
1963	松竹が経営難から文楽を手放し、国、大阪市、大阪府、NHKによって「文楽協会」発足
1984	大阪市に国立文楽劇場開場

大学は都市とともにあり、都市は大学とともにあり

当時の金児曉嗣《かねこさとる》大阪市立大学学長に、大学の経営方針を聞いた（2009年8月インタビュー）。

――大阪市立大学のルーツは

1880（明治13）年に開所された大阪商業講習所であり、現在の大学の前身・大阪商科大学が我が国初の市立大学として創設されたのは1928（昭和3）年である。大学創設に際して、当時の関一《せきはじめ》大阪市長は「大学は都市とともにあり、都市は大学とともにある」と宣言しましたが、その思いは、80年後のいまも「都市型総合大学」を目指す大阪市立大学の教育・研究の大綱として連綿と引き継がれています。

――現在の規模は

現在の大阪市立大学は8学部大学院10研究科、学生数7127名、大学院生2038名、教員732名、職員1330名と公立大学では日本最大の規模です。

――地域貢献こそ公立大学の使命と言われています

このところ国立大学も私立大学もこぞって地域貢献を打ち出し、自治体との包括協定を結ぶ動きが盛んです。地域の活性化や再生のために、それぞれの地域の

大阪市立大学の外観

大学が切磋琢磨して協力することは地域にとっても望ましいことだと思います。

――都市型総合大学とは

一言で言いますと、国立大学のコピーでない大学ということです。大阪という大都市に必要な精神文化の中心機関として、大阪を背景とした学問の創造、大阪の市民と生活に密着した大学運営を目指しています。

――文楽講座の市民公開は、その最たるものです

その通りです。文楽は日本の誇る世界文化遺産ですが、その日本の浪速・大阪の文化で300年以上の歴史がありますから……。

――大阪の地盤沈下が言われていますが、大阪市立大学としての地域（大阪市）との連携は

大都市・大阪は、いま大きな変わり目にあります。本学はその大阪の再生と創造に寄与する大学でなければなりません。そのために2007年に「大阪市との新時代パートナーシップ協議会」を設置しました。これは双方の経営課題についての情報共有化を図るとともに共同プロジェクトを検討・推進するためのものです。本学は大都市の抱える諸問題へ対応するために、すでに「都市研究プラザ」や「複合先端研究機構」を設置しています。後者は理系の研究科を横断した研究組織で、たとえば都市圏の環境再生に向けて、エネルギー・水・生態系の循環・活用などを研究しています。

――上方文化講座もその一環ですか

もちろんそうです。地域の住民の方々に高等教育の機会を提供することによって、本学が市民に親しまれ、市民の誇りである大学になるためのプロジェクトの一つです。2007年から『桂春団治一門による大阪落語への招待』という講座もスタートさせました。桂春団治さんが、たまたま本学の近くに住んでおられることでこの講座は実現しました。

都市の伝統文化研究をネットワーク化

大阪市立大学の上方文化講座は、文学部の特別授業科目として、大阪の地に歴史的に育まれた文化である伝統芸能「文楽」を学問的体系の下に学ぶものだ。これまで「曾根崎心中」（2004）、「国姓爺合戦」（2005）、「冥途の飛脚」（２００６）、「菅原伝授手習鑑」（２００７）、「義経千本桜」（２００８）が取り上げられ、今年度は「仮名手本忠臣蔵」ということになった。

この上方文化講座は、当代浄瑠璃研究の第一人者である阪口弘之大阪市立大学名誉教授によって基盤が作られ、現在は新進気鋭の近世文学・浄瑠璃研究者である久堀裕朗准教授にその灯が引き継がれている。

この公開講座にはいくつかの特色がある。

・「人類共通の無形遺産」の伝承をになう当代超一流の文楽技芸員である竹本津駒大夫（太夫）、鶴澤清介（三味線）、桐竹勘十郎（人形遣い）の三師を学外非常勤講師として迎え、一貫して同じメンバーで、実演とともに伝統芸能の奥義とその心を語ってもらうこと。

・大阪市立大学文学部の様々な専門分野の教員が、それぞれの専門の立場からその年度の出し物をめぐって多面的に講義すること。今年度の講義では、「切腹の文学史」（小林直樹教授・国文学）や「浄瑠璃の言語」（丹羽哲也教授・国語学）、「近世大坂の芝居と身分社会」（塚田孝教授・日本史学）、「伍子胥から見た中国の復讐物語」（松浦恆雄教授・中国文学）、「フランス人が真似た日本の文楽」（小田中章浩教授・表現文化学）がそれにあたる。

上方文化講座にて実演中の三師

中央・竹本津駒大夫（太夫）
右　・鶴澤清介（三味線）
左　・桐竹勘十郎（人形遣い）

・大阪生まれの文楽が「人類共通の宝」としてユネスコの「人類の口承および無形遺産の傑作」に選ばれた普遍的意義を、世界的な歴史的芸術文化の中でどう位置づけるかという研究の一環として行われていること。

大阪市立大学文学部の上方文化研究の目指す方向について、（当時の）文学研究科長の村田正博教授はこう話す。

「私たちは大阪という都市をめぐる文化の総体を上方文化と理解しています。

文学部文学研究科には「都市文化研究センター」という組織があり、大阪という地を中心に、上海・北京・ハンブルク・ロンドン・バンコク・ジョクジャカルタにサブセンターを設置して、比較都市研究、文化資源論などをテーマに、都市に関する歴史的アプローチと現代文化論的アプローチの融合を目指した研究を進めています。さらに、大阪という都市に育まれた文化を代表する「文楽」を通じて、世界や人類の真実につながる普遍の問題を考える、その端緒を学生や市民の方々に提供したいと考えています」

上方文化講座受講中の様子

≪2009年度上方文化講座
「仮名手本忠臣蔵 六段目」カリキュラム≫

授業日程	授業内容
1日目（8月26日）	赤穂義士劇の系譜、仮名手本忠臣蔵解説、切腹の文学史、近世大坂の芝居と身分社会
2日目（8月27日）	仮名手本忠臣蔵　六段目　講読、浄瑠璃の言語、仮名手本忠臣蔵ー太夫・三味線・人形の芸（実演と解説）
3日目（8月28日）	伍子胥から見た中国の復讐物語、フランス人が真似た日本の文楽、桐竹勘十郎師に聞く、文楽の至芸（実演と質疑）

▼COLUMN❶
文楽を世界と市民に

2004年9月7日のドイツのハンブルク大学で開催された日独共同シンポジウム『ハンブルクと大阪：都市と市民、文化と大学』で、阪口弘之教授（当時）は次のように挨拶した。

私ども大阪市立大学は今年（2004年）度から文学部において『上方文化講座』を開設します。かつて大坂には、あるいは上方には、輝くばかりの豊穣の時代があり、上質の文化がありました。この講座は、その上方文化の普遍的な魅力を多面的に掘り起こし、都市文化創造へ向けての道筋を示していこうというものです。公開講座そのものは今やどの大学でもみられることで珍しくもないのですが、本学の場合は、大阪市設置の公立大学にふさわしい「研究・教育・社会貢献」を具現する講座として、芸能の現場、その統括団体（大阪市や文楽協会）、大学の三者が一体となり、講義を担当する点（技芸員を非常勤講師に任用）、この試みを正規の科目のままの水準で市民にも公開する点に特色があります。

この講座が実現できたのは、この優れた芸能を大学で正面から取り上げて市民に還元できないかという大阪市議会議員からの熱心な要請でした。その思いは私どもも日ごろから持ち合わせてきたところでしたが、何人もの技芸員の招請ともなると、予算上の特別措置も必要です。大学当局から対応を委ねられた文学研究科にはそのような財源はありませんでした。ほとほと困惑したというのが正直なところです。そうした実情を市議や技芸員に相談しながら協議を重ねました。特に（文楽協会の）窓口としてお世話になったのが桐竹勘十郎さんでした。

こうして上方文化講座の実現にこぎつけたのですが、その背景には昨年（2003年）が近松生誕350年、国立文楽劇場（大阪市）開場20周年にあたっていたこと、河合文化庁長官提唱の「関西元気文化圏運動」が高まりを見せていたこと、そして何よりも11月7日のユネスコ総会において、文楽が**「世界無形遺産」**に認定されたことが追い風に作用しました。

この間、大阪市には近松生誕350年行事で直接間接にお世話になりました。また大阪市の「ゆとりとみどり振興局」からいろいろな援助もいただきましたし、年が明けての近松連続講座は都市協会と共同開催しましたが、この講座については大阪市の季刊誌『大阪人』に特集していただきました。

文楽は大阪とともにあります。しかし船場という大阪の中心部の崩壊とともに、文楽の語りの部分である義太夫の愛好家は姿を消してしまいました。大阪の国立文楽劇場よりも東京の国立劇場の方が観客がたくさん入るので、〝文楽は大阪を離れた〟のではという悲観的な見方さえありました。しかし世界無形遺産に認定されて以降は、大阪の文楽界にも熱気が戻りつつあります。

私どもの上方文化講座の試みは、そうした機運の中で、この大阪に生まれた芸能の普遍的な魅力を市民とともに捉え直し、世界的芸術文化の中に位置づけようとする挑戦です。サブタイトルに「大阪から世界への発信」がその心意気を示しているのです。

※世界無形文化遺産（Intangible Cultural Heritage）とはユネスコの事業の一つであるが、同じくユネスコの事業である「世界遺産」が建造物などの有形の文化財の保護と継承を目的としているのに対し、「世界無形文化遺産」は民族文化財、口承伝統などの無形のもの（無形文化財）を保護対象とする。

その定義は形文化遺産とは、

「慣習、描写、表現、知識及び技術、並びにそれらに関する器具、物品、加工品及び文化的空間で、社会、集団が自己の文化遺産として認めるもの」

とされ、選考基準は、

1、たぐいない価値を有する無形文化遺産が集約されていること

2、歴史、芸術、民俗学、社会学、人類学、言語学または文学の観点から、たぐいない価値を有する民衆の伝統的な文化の表現形式であること

である。

日本では、2001年　能楽
2003年　人形浄瑠璃文楽
2005年　歌舞伎

が選ばれた。2009年には雅楽、京都祇園祭の山鉾行事やアイヌ古式舞踊、早池峰神楽など全部で12も選ばれた。

文楽は、やっぱり大阪のもん！

上方文化講座、最終日恒例の「文楽の至芸」出演前のあわただしい中、竹本津駒大夫、鶴澤清介、桐竹勘十郎、三師に聞いた。

――この講座が6回も続いてきた理由は

はじめは2、3回で終わると思って引き受けたんですけど、先生方の熱意に引きずられて今日まで来てしもうたというのがほんまのとこです。もう来年の話も出てますし、4年後は10周年ということで、そこまでお付き合いせんといかんのかなぁとは思うてます。

――現在の講座のやり方に要望はありますか

いまの会場では狭いので、市民の希望者で抽選に外れた方から（私どもにまで）ずいぶんクレームがきます。もっと広い会場でやれたらなぁと思うてます。

――この講座に期待することは

（文楽という）文化は、（浄瑠璃を）聴く方も勉強してもらわな成り立ちません。耳を文楽に慣れていただくということです。文楽は江戸時代版の娯楽なんです。難しく考えんと、先のながーい、学び事と思ってもろたらいいんです。学生さんも、市民の皆さんも、この講座を通じて、もっともっと文楽に興味を持ってもろうて、劇場に来てもらいたいです。劇場の雰囲気は（テレビで見るのとは）そりゃ違います。

――この公開講座を東京で開催しては

文楽はやっぱり大阪のもんですねん。東京で大学主催の文楽公開講座をやったら、専門家の学術シンポジウムになってしまう気がしますね。江戸時代から文楽は大阪が本場と決まってます。

期待以上の勉強が出来た

今年度の社会人受講生にアンケートをお願いし、93人全員に回答してもらった。応募の動機の大半は「文楽に興味があったこと」と「自己啓発のため」。年々受講希望者が増えて受講は抽選で決まる。今年の倍率は3倍強だという。大阪市民以外にも門戸を開いているので、今年度は大阪市民33人、大阪府など近畿圏38人、関東他22人という構成で、うち11人が東京都からの参加。遠くは広島、福岡からの参加者もあった。男性と女性の比率は1対2で、ここでも女性の受講生が優位である。

多くの受講生が、講義内容が期待以上で、文楽への興味が一段と高まったと答えている。感想の一部を紹介する。

・大阪市民として、市立大学が市民にも広く開かれたものとして実践されていることに感銘を受けました。このような大学の授業に学生と共に一般人が参加するというかたちは、私にとってレベルの高さを感じつつもよい刺激でした（大阪市／男性）

・盛りだくさんの内容にびっくり。文楽鑑賞のために、少しでも多くの知識を得たいと思って応募しましたが、それ以上の勉強ができ満足しています（大阪市／女性）

・勉強することがこんなに面白く楽しいんだ、という大切なことを教えていただきました（東京都／女性）

・授業の質が高く文楽を多角的に知ることができて良かった。とくに技芸員の話を聞く機会が少ないので大変面白く圧倒されました（大阪市／男性）

・他の大学の講座もいくつか受講しているがこの上方講座はダントツにすばらしい！　会場も熱気に溢れている（京都府／女性）

・大阪人にとっての文楽が身近に感じられてよかった。技芸員の方々の説明もツボにはまっており、間近で演技が見れるので、また公演を見たくなった（大阪市／男性）

・上方文化に興味と関心を持ち、教養を深めようとしている方がたくさんいらっしゃることが分かった。それを知っただけでも有意義でした（広島県／女性）

学際融合講座の成果

開設当初からこの講座の企画委員長をつとめる小林直樹教授に聞いた。

――大阪文化としての文楽は

小林直樹企画委員長

地域の文化は一朝一夕に生まれるものではありません。大阪は江戸時代に〝天下の台所〟といわれ、日本の経済の中心地でした。北前船や樽廻船が、大阪と松前や江戸との物資の輸送に活躍し、米、昆布、菜種、清酒などの取引によって大阪は日本一の商業都市でした。その経済の隆盛が人形浄瑠璃文楽に代表される上方文化を誕生させ、発展させたのです。

——２００３年に文楽が世界文化遺産に認定された影響は

世界が大阪の伝統芸能文楽を「人類共通の宝」と認めてくれたのに、おひざ元の大阪で、その「宝」の普遍的な価値に気づいていないのではと懸念する状況になっていました。この講座は、皮肉なことに文楽の聖地、大阪でこそ存在意義を発信するものになっています。

——この講座の特色は

大阪市設置の公立大学に相応しい、教育・研究・社会貢献の三者が一体となった事業として、従来の公開講座とは一線を画した内容を有していることです。

——この講座が6年も続いている理由は

3人の技芸員の皆様の熱意のおかげです。超ご多忙なスケジュールにもかかわらず、この講座の日程を最優先に決めていただいています。

——これまで市民の受講生の変化は

最初のころは熟年世代の受講生の方が大半でしたが、ここ数年、30代から40代の女性が増えてきたのが特徴です。また、近畿圏以外からの応募も増加しています。

——この講座のＰＲは

２００７年３月の大阪市立大学の外部評価報告書で、地域貢献の在り方としてこの講座が高く評価されてから、学内の目も好意的に変わってきました。わずかですがＰＲ予算もつくようになり、この講座のＰＲチラシを作製して文楽劇場や東京の国立劇場に置いていただき、ホームページも開設することができました。その結果、２００７年から受講希望者が急増しました。

——学生の受講生も増えていますか

第1回目は20数名だったのが、次第に増え、今年度は50名以上になっています。市民受講生の真剣さが学生たちの刺激になっていることは確かです。

――この講座を再現する書籍が出版されています

講座の内容を広く学外に向けて発信するためです。２００６年に『曾根崎心中』を出版し、このほど2冊目の『菅原伝授手習鑑』を上梓しました。研究者にも一般の文楽ファンにも読んでいただける内容になっています。これらの本を通して、全国の方々に講座の存在を知っていただき、文楽の聖地、大阪の国立文楽劇場に足を運んでいただくきっかけにもなればと願っています。

――この講座のこれからは

来年は『一谷嫩軍記』を取り上げます。やがて迎える10周年には、記念の企画を検討中です。出版事業も継続する予定ですので、ご期待ください。

「上方文化講座」の成果をまとめた『曾根崎心中』（2006年刊）と『菅原伝授手習鑑』（2009年刊）

――大阪の地盤沈下が言われます

21世紀に入って、文化や芸術から大阪の再生を図ろうとする動きが活発になっています。文楽はその象徴的なテーマです。本学の上方文化講座を全国の市民の方にオープンにしているのも大阪再生の動きの一つです。大学の講義会場に制約があるので、毎年抽選で3分の1しか受け入れられないので、１００人近くの方にお断りしていることが心苦しく、残念です。

▼COLUMN ❷

大阪市議会議員の奔走で実現した文楽講座

２００４年に始まった大阪市立大学の３日間の「上方文化講座　文楽編」は、当初の数年の予定が、10年を超え、いまでは全国の文楽ファンが数倍の競争率をクリアして、学生と共に最高レベルの文楽の講義を受講している。この全国の大学でも稀有な公開講座の実現のきっかけを作った多賀谷俊史大阪市議会議員に聞いた（２０１５年９月25日インタビュー）。

——どういういきさつで、技芸員を大学に紹介されたのですか

10数年前に、浄瑠璃の人形遣いの桐竹勘十郎さんとお会いした時に、「文楽公演は東京ではいっぱいになるのに、大阪ではそうならない。文楽は大阪の伝統文化なのに何とかしたい」とのお話があったことがきっかけです。この時は、桐竹さんのお話に大きく賛同して、「大阪で文楽をより身近に感じてもらうために、何ができるかを考えます」とお約束しました。

多賀谷俊史大阪市議会議員

——その後は

私を含めて大阪市会議員たちが文楽のことをよくは知らない上に、鑑賞したことがほとんどないことに気づいて、自民党市会議員団で文楽同好会を作り、議員団のみんなで文楽を見に行きました。その後、大阪市会本会議場での文楽公演や大阪市役所１階フロアで文楽人形を展示するなど、大阪での文楽の知名度の向上に向けた取り組みを始めたわけです。

——大阪市立大学との結びつきは

それらの取り組みを進めるうちに、大阪市立美術館の蓑豊館長（金沢21世紀美術館・兵庫県立美術館館長）から「大阪の文化や大阪のことを学べるのは、京大でも阪大でもなく、大阪市立大学ですよ」とお聞きしたことを思い出しました。同時に、私自身が（大阪市立大学のある）住吉区選出の市会議員であり、常日頃から大阪市立大学との関わりもあったことから、当時の児玉隆夫大阪市立大学学長に相談に行きました。それで文学研究科で国文学を研究されていた阪口弘之先生を紹介されたのです。

――大学生と市民が同時に受講する、いまの公開講座のかたちはその時決まったのですか

私の方から単なる公開講義ではなく、単位を認定する大学の授業として学問的にきっちりと取り扱って欲しいとお願いしました。その後、文学部の先生方、そして文楽協会の関係者には、「上方文化講座」を成し遂げるために、熱意をもって頑張っていただきました。大阪の伝統文化、大学、市民、これを掛け合わせた結果として、「上方文化講座」の今があると思います。

――これだけ長く続いていることのきっかけを作られた立場でどう感じていますか

大学と文楽関係者が垣根をこえてしっかりやっていただいた結果だと思います。市民が大学で大阪の伝統文化について講義を受け、学生も市民と一緒に講義を受ける。先生方にとってもそれなりの緊張感があることが良い結果に繋がっているのではないでしょうか。

――大学にとっても文楽関係者にとってもインパクトが大きい

文楽という伝統芸能を、学問として教える大学と、伝統芸能を伝え演じる技芸員など、文楽関係者が違った観点で講義するのがこの講座の魅力です。いい意味でお互い影響し合って、結果として、講座の魅力が増しています。大学の方も「上方文化講座」がここまで定着し、発展するとは想像していなかったと思います。もう今年で12年目ですから……。大阪の伝統文化をしっかりと教えていくためには、単発の講座ではなく、継続させていくことが大事です。そのために大学と文楽の関係者には相当な努力をしていただいています。この大阪の伝統文化（文楽）を継続して学んでいく姿勢が、２００７年度から公開授業として開講されている『大阪落語への招待』にも繋がっています。

――文楽は大阪が発祥の地で、国立の文楽劇場も大阪にありますが集客に苦戦している

その点については残念に思っていますし、何らかの取り組みの必要性を感じています。文楽は２００３年にユネスコの世界無形文化遺産にも指定されるなど海外での評価は非常に高いです。大阪の観光施策にとって大きな財産ですが、活かし切れていません。もちろん、ただ単に補助金を出せばいいという問題ではありませんが、大阪全体を発展させる施策の一つとして、積極的に行政が関わり、戦略的な取り組みを行うべきです。例えばですが、大阪市長が文楽を見に行かないで、大阪の伝統文化の大切さを唱えても説得力がありません。最近、住吉大社に桐竹勘十郎さんを紹介し、祈年祭に本殿で文楽を奉納していただく取り組みなどにも地道に取り組んでいます。

――この講座は、地元の大阪市民の受講生が少ないのでは

大阪市民が多くなるのは望ましいですが、そこはあまり気にしていません。もっとも大阪市民に対しての周知活動が十分とは言えませんし、話題になるような取り組みも必要だと感じています。

――大阪市立大学は全国86の公立大学の中で、歴史も古く規模も最大です。市民の期待は

市大は全国でも有数の高いポテンシャルのある大学だと思っています。今後の大阪を支え活躍していただく人材の輩出はもちろん、大阪のポテンシャルを活かした研究をもっともっとやってもらい、研究成果を還元してもらいたいです。大阪ひいては日本の景気の立て直しや経済の発展に大いに貢献してもらいたいと強く思っています。また、『大阪学』のような地域研究の取り組み、大阪の中小企業支援、大阪市の施策への提言、そして我々議会に対しても調査委託など幅広い取り組みにチャレンジしてもらいたいです。

朝日新聞「関西スクエア」（2013年10月）「文楽と市民　結んで10周年」（取材執筆／黒沢雅善）の中に以下のコメントが紹介されている。

関西スクエア会員のフリーアナウンサー、坂口智美さんは、昨年と今年と続けて受講した。「昨年は補助金問題の真っ最中で、大阪人としての判官びいきの思いから受講しましたが、そのレベルの高さと熱気にびっくり！　大学・文楽界・受講……まさに三業一体の授業は、文化芸術を民が育てた大阪ならでは。めでたく10周年を迎え、学問の創造の場である大学の、新しいモデルケースになるでしょう。馥郁たる文学の香りに包まれた3日間は、学生時代のような至福の時でした」

詳しくは http: //www.kansai-square.co/kaiho154pdf。

※この上方文化講座は２０１０年以降も毎年、開催されている。授業内容は、http: //www.osaka-cu.ac.jp/lit/lect/kamigata/index.html　で公開されている。

「一谷ふたば軍記」（２０１０）
「生写朝顔記」（２０１１）
「絵本太功記」（２０１２）
「壇浦兜軍記」（２０１３）
「本朝廿四孝」（２０１４）
「奥州安達原」（２０１５）

参考文献
『文楽のこころを語る』（竹本住太夫／文春文庫）
『上方文化講座　曾根崎心中』
『上方文化講座　菅原伝授手習鑑』
『上方文化講座　義経千本桜』
（いずれも大阪市立大学文学研究科編／和泉書院）

2 健康長寿を目指す「はごろも長寿大学」
――宜野湾市と沖縄国際大学の連携

２０１５年8月の終わり、筆者の知人で宜野湾市の新垣形成外科医院の新垣実先生からメールが来た。市長のアポイントが取れたという連絡だった。慌てて3日後に沖縄へ。思いがけない、その年3回目の沖縄行きだった。初めて訪問した宜野湾市役所の庁舎の正面には「健康都市」の看板、ロビーの壁面には「健康都市宣言」のプレートが掲出されていた。「健康都市宣言」は１９６４年に出されたというから50年以上経っている。

宜野湾市は、沖縄本島の南部に位置する人口9万４０００人の都市で、２０１２年に市制50周年を迎えた。市の面積の25％を占める米軍普天間基地が市の中心部に位置し、それを取り囲むように市街地が広がる。普天間基地の全面返還の日米合意から19年経っているが、いまだに実現していない。

普天間基地の周りに市街地が広がる宜野湾市

宜野湾市健康推進部介護長寿課が沖縄国際大学総合文化学部人間福祉学科と連携して開校した「はごろも長寿大学」は今年5年目を迎えていた（2015年9月インタビュー）。

宜野湾市　佐喜眞淳市長に聞く

――宜野湾市のキャッチフレーズ、〝ねたての都市〟とはどういう意味ですか

ねたてとは古琉球の時代からの沖縄の言葉で、「共同体の中心」、「祭りごとの中心」と言う意味です。宜野湾市に「はごろも伝説」が生まれた察度王の時代には琉球の根（ね・ねのしま・ねたて）と呼ばれて、政治経済文化の中心地で、外国との交易や情報の発信地だったのです。

佐喜眞淳宜野湾市長

――「はごろも長寿大学」をはじめ宜野湾市には「はごろも」の名称のつく祭りや建物が多いようです

当市には有名な「羽衣伝説」があります。8月に開催する本市最大のイベントである「はごろも祭り」や昨年、本市の9校目として新設した小学校に「はごろも小学校」と命名したほど、宜野湾市民にとっては〝はごろも〟はとても身近に感じる言葉です。

――市役所の正面玄関には「健康都市宣言」のプレートが掲げられています

いまから50年前の1964（昭和39）年7月1日、新制宜野湾市が発足した日に「健康都市」を宣言しました。沖縄県が日本に復帰する20年も前のことです。宜野湾市の市民が明るく、美しく、豊かな環境の中で、心身ともに健やかな合理的な生活が営める「健康都市」建設に市民の総力を挙げる、という決意を宣言したものでした。

――健康都市としての現在の課題は

宜野湾市も急速に高齢化が進んでいます。福祉介護医療などの市の負担も大きくなっていますので、その予防やケアによって介護や医療費の負担を削減することが喫緊の課題です。そのために3つの課題に取り組んでいます。がん検診など市民の健康診断の受診率を上げること、

「若年死亡率（65歳以下の死亡率）」を下げること、認知症の予防とケア強化です。

――なぜ、若年死亡率防止なのですか

沖縄県は若年死亡率、全国№1という不名誉な記録を継続していますが、本市は県内の自治体では男性3位、女性2位と若年死亡率が高いのです。車社会で運動不足とアメリカンスタイルのファーストフードによる「肥満」が最大の原因です。とくにメタボ対策を最大のテーマに掲げて、その改善に取り組んでいます。

――健康都市としての将来像は

本年3月に米軍から返還された「キャンプ瑞慶覧」跡地に、琉球大学医学部が移転してくることになっていますので、このゾーンを「国際医療拠点」として整備します。すでに1987（昭和62）年に本市の南西部の海岸地帯に設置された「沖縄コンベンションセンター」と併せて、本市の国際交流都市としての基盤が強化されると期待しています。将来、普天間基地が返還されたあとの宜野湾市の再開発につながる第一歩だと考えています。

――沖縄国際大学に期待することは

本市には沖縄国際大学、隣接する西原町に琉球大学、そして3つの専門学校があります。本市の年齢別人口を見ますと若者の比率が高い方です。琉球大学の学生も1000人以上が本市に居住していますから、これらの若者の力で宜野湾の活性化を進めてもらいたいと思っています。若者のネットワークと高齢者のネットワークを融合させて〝明るく、元気良い〟ねたてのまち宜野湾を実現させる、仕掛けやイベントも考えています。

――はごろも長寿大学に期待されることは

毎年、開校式と修了式には主催者としてご挨拶させていただきますが、例年、受講定員を超えての申し込みを受けるほど、市民から人気の介護予防教室となっているので感謝しております。これまでに延べ180人の方が卒業されていますが、受講生の介護予防につながるとともに、認知症ケアのボランティア活動に取り組んでいただけることを期待しています。

学ぶ、交流する、地域に役立つ

この取り組みを指導する沖縄国際大学、保良昌徳教授に聞いた。

——はごろも長寿大学の目的は

学ぶ、交流する、役立つことが目的です。介護が必要になる前に、元気に齢を重ねるには、どうすべきかという視点で、「はごろも長寿大学」のカリキュラムを構成しています。高齢者の生涯学習や人との交流、地域との繋がりにお金を掛けるべきで、介護が必要になる年齢をできるだけ遅らせようという政策の一環です。これは宜野湾市だけでなく、沖縄県もそういう考えで、「かりゆし長寿大学」などの高齢者向けのプログラムを実施しています。

——学ぶことの狙いは

大学の中の教室で、講義を受けることそのものが、学び直しという意味の良い緊張感があると思います。

保良昌徳沖縄国際大学教授

——交流するとは

仲間との交流、地域との交流を通じて、高齢期の生き方や生きがいについて考えることです。

——地域に役立つとは

長寿大学を終了した後に、地域にお返しする活動です。主として同窓会が活動の中心になっています。

——参加者は

市内在住で介護認定を受けていない方が対象で、定員40人です。希望者が多い時は抽選で決めています。80％が女性です。4カ月間、土曜日に15回の講義を受講します。本学の学生がボランティアでサポートしています。

はごろも長寿大学の講義風景

——カリキュラムは

健康づくりや介護福祉関係の講義が3分の1、沖縄の歴史や文化を学ぶ講義が3分の1、あとは「気持ちをつづる絵手紙」などカルチャー関連が3分の1です。若返り運動・空手など沖縄ならではの健康維持のための運動の講義もあります。沖縄文化に関しては、そのほか「沖縄民謡に見る民衆の心」だとか「残したいふるさとの言

≪第４期のカリキュラム（2014年10月4日〜2015年2月7日）≫

	講義内容
第１回	開講式
第２回	新しい時代を生きる高齢者の知恵・在り方を考える
第３回	宜野湾市社協の認知症予防の取り組み、沖縄民謡に秘められた驚きの事実
第４回	高齢者を支える福祉制度
第５回	介護保険制度と社会的サービス
第６回	高齢者に必要な法律の知識、幸せ呼ぶ人の心の在り方
第７回	沖縄国際大学大学祭への参加
第８回	沖縄県の長寿の研究
第９回	修学旅行（終戦直後の沖縄の姿を訪ねる）
第10回	残したいふるさとの言葉、ウチナーグチ
第11回	長く健康でいる生き方、若返り運動・空手
第12回	琉球式楽の組踊、若さを保つ運動（沖縄伝統の空手と若返りへの効用）
第13回	沖縄の家族・門中を考える、伝統的家族の在り方と現代社会
第14回	認知症の理解と正しい予防法、認知症の予防と実際（笑いヨガ）
第15回	修了式

葉ウチナーグチ（琉球語）」などの講義もあって、受講生には特に人気があります。

――宜野湾市の健康推進部では認知症予防とサポートにつながる講義を期待しているようですが

本年度（第５期）から認知症の予防についての講義と認知症サポーターとしての養成のカリキュラムを増やす予定です。

――はごろも長寿大学をサポートする学生に期待することとは

ボランティア演習という課目の実践としてやってもらっていますが、福祉や介護の仕事は高齢者や障害者など人とのコミュニケーションが非常に重要なので、その実践の場として真剣に取り組んでもらいたいと考えています。

はごろも長寿大学同窓会会長に聞く

はごろも長寿大学の同窓会の概要について、仲松彌孝会長に聞いた。

――同窓会はなぜできたのですか

約4カ月にわたって約40名のメンバーが、毎週、大学の中の教室で学びますので、緊張感と受講生の一体感が高まります。せっかくできた人のネットワークが、はごろも長寿大学を終了したら終わりでは、〝もったいない〟と皆さんから声があがり、同窓会を立ち上げました。

――同窓会の会員数は

現在１８０名の方が会員で、うち１５０名が女性です。本年度で第４期が終了しましたが、同窓会は全体の同窓会のほかに、年度ごとの同窓会も活発に行われていまして、宜野湾市の高齢者の生きがいづくりに大いに貢献していると思います。

――同窓会はどんな活動をしていますか

仲松彌孝同窓会会長

昨年は受講生の自宅にある古い写真を持ち寄って、市役所のロビーに展示して、市民のみなさんに昔の宜野湾のことを思い起こしていただきました。非常に反響が大きく喜んでおります。また市内の高齢者の介護予防の活動にも、積極的に関わっていきたいと思っています。

――はごろも長寿大学を受講してよかったことは

市内に新しい知り合いが出来たことが一番大きいのですが、福祉制度や認知症予防についての理解が深まったことも良かったです。また「琉球文化」の神髄に触れる講義では、改めて沖縄のアイデンティティを感じることができて、とても嬉しく思っています。

――今後の方向は

「長寿大学」なので、私たち自身が「学ぶ」「交流する」「地域に返す」という目標に取り組むことで、健康寿命をのばすとともに、市内の老人クラブや国際大学の学生さんたちだけでなく、市内の若者との交流にも取り組んでいきたいと思います。

また今年（２０１５年）12月には、同窓会主催で平和シンポジウム『終戦70年、私たちは後世に何を伝えるか？』を開催します。同窓会のメンバーには沖縄戦体験者もおられます。その体験者は80代の後半で、沖縄戦の語り継ぎも大きな転換期を迎えていますから、いま私たちも何らかの行動を起こさないといけないと考えております。

「はごろも長寿大学」の運営をサポートする学生に聞く

はごろも長寿大学の運営には沖縄国際大学の社会福祉専攻のうち、ボランティア演習という科目を履修している学生約40人が中心となってボランティアとしてかかわっている。その内の3人、屋良あゆみさん（4年、北中城村出身）、宮城亜希さん（4年、うるま市出身）、玉城慧さん（2年、沖縄市出身）に集まってもらった。

――はごろも長寿大学ではどんなサポートを

屋良　講義のサポート（講義資料の印刷、講義で使う材料やお茶菓子の買い出し）を行っています。講義当日は、会場設営、片づけ、受付、講師の対応等を行います。講義中は、必要に応じて臨機応変に行動し、一緒に講義を受けて学んでいます。

――はごろも長寿大学に参加している高齢者を見て感じたことは

宮城　楽しんでる、笑っている、という印象が非常に強いです。

屋良　とにかく学ぶ意欲がとても強く、私も見習うべき姿勢だと感じました。

玉城　高齢者と聞いて介護のイメージがありましたが、長寿大学の受講生たちは、とても元気でパワフルで圧倒されるほどでした。私たち若い学生より元気かもしれません。

――「はごろも長寿大学」のサポートを通じて、勉強になったことは

屋良　自分の祖父母の世代の方々の価値観や考え方などがたくさん聞けたことは、とても貴重な経験と学びを与えてくれたと思っています。

宮城　長寿大学がこのように運営されていることを知ることができたこと

屋良あゆみさん（左）、宮城亜希さん（中央）、玉城慧さん（右）

です。また、各講義自体も、自分自身にとって興味深いものでした。

玉城　自分は、人とコミュニケーションをとることが得意ではなかったので、その点、長寿大学では多くの人との関わりがあり、とても勉強になりました。

――将来はどんな仕事に

屋良　地域に密着した特別養護老人ホームやその他の介護施設で働きたいです。

宮城　市役所の福祉事務所等、行政の福祉職で働きたいです。

玉城　わたしはまだ2年なので、はっきり決めてはいませんが、社会福祉協議会や障害者施設、障害児デイサービスの事業所で働きたいと思っています。

――将来、福祉や介護の仕事に就く上で心配なことがありますか

屋良　福祉介護の仕事は待遇が悪いので、この仕事だけで生活して行けるのかが非常に心配です。

宮城　日本は、高齢化率の高さ、少子高齢化などの多くの課題があり、それらを解決するために社会全体が変わっていくと思います。その最先端の現場ともいえる福祉の現場で、どのようなことが起きて、うまく対応していけるのか心配です。

玉城　自分が就きたい職種に就けるのかが心配です。私自身、統合失調症を抱えているので、それを克服しながら自立して仕事をしていけるように頑張りたいです。

高齢者が安心して住み続けられる町へ

比嘉直美宜野湾市健康推進部部長と長濱直樹長寿支援係係長に、宜野湾市の高齢者対策と「はごろも長寿大学」の位置づけについて聞いた。

――宜野湾市の高齢者対応の問題点は

比嘉　本市の65歳以上の高齢者比率は、市全体からみると14・6％と全国平均（26％）から見ると低いのですが、高齢者の人数は年々急増していて、介護給付費の増加、介護保険料の値上げ、保険料徴収率の低下が連鎖的に悪化する瀬戸際にあります。今年3月に「第6期　宜野湾市福祉計画」を作成しました。高齢者が住み慣れた地域で、自立した生活を営むための地域包括的ケアシステムの構築や介護予防や認知症施策の推進を重点項目に掲げています。

――特に認知症予防とケアに注力されているようですが

比嘉　認知症の予防とケアは国の大きな課題になっています。今年1月には国の方針として「新オレンジプラン」が設定されました。認知症についての理解を深める、認知症の人にやさしい地域をつくる、認知症の人や家族に役に立つ、などの方針が出されました。本市もその国の方針に沿った認知症対策に取り組んでいます。

――宜野湾市の高齢者の健康増進政策と長寿大学の位置づけは

比嘉　第3次宜野湾市総合計画の基本目標の一つに「安心して住み続けられる都市」を掲げています。そのための施策として「市民の明るく安心なくらしを支え合う」を掲げていますが、そのための施策の一つである「高齢者介護・福祉の充実」の中の介護予防事業の1次予防事業の一つとして「はごろも長寿大学」を位置付けています。

比嘉直美宜野湾市健康推進部部長（左）と
長濱直樹長寿支援係係長（右）

――1次予防事業とは

長濱　1次予防事業は65歳以上のすべての高齢者を対象にした事業で、介護予防のために「はごろも長寿大学」のほか、筋力向上トレーニング教室、高齢者体力測定会、口腔改善普及教室などを実施しています。2次予防事業とは要介護状態になる恐れの高い65歳以上の高齢者を対象とした事業で、本市の高齢者約1万5000人のうちおよそ1割の方が2次予防事業の対象者です。

――2次予防事業ではどんなことを

長濱　水中運動を中心にした運動機能向上、口腔機能向上、栄養改善のプログラムなどを実施して、自立した生活ができるように支援しています。認知機能低下予防のために、週2回の農作業に取り組んでもらう「楽農クラブ」というプログラムもあります。

――はごろも長寿大学の受講生はどのように集めていますか

長濱　市の広報誌で「はごろも長寿大学」の開催期間を

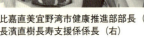

周知し、介護長寿課の窓口で申し込みを受けています。定員45名を超えた場合は、担当課が抽選を行い、受講決定の可否を本人へ連絡します。

――過去4年間の「はごろも長寿大学」の評価は

比嘉　市民の受講希望者も多く、市内の高齢者の新たなネットワークが高齢者の生きがいや介護予防につながると評価しています。5年目の今年度からは、一人でも多くの受講生の方が認知症ケアボランティアとして積極的に活動していただけることを期待しています。

――認知症ケアボランティアであるオレンジリングとは何ですか

長濱　認知症の方を見守り、その生活のサポートをするための講習やテストを受けて合格された方です。テストはそれほど難しいものではありません。本市では小学生から高齢者まで2081名の方がオレンジリングを取得されています。

――健康推進部の今後の抱負を

比嘉　乳幼児を含む子どもから高齢者まで、すべてのライフステージで必要な保険サービスを提供し、すべての市民が可能な限り住み慣れた地域で、自分らしい暮らしを人生の最後まで続けることができるよう、地域の包括的な支援・サービス提供体制の構築を推進しています。また沖縄県の平均寿命は現在、男性は30位、女性は3位となっていますが、この宜野湾市から長寿の沖縄県の復権を果たせるよう努力したいと考えています。

はごろも長寿大学を突破口に「域学連携」へ

はごろも長寿大学の運営で、保良教授の補佐役を務める大学院生の角野大さんは「沖国大にとってのはごろも長寿大学は、地域貢献という視点から見てとても重要な役割を担っていると思います。市と協力して大学の機能を開放し、大学の学生の力を活用して成り立つ地域貢献です。健康都市宣言を謳う宜野湾市ですが、現時点において市民の健康度は目標に到達しない部分もいくつかあります。その健康づくりについて、はごろも長寿大学という方法に効果があるのではないかと考えています」と語る。

▼COLUMN

はごろも長寿大学同窓会が主催した「平和シンポジウム」

２０１５年12月５日、『終戦後70年、私たちは後世に何を伝えるか？』のテーマでシンポジウムが開催された。平成世代の若者は「沖縄戦をどう考えているか」沖縄国際大学の１００人のアンケート結果を報告した大学院生の角野大さんに聞いた。

【主な質問項目】平成世代にとっての沖縄戦とは

1 沖縄戦の話を聞いた人は
2 自分にとっての沖縄戦とは
3 親戚の中に沖縄戦で亡くなった人がいますか
4 自分の子どもに沖縄戦を伝えるとき、どんなことを伝えますか
5 自分の子どもに沖縄戦を伝えるとき、どんな方法で伝えますか
6 沖縄戦体験者から教えて欲しいことは何ですか

――アンケート結果で一番驚いたことは

私が一番驚いたことは、平成世代が沖縄戦を後世へ伝える方法として、何らかのかたちで自分が直接行うと4割もの学生が回答したことです。沖縄戦を体験していない私たちが沖縄戦を自分で直接伝えることはとても難しいことですが、沖縄戦に対して関心を持って学んでいくきっかけになるのでとても良いことだと思います。

沖縄国際大学大学院　角野大さん

――全体的な感想は

沖縄戦を巡って、体験者は沖縄戦のことを伝えたい、平成世代の方は沖縄戦のことを知りたい、戦後生まれの方は沖縄戦の何をどのようにして伝えていくのか、それぞれ前向きに考えている構図が見えました。

――質問「沖縄戦の話を聞いた人」は「〝おばあ〟から」が44％と一番多い理由は

沖縄戦の体験を覚えていて、ある程度正確に話すこ

とが出来る人は80歳以上の方がほとんどです。沖縄では沖縄戦を語る役割を担ってきたのは「元ひめゆり学徒隊」の語り部の方のような女性が多いと思います。実際にはおじいから話を聞いている場合もあるかと思いますが、話を聞く機会という点では、おばあの方が多いのだと考えられます。

――質問「親戚の中で、沖縄戦で亡くなった人がいますか？」に、「いいえ」と答えた人が52％もいるのは意外に多いのでは

最も大きい理由と考えられるのは、沖縄戦と亡くなった人と近い距離にある人（亡くなった人の子どもや兄弟など）との関わり自体が遠くなっていることです。アンケートの対象者の両親で最も多い年齢は50歳前後です。そうすると、今の学生は、場合によっては祖父母でさえ戦争体験者でないという時代になっています。このことが、自分の親戚の中で沖縄戦でなくなっている人がいないと回答している人が多い理由だと解釈できます。

――質問「自分にとっての沖縄戦とは」の答えですが…「生々しい・重大な事実」がそれぞれ30％ある一方で、「昔の話・積極的には考えない・聞きたくない」を合わせて27％という対極的な比率ですが、どう解釈しますか

これらの項目をグループにすると「生々しい・重大な事実」と、「積極的には考えない・聞きたくない」そして「昔の話」として分けられると考えます。なぜなら、「生々しい・重大な事実」と「積極的には考えない・聞きたくない」というのは、必ずしも分けて考えられない感情としてあることがアンケートの自由記述からも読み取ることが出来ました。それは、「生々しい・重大な事実」だと考えるが、沖縄戦のつらい体験を聞くのに堪えられない、受け入れがたい事実として「積極的には考えない・聞きたくない」という感情を併せて持つ学生も存在しているからです。「昔の話」と答えたのは、祖父母世代ですら戦後生まれの人が増えていますので、沖縄戦は本で読む歴史の出来事となりつつあることの反映だと思います。

――「自分の子どもに沖縄戦を伝える時、どのような内容を伝えるか」で「分からない」が16％いることについてどう思いますか

この16％という数字は多くはなく、今の若者の率直な考えが表れているかと思います。「沖縄戦体験者から教えてほしいこと」で一番多かったことは「沖縄戦で体験したことすべて」（36％）であったことからも、沖縄戦の事実については、どれもが大切なこととして捉えられている傾向があります。そうすると、情報があまりに膨大な量になり、結果として何を伝えて良いか分からないということに繋がったのではないかと考えています。

――沖縄人だからこその「平和の価値」をどう考えているのでしょうか

沖縄の人は、基地があることで平和に対する大きな矛盾や葛藤のような感情を持っているのではないかと考えます。ただ、基地は明らかに〝平和を考えるきっかけ〟になっています。とても身近に存在する「基地」と一緒に「平和」という言葉がついて回っており、沖縄の人は基地について語るとき、それはそのまま平和について語っているのだと思います。平和を語る機会がとても多い沖縄の人の〝平和の価値〟は、戦後時が過ぎ、議論が積み重なっていくほどに増しているのではないかと考えられます。

――沖縄の若者は、沖縄戦のことを全国に世界に発信し続けるべきだと思っているのでしょうか

沖縄の歴史・文化の発信のために精力的に活動している人や団体は確かに存在します。しかし、「今の沖縄の若者が」として問われたときに、全体的な雰囲気として全員がそのことを考えているとは限りません。「沖縄戦」のことを、全国に世界に発信するためには、沖縄の若者自身が沖縄戦のことを積極的に学ぶ行動をとることだと強く考えます。

――ところで、角野さんは、卒業後はどういう道を目指していますか

ソーシャルワーカーとして地域や施設で活動していきます。「はごろも長寿大学」のように、これまで経験してきたことを最大限に生かし、地域の人々のより良い生活の一助となれるよう努力していきたいと思っています。

第5章●地域産業の再構築・活性化

1　「健康長寿」の実現を目指して

――静岡県立大学と静岡県フーズサイエンスヒルズプロジェクト

筆者が静岡県とご縁が出来たのは、２００２年ごろだからもう15年くらい前のこと。首都圏で静岡県の広報活動をボランティアでサポートする「静岡出身の企業広報パーソンの会」を立ち上げた時からだ。翌週の地元紙、静岡新聞に「この度（鹿児島県出身でありながら）静岡県のＰＲをサポートする広報パーソンの会を立ち上げた○○さん」とカラーの顔写真入りで掲載された。

地元紙の影響力はすごい。ここから静岡に人脈が広がっていった。ちなみに当時のメンバーの所属会社はオリックス、ニチメン（現双日）、資生堂、テルモ、ポーラだった。いまや静岡に次いで生産量全国2位になった鹿児島の茶どころ知覧も、ひと昔前に静岡の「やぶきた種」を移植したところから始まっている。だから静岡県と鹿児島県は、お茶に関してはライバルでもあるが、今も交流は盛んである。

茶作りから、茶の加工、茶の流通は歴史的に静岡が圧倒的に力がある。しかし、ここ十数年のＰＥＴ飲料の拡大定着で、急須で入れるリーフ茶の消費が減少して茶業界も苦戦している。静岡の茶の研究の成果が、全国の健康長寿の増進に、さらに力を発揮することが期待される。

今も昔も、静岡と言えば、富士山と東海道とお茶とミカンとワサビである。江戸と上方を結ぶ人と物の交流の地域であったが、いまはその地の利を生かした産業のデパートと言われている。人口は３７２万人（全国10位）、面積７７８０平方キロメートル（13位）、人口密度は1平方キロメートル当たり４７８人（10位）。気候風土は温暖で、山の幸、海の幸に恵まれ、農水産物の生産品目は４３９種類と全国一である。また自動車、医薬品、楽器、食品、製紙、繊維など様々な製造業が集積しており、県の総生産は16兆4500億円（2012年）で全国10位である。

食品関連産業も日本一の静岡県は、2008年から「フーズサイエンスヒルズプロジェクト」を進めている。静岡県立大学などの研究機関と行政と食品関連企業が連携して〝健康長寿産業日本一〟を目指すプロジェクトである。

同時に、2000年に、静岡県は県民の健康寿命の延伸と生活の質の向上（Qulity of Life）を目指す「しずおか健康創造21」を策定した。その取り組みは、厚生労働省が2012年に初めて算出した健康寿命の都道府県別ランキングにおいて、男性2位、女性1位（総合1位）という実績につながり、さらに2010年から2012年まで3年連続で「メタボ該当者がもっとも少ない県」という成果を上げた。日本一、茶の消費量の多い静岡の健康長寿が注目される理由だ。

健康長寿研究、世界一を目指す静岡県立大学

静岡県立大学は国内で唯一、薬学と食品栄養科学の両分野を持つ大学である。1987（昭和62）年に県立3大学（静岡薬科大学・静岡女子大学・静岡女子短期大学）を改組・統合して開学された。現在は薬学部、食品栄養科学部、国際関係学部、経営情報学部、看護学部の5学部・5研究科を擁し、学生数2612名、教職員341名の総合大学である。開学と同時に創設された「食品栄養科学部」では、食と健康の学問を「薬食同源」「食薬融合」の共通認識のもとで幅広い分野から学際的な研究教育を進め、「健康長寿科学の確立」を目指している。星猛初代食品栄養科学部長は、食と健康の科学の総合化を目指して「食品栄養科学の

静岡県立大学キャンパス

理念」を掲げた。その理念は今も引き継がれている。

２００９年に生え抜きでは初めて静岡県立大学（旧静岡薬科大学）第５代学長に就任し、６年間学長を務めた木苗直秀前静岡県立大学学長（現静岡県教育委員会教育長）に聞いた（２０１５年５月インタビュー）。

――静岡県立大学の研究は静岡県の多彩な健康食材がテーマです

木苗直秀前静岡県立大学学長
(現静岡県教育委員会教育長)

茶、ワサビ、ミカン、カツオなどがその代表的な食材です。私が在籍した研究室では、地場産品の緑茶、ミカン、ワサビなどから有効成分を抽出し、抗酸化性や抗がん性などを検定しました。日本原産の香辛料である「沢わさび」もその一つです。ワサビの消臭、抗菌、抗寄生虫などの効果は経験的に分かっていたのですが、近年、我々を含む研究者によって抗酸化作用、抗アレルギー作用のほか、抗発がん性、抗ストレス性などが明らかになっています。また根茎だけでなく、あまり利用されてこなかった葉にも同様の生物活性が見出されています。

――文部科学省のＣＯＥプログラムに採択されたテーマは

２００２年度からの５年間は「21世紀ＣＯＥプログラム」として先導的健康長寿学術研究推進拠点に、２００７年度からの５年間は「グローバルＣＯＥプログラム」の健康長寿科学教育研究の戦略的新展開に採択されました。

※ＣＯＥ：Center of Exllenseの略で、世界最高水準の卓越した研究と創造的な人材育成を図る価値を文科省が認定した「研究教育プログラム」

――世界的にも健康効能が注目されている「茶」の総合研究では静岡県が世界をリードしています

茶の研究開発については静岡県立大学が中心になって、茶業界・行政・大学など県が一体となって産学官のネットワークを強化してきました。２００９年度から５年間で10億円の予算を投入したＪＳＴ（日本科学技術振興機構）の地域結集型研究開発プログラム「静岡発世界を結ぶ新世代茶飲料と素材の開発プロジェクト」では茶の栽培加工への光技術の活用や、ＰＥＴ装置によるカテキン等の体内動態の解明に取り組みました。香り高く苦渋味を抑えて、おいしく飲めて、健康に良い茶系飲料のグローバル展開を目指した研究で、いまも継続して取り組んでいます。

――「茶学総合研究センター」の設置が話題になりました

２０１３年5月に静岡県立大学大学院に日本で初めて「お茶の総合研究室」を設置しましたが、この研究室を２０１４年4月には「茶学総合研究センター」として名称変更し、さらなる機能強化を図っています。

――茶学総合研究センターではどんな研究を

緑茶の機能性と疫学の研究、お茶の総合的知見を有する人材育成、茶の品質特性と嗜好性の解析、緑茶のマーケティング戦略の研究が主なテーマです。

――静岡県立大学は健康食品の製品開発にも取り組んでいます

かつての大学と企業との連携事業は大学の基礎研究シーズを企業で活用することを目指す「探索研究」が中心でした。しかし今後の食に関する連携事業は最終製品など、市場（生活者）のニーズを明確にした研究が極めて重要になっています。また大学と企業の食品連携事業は、地場産業の活用と育成、地域の食文化の発掘・発信、農商工連携によるマーケティングなどを総合的に考えることが不可欠になっています。

《静岡県の代表的機能性食材の効能》

作物	主な機能性成分	健康への働き
茶	カテキン	抗ウイルス効果、動脈硬化防止効果、発がん予防効果、抗ウイルス効果、動脈硬化防止効果
ミカン	β-クリプトキサンチンノビレチン	発がん抑制、抗アレルギーアルツハイマー病の予防
ワサビ	アリルからし油	抗菌・抗カビ・抗がん作用、骨増強作用
マグロ カツオ	DHA	血栓・がん抑制作用、頭の働きを良くする

（地場産品を通じて食と健康を考える／木苗直秀静岡県立大学長講演レジメより）

健康長寿産業、日本一を目指す静岡県

静岡県は次世代産業を創出するために県内の地域資源や産業基盤の特性を活かした「静岡新産業クラスタープロジェクト」を、２００８年から推進している。東部地域を中心としたファルマバレー（富士山麓先端健康産業集積）プロジェクト、中部地域を中心としたフーズサイエンスヒルズ（食品関連産業集積）プロジェクト、西部地域を中心としたフォトンバレー（光・電子技術関連産業集積）プロジェクトの３つである。県中央部のフーズサイエンスヒルズには食料品・飲料関連の企業が集積しており、その出荷額は全国1位である。中核になる研究開発拠点として、静岡県立大学、静岡大学農学部、東海大学海洋学部と県の農林技術研究所が参画している。

※産業クラスター：大学や研究機関の研究成果を活用した中小企業やベンチャー企業の集積のこと。人材間の切磋琢磨と情報交換の緊密化によって、新規事業の創出、イノベーションの促進、人材力強化などにつながる。

フーズサイエンスヒルズプロジェクト戦略計画（２０１０～２０１４年の5カ年計画）では、地域資源を活用した食品関連産業の活性化と県民の健康増進を2大目的として、具体的な目標を「地場産品を活用した研究開発」「新産業の創出と地域経済の活性化」「食品関連産業を担う人材育成」「『食』による地域づくり」としている。

フーズサイエンスヒルズプロジェクトがスタートする1年前の２００９年4月、プロジェクトを推進する中核機関として（財）しずおか産業創造機構の中に「フーズサイエンスセンター」が開設された。フーズサイエンスセンターの主な機能は「食品関連の研究開発・商品開発」「総合食品学講座の開催」「食品科学に関する最新情報の提供」「フーズサイエンスヒルズプロジェクトの情報発信」である。フーズサイエンスセンターの立ち上げから6年、一貫してセンター長をつとめている木苗直秀前静岡県立大学学長（現静岡県教育委員会教育長）に聞いた。

――フーズサイエンスセンターの今後の戦略は

２０１５年から第2次5カ年計画がスタートしました。第2次計画ではフーズサイエンス（科学的根拠に基

づいた機能性に注目した優れた商品づくり）とマーケットの開発（機能性表示による付加価値の見える化と新たな国内外の市場の獲得）が2大テーマです。

――食品人材育成のための「総合食品学講座」は継続していますか

もちろん継続しています。消費者の食品に対する安全・安心の要求は年々厳しくなっています。この要求に対応した食品製造と国際競争力のある食品を開発し商品化するための人材育成はもっとも重要な課題だと考えております。また食品関連産業は中小企業が多いので、県内の食品関連の生産現場や商品開発に従事する技術者の育成強化は静岡県の産業政策の課題でもあります。そのことを意識してこの講座を設定・運営してきました。全国的にもない取り組みです。

――講座の特色は

日本には食品に関する体系だった総合的な教育プログラムがありません。この講座は、食品の開発から販売に必要な知識を総合的に学習できる静岡県独自のプログラムになっています。講義は23テーマ（46時間）、実習が8テーマ（36時間）です。修了者には証明書が授与されます。

――講師は

静岡県立大学、静岡県工業技術研究所の教職員を中心に、産学官のそれぞれの分野の第一線で活躍するプロフェッショナルです。

――受講生はどういう人たちですか

食品関連企業の中堅社員がメインです。

総合食品学講座の様子

県民の「健康寿命日本一」を目指す静岡県

静岡県民の医療福祉は全国でもトップレベル。65歳以上の入院受療率は低い、一人当たりの老人医療費も低い、介護を要しない自立高齢者の割合が高い、病院の一般病床の平均在院日数は短い、という実績がある。この実績をさらに向上させるために2000年に策定されたのが「しずおか健康創造21」である。〝自分の力に、地域の力を合わせ、自分たちの健康は自分たちでつくる〟という県民運動だ。

静岡県健康福祉部の土屋厚子健康増進課長に聞いた。

――2000年にスタートした県健康増進計画「静岡県健康創造21」は今も続いているのですか

もちろん続けています。本県は「日本一の健康県」を目指して、市町とともに健康づくりに取り組んでいます。2001年度には「しずおか健康創造21アクションプラン」（2010度までの10カ年の健康増進計画）を策定し、推進してきました。厚生労働省研究班が公表した2010年時点の静岡県の健康寿命は71・68歳（男性）、75・32歳（女性）であり、男性が全国第2位、女性が全国第1位でした。

2014年度から2017年度までの4カ年は「**富国有徳**の理想郷〝ふじのくに〟づ

≪主な講義科目≫

分野	主なテーマ
伝統食品製造・一般加工技術	缶・レトルト食品の製造技術、水産練り製品の製造、食品の劣化と保存、食品香料と食品開発、天然調味料製造と利用
新規食品加工技術	サプリメントの開発、6次産業の視点からの商品開発、真空調理による食品加工
食品の安全・安心技術	食品の安心・安全に関する法規、食生活と生活習慣病、マーケティングの落とし穴
実習	マーケティング実習、微生物検査技術実習、油脂を利用した食品開発実習、工場管理技術実習

土屋厚子静岡県健康福祉部健康増進課長

くり」の実現に向けて心身共に健康に暮らすことを目標とした「第3次ふじのくに健康増進計画」を策定し、新たに62の指標を掲げています。この健康増進計画では「高齢期においても健康で自立して暮らすことができること」および「健やかで心豊かに生活できること」の2つに重点を置いています。

※富国有徳：徳のある人々が物心とともに豊かに暮らす地域を目指し、文化の持つ魅力、すなわち文化力を高め堅実な経済成長を図ること、富士山のように「豊かに廉直（心が清らかで私欲がなく、正直なこと）に生きること」を示している。

――静岡県の健康寿命が全国一の理由は

5つの理由があると思います。①地場の食材が豊かなこと、②全国一のお茶の産地でお茶をたくさん飲んでいること、③健康長寿日本一へ向けて県と市町村が一体となって取り組んでいること、④元気に働いている高齢者が多いこと、⑤温暖な気候から来る穏やかな県民性の5つです。

――健康寿命日本一の維持向上のための活動は

県と県内の市町が連携して4つのテーマを推進しています。①「ふじ33プログラム」の普及、256万人分の特定健診データを分析し健康課題を見える化する、②市町ごとの「お達者度」を算出し公表する、③「健康マイレージ制度」を実施する、④民間企業の健康づくりと連携するです。

――「ふじ33プログラム」とは

「ふ」は普段の生活で、「じ」は実行可能な、「3」は運動・食生活・社会参加、もうひとつの「3」は3人一組で、まずは3カ月実践を、と勧めています。とくに働き盛り世代をターゲットにした「生活習慣の改善」をしてもらうことが最大の狙いです。

――作成には大学の先生方が協力しています

「健康長寿プログラム検討委員会」を設置して、静岡県立大学の他、浜松医科大学、東海大学、慶応義塾大学、静岡産業大学、日本大学の先生方に参加していただきました。

――「健康度の見える化」とは

静岡県では、1996年度から県民の健康づくりの中核となる健康関連データを把握分析するシステムを構築してきました。そのデータ分析や健康長寿研究は三島市に設置されている「静岡県総合健康センター」で行っています。その結果、2010年度から県内の市町の地区別に、メタボ該当者の多い地区、高血圧該当者の多い地区、習慣的喫煙者の多い地区などが「見える化」できています。そのデータが市町の健康増進計画や住民向けの健康指導に活用されているのです。

——市町ごとの「お達者度」とは

国の健康寿命とは、基準を変えて65歳以上の高齢者の寿命の延伸に取り組む試みです。健康の定義は国の場合は「日常生活に支障がない」になっていますが、本県では「要介護度2未満」にしていますし、基準年齢も国の場合は「1歳から」ですが、本県のお達者度は「65歳から」です。そのデータは市町ごとに毎年公表しています。

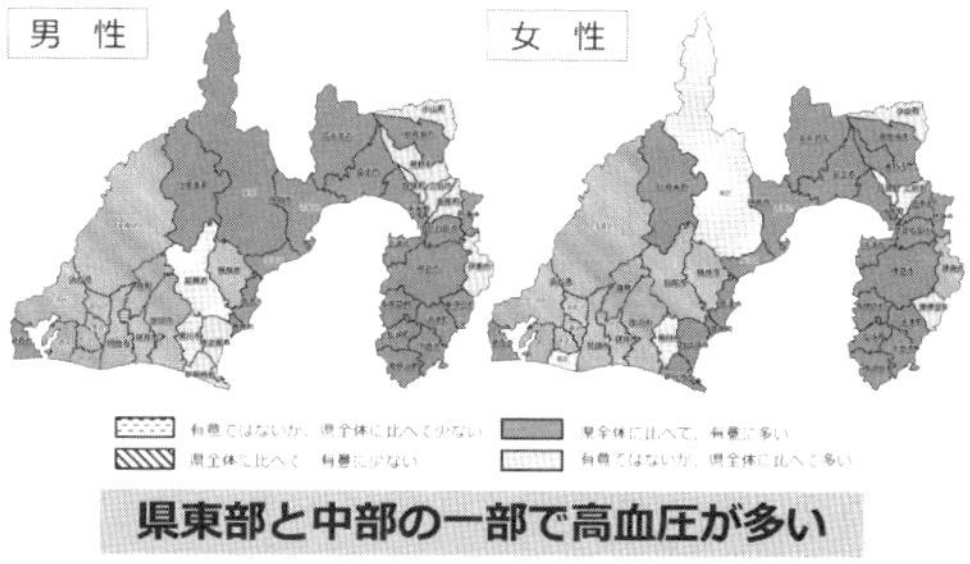

平成25年度市町村分析：高血圧症有病者の見える化

——65歳から何年生きるか、という数値ですか

そうです。お達者度とは65歳から元気で自立して暮らせる期間を算出したものです。市町別のお達者度は、介護認定や死亡情報をもとに生命表を用いて算出しています。2010年度の県平均では男性が17・53年、女性は20・77年です。

——「お達者度」の算出で分かったことは

メタボリック症候群や喫煙、高血圧の該当者が少ない市町ほど、お達者度が長い傾向がみられます。また「三世代同居が多い」「就農している高齢者が多い」「地区ごとのイベントや健康教室の開催が活発」な市町ほど、お達者度が高いという結果も出ています。

——市町ごとの競争意識は

競争意識は出ています。県民の特定健診データを分析して地図に落とし込み、市町の健康づくりに資する「見える化の健康マップ」を1996年度から作成して公表しています。2010年度からは、特定健診を受診した40～74歳を対象に、県内の市町国保・国保組合・共済組合・健保組合・協会けんぽのデータも加えましたので、約50万人が分析対象となり、県内受診者の約9割をカバーしています。

――その結果、分かったことは

県東部の市町が、メタボ該当者、高血圧症有病者、習慣的喫煙者が多いことが明らかになりました。その結果、首長さんから「赤い（県より悪い）のを青く（県より良く）するように」との具体的な指示が出た市町もあります。またこの健康マップが地元の新聞・テレビ等に取り上げられたことから、住民が地域の健康課題に気づくことができ、地域や自らの健康づくりに繋がっています。

――これらの「健康度・長寿度向上の取り組み」の成果は

２０１０年から２０１２年まで、３年連続で静岡県はメタボ該当者がもっとも少ない県になりました。また本県の健康増進への取り組みが評価されて、厚労省が２０１２年に創設した「健康寿命をのばそう！　アワード」の初年度の厚生労働大臣最優秀賞を受賞でき、大きな励みになっています。

――静岡県の「県民健康増進活動」では産官学の連携が非常にうまくできているように見えます

この活動に関して、絶えず大学の先生たちと連携をとっており、膨大な特定健診データの解析など大学にお願いしていることが沢山あります。とくに、大学との顔が見える関係作り、人脈の維持には力を入れています。

「体の健康、心の健康、地域の健康」を目指す、静岡県立大学のＣＯＣ事業

２０１４年度の文部科学省の地（知）の拠点整備事業（ＣＯＣ事業）に、静岡県立大学の「ふじのくに「からだ・こころ・地域」の健康を担う人材育成拠点」が採択された。静岡県の健康長寿を実現させる地域人材を育成するためのプロジェクトで、静岡県立大学と静岡県・静岡市・牧之原市の連携によって推進されている。２０１５年3月17日、静岡県立大学で開催されたキックオフセミナーで、川勝平太静岡県知

キックオフセミナー

事は次のようにコメントした。

・東京的ライフスタイルの限界が来ている。（人間と自然が共生する）静岡的ライフスタイル（体の健康、心の健康、地域の健康）を実現させる。

・静岡県の産業構造は農林水産業と製造業、サービス産業のバランスがとれている。（1次産業4・7%、2次産業37・9%、3次産業62・4%）

・静岡県は自然環境に恵まれ、食材生産品目日本一である。山間部を入れると20%くらい耕作放棄地があるので、今後、健康食材の増産などの農業に力を入れたい。

このCOC事業の採択に取り組んだ木苗直秀前静岡県立大学学長（現静岡県教育委員会教育長）に聞いた。

――このCOC事業の狙いは

静岡県は高齢化の急速な進捗、若者の県外流出の増加、地場産業の衰退や企業の海外移転などの深刻な問題を抱えています。静岡市は、全国の政令市の中でもっとも人口減少率が高いという問題を抱えています。このCOC事業は本県の抱えるそれらの課題解決に資する人材の育成を図るものです。

――具体的には

静岡県立大学内に、「ふじのくにみらい共育センター」（地域と大学の橋渡しをするための事業の統括機関）を設置し、静岡県・静岡市・牧之原市とタイアップして「みらい交流サテライト（学生と地域住民が協働して、地域の健康づくりと地域の未来づくりを行う活動の拠点）」を開設して、「コミュニティワーク力」を備えた人材育成を目指します。

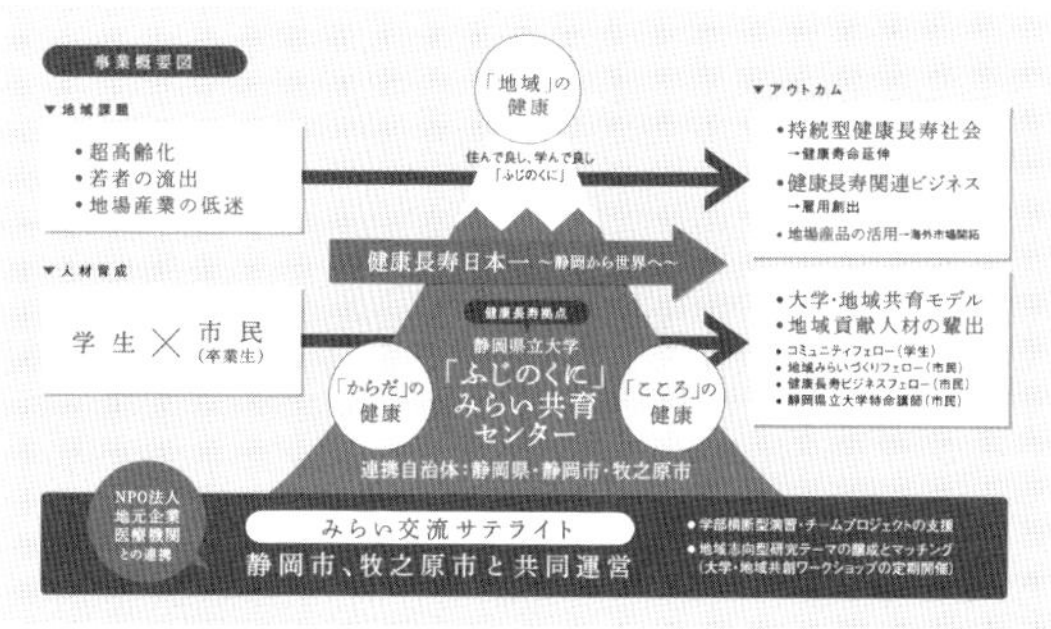

COC事業概要図

――コミュニティワーク力とは

地域の課題を解決するために、地域とともに世代・分野・職種を超えた「チーム活動」を牽引する能力です。

▼COLUMN
ふじのくに「茶の都しずおか」のリーダーシップに期待する

2014年3月、静岡県は「茶の都しずおか」を目指して、キャンペーンに乗り出した。5つの憲章を決めて、県民に呼びかけている。

一、お茶の文化を守り育てる
一、お茶の産業を一層発展させる
一、お茶の機能を学んで健康になる
一、お茶を通じておもてなしの心を育む
一、お茶を通して平和な社会を築く

これを掲げて、「ふじのくに『茶の都しずおか』に住む我々は、5か条を心にとどめ、毎日、ありがたく、お茶をいただきます」と宣言している。

この憲章は、静岡県民向けのもののようであるが、静岡県民だけでなく、日本全国に静岡県と静岡の茶業界が音頭を取り、全国の茶業関係者をあげて「茶の健康効果」と「茶文化の伝承」を2大テーマとした大々的キャンペーンに取り組むべきではないだろうか。

ちなみに井上真奈美東京大学特任教授が、静岡と並ぶ茶業県、鹿児島での市民公開講座で「お茶と健康」のテーマで、以下の内容で講演した。

「……以上のように、緑茶の飲用で、①死亡全体の予防、②循環器疾患による死亡の予防、③脳卒中の発症予防、④下部胃がんの罹患予防の可能性、といった効果が予想できます。まだ、確実にそうであるとは言えません。お茶の何が健康にいいのか、またわるいのかについては、まだ評価の途上にあるのです。お茶と健康との関係を解明するには、地域で生活している方々を対象とした疫学調査が不可欠です。今後も（特に茶産地の）皆さまのご協力をお願いします」

（2015年11月「鹿児島よかもん物語」より）

40年以上東京で百貨店向けを主力に茶問屋業を営む筆者の知人の澤田和昭中村茶園社長に茶業界の現状を聞いてみた。

――茶業界において、静岡の位置づけは

生産量は鹿児島県に急追されていますが、現在のシェアは39％です。ちなみに鹿児島は30％で、両県合わせると国内の7割と圧倒的です。静岡県の生産量は栽培地の制約もあって伸び悩んでいますが、お茶の流通では圧倒的な力があって60％くらいの取り扱い量があります。

――澤田さんの会社の静岡の取り扱い量は

私のところは福岡出身なので八女茶をメインに扱っていますが、静岡の生産者や卸商などとの取引を合わせると3割くらいはあるかと思います。

――いま、茶業界の問題は

販売量が伸び悩んでいること、取引価格が低下していること、それと関連しますが、ペットボトルの茶飲料が増えている分、急須で入れて飲むリーフ茶の需要が減少していることです。

――あれはいつでしたか、ＮＨＫの「ためしてガッテン」で（深蒸し茶をよく飲む）掛川市民はがんにかかりにくいという話が話題になりました

２０１１年1月12日です。テレビの効果は絶大で、翌日からどのお茶売り場にも〝掛川の深蒸し茶をください〟というお客さんが殺到しました。

――日本人は、茶が健康にいいというイメージがありますが

明確なデータはないと思います。お茶をあまり飲まない人よりは、良く飲む人が健康で、長生きする傾向があるとは言えると思います。

――茶業界が、自他ともに認める茶業界No.1の静岡県に期待することは何ですか

お茶に関する研究や人材育成の体制は静岡県が一番進んでいます。全国の茶業関係者が静岡の茶業の研究所や研修所に勉強に行っています。また茶に関する研究は静岡県が最先端を行ってることは間違いありません。茶業に関する研究や人材育成で、静岡県には今まで以上に業界をリードしていただきたいと思っています。

参考文献
『ふじ33プログラム　ガイドブック』（静岡県）
『ワサビのすべて―日本古来の香辛料を科学する』（木苗直秀ほか）

2 震災からの復興・再生を目指して
——岩手大学三陸復興推進機構の取り組み

名峰岩手山を望む盛岡市の国立大学法人岩手大学の正門に「『岩手の復興と再生に』オール岩大パワーを」のメッセージボードが設置されたのは、東日本大震災発生2週間後。壊滅的な被害を受けた三陸沿岸の復興・再生に、岩手大学の総力を挙げて取り組む決意を示したものだった。その1年後の2012年4月に設置された「岩手大学三陸復興推進機構」は、教育支援部門、生活支援部門、水産業復興推進部門、ものづくり産業復興推進部門、農林畜産業復興推進部門、地域防災教育研究部門の6つの部門から構成され、大学の〝知の資産〟と〝知のネットワーク〟を活かして三陸沿岸地域の復興・再生に取り組んでいる。対象となる地域は最北端の洋野《ひろの》町から最南端の陸前高田市まで5市5町3村にまたがり、岩手県の面積の約33％、人口の22％を占める。

さらに南北189キロメートルにも及ぶ広大な三陸沿岸の被災地と岩手大学本部（盛岡市）の連携をスムーズに進めるために、被災地にはサテライト（釜石市）とエクステンションセンター（久慈、宮古、大船渡）が設置された。震災の年の11月7日には、沿岸13市町村で構成される「岩手県沿岸市町村復興期成同盟会」と「岩手県沿岸市町村の復興と地域の持続的発展に向けた連携・協力書」を締結、緊密で実効性のある支援活動を進めている（2015年4月インタビュー）。

岩手大学釜石サテライト

水産研究体制を復興の核に

岩手大学三陸復興推進機構の発足から２０１４年３月まで副学長兼機構長を務めた岩渕明学長（２０１５年３月就任）に聞いた。

――１年前の三陸復興推進機構長退任あいさつで「震災からの復興は、ゴールのないマラソンを走っているようなものだ」と発言されましたが、学長就任後のいま、岩手大学の三陸復興推進活動の状況は

岩渕明岩手大学学長

間もなく震災から４年半が経ちます。我々は震災後すぐに復興対策本部、復興推進本部、三陸復興推進機構と、時間とともに体制を強化して、復興推進を関係機関と協力して進めてきました。

大局的にみれば６つの部門がそれぞれのやるべきことを担当教職員が学生とともに出来る範囲で大いに頑張ってきたと思います。しかし、復旧と復興は定義が異なります。当初、復興はゴールの見えないマラソンという表現をしましたが、そろそろ大学としてのゴールを決めておく必要があります。人、もの、金に限界があるからです。

岩手大学　三陸沿岸地域復興支援のための現地拠点

――三陸復興推進機構長時代の２年半で苦労されたことは

三陸復興推進機構の６部門のうち５部門は先生方の従来の研究テーマを活用した復興支援ですから、特に大きな問題はありませんでした。問題は水産部門でした。被災直後から「水産」への関与を高めることが本学の責務だという認識は執行部にありましたが、それをいかに全学の共通意識にするかが大きな課題でした。また単なる水産学の振興ではなく実学としての水産業振興に力点を置くために、水圏環境班、養殖班、加工班、マーケティング班の設置を決めましたが、それまで本学には水産関係の学部も学科もありませんでしたから、学内の関係しそうな先生に声を掛けることと並行して特任教員を採用しました。この新規採用に当たっては全国の水産系の先生方、特に東京海洋大学、北里大学、北海道大学、愛媛大学には多大な協力をいただきました。また養殖班や加工班などには、工学の技術シーズを水産に活用するために半強制的に工学部の機械システム工学科の先生方を兼任でお願いしました。これらをベースに２０１３年４月１日に釜石に三陸水産研究センターを立ち上げることが出来ました。

――水産業の復興こそが三陸沿岸の再生・創生の鍵ですか

そう考えています。本学の農学部の歴史は１１０余年ありますが、三陸という水産基地への支援活動はこれまで皆無でした。三陸大震災を奇貨として、釜石市へのサテライト設置、三陸水産研究センターの設置、農学部に水産コースの設置（２０１６年度～）と予定も含めて組織的体制が整ったことは、岩手大学にとって画期的なことです。当初、沿岸地域の行政や水産業関係の方々には〝岩手大学は本気で水産研究と水産業支援に乗り出すのか？〟と疑う気持ちもあったようですが、今では期待感が非常に高いことを実感し、責任も感じております。もっとも、２０１６年度からの復興予算の削減によって、現在30名余りいる研究員の確保や処遇、さらに今後の活動費が十分確保できるかどうか心配しております。

――水産学強化の次のステップは

２０１７年度から大学院の中に水産コースを含む横串の「地域創生専攻」を立ち上げることを計画しております。復興活動をアカデミックな立場から総括することで、新たな教育・研究プログラムを作ろうということです。これは単に三陸の震災地域と限定するのではなく、日本全国あるいは世界に共通する課題であり、本学にはそれを提案する責務があると認識しております。また、教育の方向性としては専門深化よりも総合的にものを見ることを意識しております。ＭＯＦＦ（Management of fishery and foods）ということで水産業を総合的に見ることのできる人材です。日本の水産業の再生のためには従来型とは異なるシステムを作ることが必要であり、いわゆる「6次産業化」も進めなければいけません。

――三陸復興推進機構の今後の方向は

震災から4年半経過しましたが、我々はできる範囲で活動してきました。そのために多くの研究員等を雇用してきました。今後の大きな課題はその原資ともいうべき活動費が２０１５年度で終了するので、２０１６年度以降の活動費の確保です。復興人材の育成は道半ばであり、今後5～10年も続くものと考えております。そのため本学は「地域創生」という事業の中で復興事業を絡めていくつもりです。単なる継続ではなく、これまでの活動を精査して、本学が優先的に今後行うべきことを決めていきます。まず初めに三陸復興推進機構と地域連携推進機構を統合します。震災から4年半、見えてきた課題は少子高齢化・過疎化です。三陸沿岸の人口減少は深刻です。岩手大学としても復興活動を通してこれらの地域課題の解決に総力を挙げて取り組み、三陸沿岸の地域創生に貢

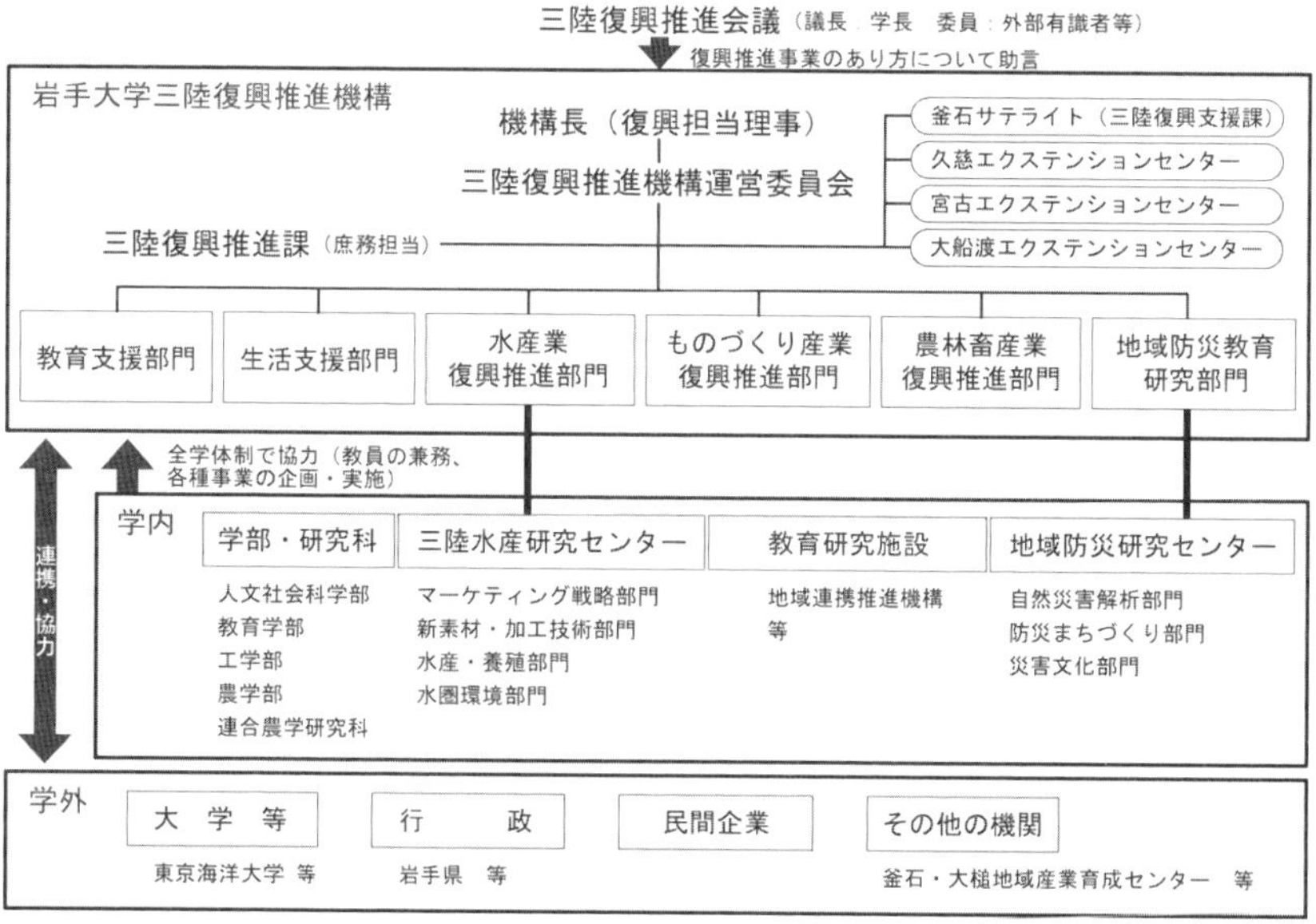

三陸復興推進機構の組織図

献したいと考えております。

――COC事業に選定された「いわて協創人材育成プロジェクト」の進行状況は

２０１３年度に採択されたCOC事業では「いわて協創人材育成＋地元定着」プロジェクトを実施しております。その中で「被災地学修」といって1年生（１１００余名）全員を震災被災地へ連れて行きます。趣旨は被災地の大学であるということで現状を把握して、関係者から当時の話を聞くことにより、このような大震災復興への貢献を意識した自分のキャリア形成を考えて欲しいからです。学生間の「風化」防止ということもあります。一方で、学生への地域定着のためには、学生が地域を理解し、岩手に職を求め、そこで生活することを選ぶ気になるようなるような教育カリキュラムの強化が必要なので、そのための地域関連科目を新規に増やしています。また、PBL（Project Based Learning）として地域課題を学部の壁を越えて議論し、最適解を出すことを目標としていますが、この点ではまだまだ、学部の壁を取り去ることの難しさを感じています。

――卒業後に地元に定着することは非常に難しい課題です

地域での就職を考えたときに、地域に学生が満足する仕事があるかといえば、まだそれほど多くはありません。魅力のある企業への脱皮など、産業界への働きかけをさらにしていく必要性を感じております。協創とは本学の特徴である産学連携・地域連携活動を通して地域で欲しい人材を協同して育成することです。大学だけでは教育（人材育成）の限界がありますから、その点でも地域の人々と一緒に学生を教育・指導することが求められていると思います。

――学長が長年、関わってこられた岩手ネットワークシステム（INS）は、その受け皿になりますか

岩手ネットワークシステムは、私も草創期から関与してきた組織で、緩やかで多様なひとのネットワークが特徴です。最近もINSの中に地方創生を掲げる研究会が組織されたほか、INSをベースに「いわて未来づくり機構」のような産学官の組織のネットワークが構築されてきており、このような多様な組織体が連携して地元定着だけでなく、地域イノベーションを興す取り組みになっていくものと考えており、私もその一員として大学の側からしっかりと旗を振っていきたいと考えております。

——新入生の「被災地学修」は2年経ちました

沿岸部に行って大震災当時のことを地元の人から直接聞き、復興の現状を見ることで、学生たちの意識は目に見えて変わります。〝百聞は一見に如かず〟です。人生観が変わるような衝撃を受ける学生もいます。「被災地学修」の成果は十分上がっていると判断しています。

——卒業生の地域定着の今後の課題は

学生が卒業後に地域に定着するには、これまでの経済的な価値観とは異なった新たな価値観、例えばGNPではなくかつてブータンの国王が提唱したGNH（国民総幸福）のような価値観の転換が求められるのではないかと感じています。先進国の中でもOECDが提唱しているBetter Life Indexという基準もあります。そのような新しい価値観の創造は（東日本大震災に直面してきた）我々に課せられた仕事だと認識しています。

大槌町における被災地学修

岩手大学釜石サテライトの役割

岩手大学三陸復興推進機構の釜石サテライトは岩手県の三陸沿岸の中央部に位置する釜石市に大震災発生の年の10月1日に設置され、スタッフを常駐させた。釜石サテライトに常駐する田村直司三陸復興支援課産官学専門職員は、サテライトが釜石に設置された理由を「岩手大学が相互友好協力協定を最初に締結した自治体が釜石市であったこと」「釜石市内には新日鉄住金を中心とするものづくり企業が多数存在しており、以前からものづくりの岩手大学との連携が進んでいたこと」「釜石市が沿岸地域をカバーしやすい中央部にあること」だという。

水産分野の実用化研究拠点形成を目指す「岩手大学三陸水産研究センター」の副センター長、阿部周一特任教授に、岩手県の水産業の実情と岩手大学の水産研究の今後の方向について聞いた。

――岩手県の水産業の現状と課題は

水揚げ量（海面漁業＋養殖漁業）で全国10位に入る我国有数の水産県です（農水省・2015年漁業・養殖業生産統計）。主力魚種はサケ、サンマ、イカ、サバなどですが、沖合に世界屈指の漁場の一つを抱えながら養殖漁業が弱いことが、宮城県や青森県に後れをとっている主な原因です。また、震災後の漁船・漁具や漁港など漁業インフラの復旧整備も進み漁獲量は震災前の70％程度まで回復していますが、沿岸人口の減少と漁業後継者不足が加速度的に進んでいて、加工を含めた水産就業者の確保が大きな課題となっています。

《2013年都道府県別漁獲量ランキング》

順位	都道府県	合計（1000t）	海面漁業（1000t）	養殖漁業（1000t）
1	北海道	1280	1411	139
2	長崎県	265	244	21
3	宮城県	247	185	62
4	静岡県	200	197	3
5	三重県	184	159	25
6	青森県	167	116	51
7	茨城県	154	154	—
8	千葉県	147	134	13
9	鹿児島県	145	89	56
10	岩手県	144	113	31
11	愛媛県	143	77	66

――三陸水産研究センターの現在の活動は

センターの活動には、研究開発、産業育成、人材育成の3つの柱があります。研究開発では、まず岩手県の水産重要種であるサケ類の増養殖と育種の研究があります。また増養殖技術の開発としては、地元の特産である天然ボヤの人工採苗試験や山田湾のアカモクの資源量調査や養殖試験、宮古湾などの春ガキ出荷に向けた呈味成分の周年変化調査にも取り組んでいます。

産業育成については、新しい水産加工品の開発・提案や水産業の6次産業化の支援のための加工技術の研究、そして三陸水産物のブランド化などマーケティングのサポートがあります。このため、大学等の研究機関からの

阿部周一岩手大学特任教授（左）と田村直司三陸復興支援課産官学専門職員（右）

講師と加工業者による車座研究会なども定期的に開いています。漁業後継者や水産経営者の養成を目指す人材育成では、現在、漁業者、加工業者、一般市民、高校生などを対象とした海洋水産セミナーや専門家による講演会などを頻繁に開いています。また、岩手大学初の水産系教育研究組織が２０１６年4月から発足することに伴い、センターは学部コースや大学院修士課程の教育研究の場として活用されることになります。このため、震災からの水産業復興はもとより、斜陽化した我が国の水産業の復活を担う人材育成の場として、センターの役割は今後一層重いものになって行きます。

──岩手県の水産業を支えるサケの漁獲高が震災後激減しています

水産庁のデータでは、２０１２年度のサケ（シロザケ）の回帰率は太平洋沿岸部で低下が著しく、魚体も小型化しています。２００６年から２０１０年までの5年間の平均の水揚げ量と比較して、２０１２年度の水揚げ量は、岩手県の落ち込みが突出しています。北海道が70％、宮城県が50％減にとどまっているのに対して、岩手県は30％にまで低下しました。震災の影響も考えられますが、本県のサケ漁獲高は１９９６年をピークに減少し、その落ち込みは震災前から続いていますので、海水温や餌環境の変化などサケの海洋生活に影響する要因が複合的に絡んでいるものと考えられます。２０１３年度、２０１４年度の岩手県におけるサケ回帰は少しずつ持ち直してきていますが、主力となる4年魚に限っていえば放流がほとんど出来なかった震災年級のため、２０１４年度の回帰は激減しました。関係者の努力により採卵数と放流数は何とか確保しましたが、回帰率の低迷は今後もしばらく続くものと思われます。単一の魚種で最も経済効果が大きいサケの不漁は、県内の漁業協同組合の経営にも重大な影響を与えています。

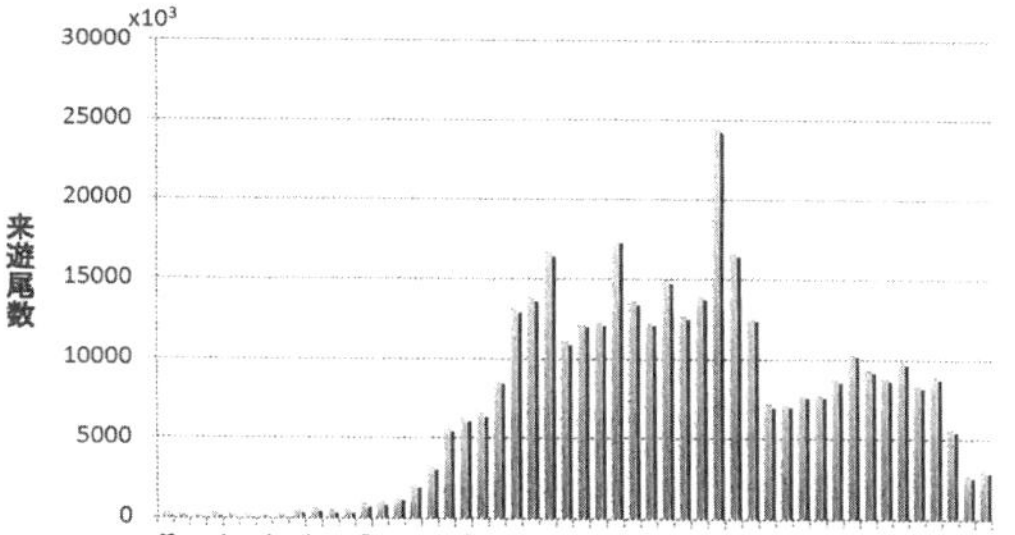

岩手県の秋サケ来遊数（尾数：河川＋海）の推移

――その対策は

サケの生活史のうち、降海してから産卵回帰までの海洋生活期は解明されておらず、ブラックボックスのままです。このため、調査研究機関が協力してサケの海洋生活史を究明し、海のサケに何が起きているのか明らかにすることが重要ですし、ふ化放流事業では病気や環境の変化に強い健康な放流種苗を作ることが大切です。また、産卵遡上に最適な河川環境を維持することも重要です。さらに、資源の変動に左右されないサケの完全養殖も、可能になれば有効な対策の一つになります。

内陸部の人材育成のノウハウを沿岸部に移転

地域連携推進部門長で、ものづくり産業復興推進部門長の小野寺純治岩手大学長特別補佐・特任教授に聞いた。

――震災直後の三陸沿岸の視察調査は

3月11日の大震災発生直後の数週間は学内の被災対策に追われました。ようやく、ひと月後の4月12日、13日の2日間、岩手大学東日本大震災復興対策本部の情報・連絡調整部門のメンバーの一人として、情報統括管理担当副学長、財務・労務担当理事等とともに最南部の陸前高田市から青森県八戸市までを訪問し、被災自治体の方々から情報収集を行いました。

――被災市町村の状況はどうでしたか

陸前高田市と大槌町は役所の建物を失い、大槌町では町長ほか幹部職員の多くが犠牲になるなどしており、被災から1カ月を過ぎたにも関わらず役場職員の意識は異常なほど過敏になっていたのを痛ましく感じました。沿岸部の道路はあちらこちらで寸断されていましたが、山側を貫通させた三陸縦貫道が部分的に開通しており、何とか岩手県の沿岸自治体12市町村と青森県八戸市の13自治体を2日で回ることが出来ました。

――「地域連携推進センター」の役割は震災前と震災後で変わりましたか

三陸沿岸の主力都市である釜石市、久慈市、宮古市とはもともと相互友好協力協定を締結しており、産官学連携活動を展開していました。特に釜石市は新日本製鉄住金の地元ということもあってものづくり産業に対して意識の高い地域で、三陸沿岸地域では唯一の産業支援機関である釜石・大槌地域産業育成センターが１９９２年に設立されており、岩手大学との連携をいろいろなかたちで進めてきました。そのセンターの建屋や機器が今回の大津波で損壊したので、岩手大学としても、できる限りの協力支援体制を構築しようと取り組んでいます。

――そのほか、「ものづくり産業復興推進部門」で進めているプロジェクトは

高度ものづくり人材育成です。岩手大学では２００３年から内陸部のものづくり産業の盛んな都市である北上市、奥州市、花巻市に、金型、鋳造、複合デバイスの拠点を設置して、地域企業との共同研究開発と高度産業人材の育成に取り組んできました。その一つに地元企業の技術者をマイスターとして養成する「岩手マイスター（金型・鋳造・複合デバイス）制度」があります。このマイスター制度の三陸沿岸部への導入を目指して、２０１２年度から「三陸復興プロジェクト高度ものづくり人材育成講座」を開講しています。

小野寺純治岩手大学長特別補佐・特任教授

釜石・大槌地域産業育成センターのサポート機能

公益社団法人釜石・大槌地域産業育成センターは、釜石市と大槌町が中核になって、１９９２年に設立された。水産加工・林業・工業など地域の中小企業の経営基盤の強化や地域の産業のレベルアップをミッションとしている。元釜石市役所企業誘致本部長で、現在は釜石・大槌産業育成センターの佐々隆裕専務理事に聞いた。

――震災発生時は

釜石市産業振興部次長としてちょうど開催中だった市議会で答弁に立とうとした瞬間でした。この世の終わりかとも思えるような大きな揺れが3分以上も続き、ただならぬ不安を感じたことを覚えています。いま振り返ってみますと、大震災時における行政の対応は初動においてはまったく無力でした。多くの住民の方々、地域内外

佐々隆裕釜石・大槌産業育成センター専務理事

の多くの企業、そして全国から駆け付けてくれたボランティアの皆さんが行政の後れをカバーしてくれたおかげで、今日があると感謝しています。

――震災前と震災後のセンターの活動内容は変化しましたか

市内企業が失った取引先の確保、震災後の雇用のミスマッチ対策が大きく変わった業務です。また復興のけん引力になる水産加工業の復興復活に、特に力を入れています。

――水産加工業の復興状況は

釜石市の水産加工業者は震災前16社ありましたが、14社が再開し、新規に開業した会社が4社あります。

――特色ある会社はありますか

震災後2年半の２０１３年11月2日に、釜石を訪問された皇太子ご夫妻が、当地域でただ1社、見学された水産加工企業が「小野食品」です。小野食品は大震災発生の直前に竣工した大槌新工場が津波で全壊した上に、釜石市の本社工場も大きな被害を受けました。しかし震災後に、それまでの業務需要から通販事業へと事業構造を大転換させて大成功しました。東日本大震災からの復興再生の代表企業として、東北地方でもっとも注目されている企業です。復興後3年で震災前の業績を回復させたのは、震災前の業務用販売から「さんりく小野屋」ブランドでの高級加工食材の通販事業に大きく事業転換したことです。

地域連携の鍵を握る人脈ネットワーク

岩手大学の地域連携は震災前から全国有数の実績がある。「日経グローバル」誌の全国大学地域貢献度ランキングでは、２０１２年度は5位、２０１３年度は3位、２０１４年度は4位と常に上位にランクされている。特筆すべきは、県内11の自治体と相互友好協力協定を締結し、そのうち6つの自治体（釜石市、盛岡市、久慈市、八幡平市、花巻市、北上市）の職員が共同研究員として岩手大学地域連携推進機構に駐在していることだ。釜石市から共同研究員として派遣されている山崎森敬《しげよし》さん（現釜石市企業立地課）に、活動の内容を聞いた。

――釜石市と岩手大学の連携協定はいつ締結され、共同研究員の派遣はいつからですか

釜石市は２００１年３月、県内の自治体としては初めて岩手大学と相互友好協力協定を締結しました。共同研究員の派遣は本年度で２人目です。

――どんな仕事を

主に釜石市内企業と大学教員の産学共同研究のサポートを行っています。釜石市は三陸沿岸部ではモノづくり企業が多く集積している地域です。また、豊かな漁場を有する魚のまちでもあります。これら地域の特性を生かした産学共同研究を加速させることで、地場産業の育成や新しい産業の創出につなげていきたいと考えています。

山崎森敬共同研究員

――震災後の新たな役割は

震災以降、被災地企業に対するさまざまな支援や助成制度がある中で、制度を有効に活用できていない現状があります。被災地企業は、基礎体力が低下しており、産学共同研究に対するノウハウも不足しています。そのためにきめ細かいサポート体制が求められます。

▼COLUMN ❶ 震災後に水産加工業を起業した釜石の企業

佐藤正一釜石ヒカリフーズ社長は、大震災発生から半年後の２０１１年８月に、水産加工の製造・販売会社を起業した。

――どういう動機で起業を

震災後の被災者の雇用の場の提供と水産業の復興を目指し起業しました。

――何が後押しに

釜石市から震災後第2号の「誘致企業指定」を受けたこと、釜石・大槌地域産業育成センターを通じてカタールフレンド基金や東北共益投資基金からの援助を受けられたことです。

佐藤正一釜石ヒカリフーズ社長

――誘致企業指定ではどんなメリットが

実績がない新規事業のため、指定を受けることで信用力が高まり、特に営業面で大きく役立ちました。

――カタール基金はどんなことに活用

排水処理設備

環境維持のための排水処理設備や水産加工用機械の設備に活用しました。

――5年経ったいまの状況は

東証一部上場企業を含む取引先の増加により受注が増加している反面、人手不足が深刻です。

――岩手大学とはどんな連携を

釜石産のサバの蓄養を行い、高鮮度なサバのブランド化と流通の研究を進めています。

――サバの畜養とは

定置網で漁獲された生きたサバを、岩手大学の陸上プールと地元漁業協同組合の湾の一部をお借りし、畜養しています。鮮魚や活け締め脱血し出荷する「釜石ブランドサバ」のビジネスモデル化の実証実験をしております。

——岩手大学水産研究センターにどんなことを期待してますか

地元水産業や水産加工の実益に寄与する新技術の開発と人材育成です。

▼COLUMN❷
震災からの復興を発信し続ける岩手大学

震災翌年の1月に第1号を発行した岩手大学三陸復興推進機構の復興レターは月1回発行してきたが、2016年3月で48号まで発行された。また年1回、その年の推進機構の活動をまとめた岩手大学三陸復興機構年次報告書は、今年度で4回目である。発行開始時に復興推進課長で、現在は総務企画課長の鈴木一寿さんに聞いた。

——発行の目的は

本学が取り組んでいる地域に根ざした復興支援活動を月1回のペースで速報的に報告するために発行しています。年次報告書は1年間の活動を総括して報告することと記録に残すことが目的です。

鈴木一寿総務企画課長

——どこへ配布していますか

文部科学省や全国の大学等高等教育研究機関、岩手県内の自治体・教育委員会・図書館・高等学校、義援金を提供いただいた方々に配布しています。

——どんな苦労が

復興支援活動は長期的な視点で行っており、すぐに結果が出るものではありません。どうしても途中経過の報告になってしまうので、その点を分かりやすく伝えることが大変難しいと感じます。

——今後の課題は

あるアンケートでは80％近くの人が「震災の風化」を感じていると答えています。震災に対する意識や考え方について、岩手県内ですら被災地に暮らす人と被

復興関連情報を伝える『岩手大学震災復興推進レター』や各種報告書

災地外の人たちとの間で隔たりが広がっていると感じます。その点で本学が情報を発信し続ける意義は大きいと考えています。

参考文献

『海は誰のものか―東日本大震災と水産業新生プラン』（小松正之／マガジンランド／2011）
『東日本大震災から1年目の取り組み』（岩手大学年次報告書）
『東日本大震災から2年目の取り組み』（岩手大学年次報告書）
『東日本大震災から3年目の取り組み』（岩手大学年次報告書）
『東日本大震災から4年目の取り組み』（岩手大学年次報告書）
『岩手大学震災復興推進レター』（岩手大学総務広報課／No.1～No.48）
『現場発！　産学官民連携の地域力』（関西ネットワークシステム編／学芸出版社／2011）

▼COLUMN ❸ 岩手大学の地域連携の土台である
INS（岩手ネットワークシステム）

かつて全国の大学が〝岩手大学詣で〟をしたほどの「大学と地域連携」のお手本である。Iwate Network System の頭文字をとったもので、岩手県内の科学技術と研究開発に関わる産・学・官・民・金の交流の場で、岩手県の科学技術と産業振興を目的とする。内輪では、I（いつも）、N（飲んで）、S（騒ぐ）会ともいう。1980年代の終わりにスタートし約30年近い歴史がある。現在は50の研究会があり、長期にわたって築かれた岩手の産官学の重層的な、岩手県内に限らない人脈が最大の強みである。

≪研究会の一部≫

研究会の名称	代表者	設置	目的	会員
地熱	岩手大工学部	91.8	地熱水の有効利用	20
電子デバイス	岩手大工学部	94.4	光・導体、超電導、磁性誘導体などのデバイス	80
海洋と社会	岩手県政策地域部	96.7	太平洋からの海の恩恵を元にした広域的な地域作り	100
環境リサイクル	岩手県工業技術センター	99.11	資源循環型社会の実現	90
地域と情報システム	岩手県立大学	00.5	GISやインターネットを応用した地域密着の情報システムの開発	40
国際産業交流	（株）サイエンススタッフ	01.12	地域産業のグローバル対応の情報交換	40
マーケティング	（有）YITコンサルティング	03.5	首都圏を中心にした市場開拓と連携支援	30
いわてコーディネート	岩手産業振興センター	13.7	国際的なイノベーションパークを目指しネットワーク形成	60
岩手女子会	小川薫	14.11	岩手の女性「あねっこ」の交流	60
ふるさと創生	岩手大工学部	15.3	地域資源の見直しとふるさとづくり	60
いわて雑穀	岩手県農業研究センター	14.3	広く製品化と販売によって〝岩手の雑穀ブランド〟確立を目指す	30
いわて金型	岩手大学	01.6	岩手の金型技術のレベルアップ	法人29 個人30

第6章●コーディネート機能の重要性

1　大地連携から域学連携へ

——山形大学エリアキャンパスもがみと大学環ネットトかねやま

最上広域圏は山形県の北部に広がる面積1800平方キロメートル、総人口約9万2000人の過疎地域である。山形新幹線の終着駅、新庄駅から西は庄内（酒田）、北は秋田（湯沢）、東は宮城（古川）へつながる。新庄市、金山町、最上町、舟形町、真室川町、大蔵村、鮭川村、戸沢村の1市4町3村から構成されるが、新庄市を除く7町村が過疎地域自立促進特別措置法に基づく過疎地域に指定されている。

その最上広域圏に「山形大学エリアキャンパスもがみ」が開設されたのは2005年4月だった。校舎のないバーチャル大学として、当時は大学関係者や過疎地の教育関係者から注目を浴びた。

筆者は、現代ＧＰに選定されたこの「エリアキャンパスもがみ」の諮問委員を務めたので、「山形大学エリアキャンパスもがみ」が実現した背景、地域と大学が抱える連携の問題点、大学と地域（自治体）のコミュニケーションギャップ、そして何よりも地域と大学をつなぐ「連携コーディネーター」の重要性を、身を持って体験した。

本稿は「山形大学エリアキャンパスもがみ」の実現に大きく寄与した、ある大学職員のコーディネーターとしての10年間の軌跡を紹介する。全国の地域と大学の連携にとって、非常に参考になるはずだ。

※現代ＧＰ：文部科学省が、教育改革の一環で「大学の教育の質向上に向けた個性・特色ある取り組み」を Good Practice として支援した。現代ＧＰ（現代的教育ニーズ取り組み支援プログラム）の他に、特色ＧＰ（特色ある大学教育支援プログラム）、教育ＧＰ（質の高い大学教育推進プログラム）の3分野がある。

当時の中心メンバーが振り返る設置のころ

２０１５年５月４日、「エリアキャンパスもがみ」がスタートした当時の仙道富士郎元山形大学学長、蜂屋大八元山形大学高等教育研究企画センター（現教育開発連携支援センター）職員、樋口勝也元最上広域教育研究センター所長に集まってもらい、当時の経緯と背景を聞いた。

――仙道さんは学長として「エリアキャンパスもがみ」をどういう考えで設置されたのですか

仙道　２００４年４月の国立大学法人化によって、山形大学にも社会貢献が強く要請されるようになりました。そのために、いろいろ話を聞いたり本を読んだり模索していました。そのころにＯＥＣＤ（経済協力開発機構）がまとめた『地域社会に貢献する大学』（玉川大学出版部刊）が翻訳出版されていたので、それを読んだことも大いに参考になりました。そこで大学が取り組んでいる「学習する地域（Learning Region）」というコンセプト

雪が残る JR 新庄駅前

山形大学エリアキャンパスもがみ　大学事務局
（山形市：山形大学高等教育開発連携支援センター）
山形大学エリアキャンパスもがみ　最上事務局
（新庄市：最上広域教育研究センター内）

に共感しました。広大な面積を抱えて、歴史も文化も違う山形県で唯一の国立大学としての山形大学が目指す地域貢献の方向を感じたからです。

――それが最上地域に結び付いたわけは

仙道　そのころに山形県の4つの地域の中で、唯一山形大学のキャンパスのない最上地域から、大学誘致の提案があったわけです。センターの小田隆治教授と蜂屋職員から提案が直接上がってきましたので、渡りに船という面もありました。ですから当時、全国の国立大学からも非常に注目されたプロジェクトになりました。国立大学法人化を契機に大学改革を進めましたが、まず始めたことが教職員の意識改革でした。そのために教員の教育能力の向上であるFD、事務職員の能力向上に関するSDに取り組んだわけです。そのSDのカリキュラムの一つとして実施した職員の市町村役場への現場研修から「エリアキャンパスもがみ」が実現したわけです。

蜂屋大八元山形大学高等教育センター職員（左）仙道富士郎元山形大学学長（中央）樋口勝也元最上広域教育研究センター所長（右）

――蜂屋さんが提言したきっかけは

蜂屋　私は山形大学の「中堅事務職員研修・山形大学活性化プロジェクト～地域へ飛び出してみよう！」のメンバーとして新庄市に派遣されました。もっとも私としては、最初から新庄に行こうと決めていました。最上地区にだけ山形大学の施設もなく、短大などの高等教育機関がまったくない〝高等教育の空白地域〟であることを知っていましたので、行けば何か考えられるのではと思っていたからです。

――樋口さんからの申し出が、その後の動きにつながった

樋口　最上地区に高等教育機関をという要望は最上広域圏の教育懇談会で、すでに1990年にまとめられていました。当初は、建物もと考えていましたので、資金面など実現のハードルが高く具体化しませんでした。また「最上広域教育研究センター」も財政難で閉鎖も視野に入れた検討が進んでいました。ちょうどそのころに（２００４年7月）、地元の山形新聞に『山形大学事務職も地域の中へ、自治体と連携、共同事業も視野』という記事が掲載されました。その時、私は〝まさにこれだ〟と思いました。

蜂屋　私が２００４年8月に「最上広域教育研究センター」を初めて訪問したとき、樋口さんは不在だったのですが、樋口さんが書かれた『最上地区山形大学指首野川《さすのがわ》キャンパス（仮称）構想』のメモを手渡されました。これを大学に持ち帰って、センターの小田先生や仙道学長に報告と相談にいきました。それが「エリアキャンパスもがみ」実現のきっかけでした。

> **資料「最上地区山形大学指首野川キャンパス構想」メモ（骨子）**
>
> 最上地区の活性化は人材育成の面から考えなければいけない。最上地区の高等教育機関は県立の農業大学校しかない。最上教育研究センターにおいて、サテライト方式の山形大学講座が実施されて3年目になるが、啓蒙不足や地域の教育ニーズが反映されていないこともあり参加が消極的である。特に最上地区には成人教育の専門的な機関がなく、各地域の公民館活動や単発の講演が主な内容である。平成2（１９９０）年の教育懇談会で生涯教育機関として、最上圏民大学の常設や、山形大学、東北大学との連携の要望がなされたが実現していない。今回山形大学から提案されている地域との連携が、最上で実現すれば成果は計り知れない。

——「エリアキャンパスもがみ」は地元の大歓迎を受けた

仙道　「山形大学が最上へやってきた—出張大学祭」を新庄市で２００５年5月21日と22日の2日間にわたって実施しました。私は、山形大学の法被を着て新庄駅前からパレードの先頭を歩きました。地域の方々の歓迎ぶりと期待の大きさには驚きました。

——どのようなプログラムが展開されましたか

樋口　プロジェクトリーダーの小田先生は非常なアイディアマンで、「もがみ未来遺産」「共生の森」などのキーワードで地域の自然や文化を活かした学生の地域をフィールドワークする教育プログラムがつくられました。

——たしかに「共生の森」「未来遺産」というキーワードは、素晴らしいです

樋口　「共生の森」「もがみ未来遺産」という言葉からそれぞれに地域に合わせたメニューがつくられたのです。

真室川町「自然体験支援講座わんぱく科学探検隊」、金山町「住みたくなる街づくり里山と街並み保存」、鮭川村「伝承鮭川歌舞伎」、戸沢村「超元気印！　幸齢者集団の生き様に学ぶ」、大蔵村「温泉地大蔵村の自然・人・もの体験」、舟形町「雪の利活用で地球温暖化防止」、最上町「交流音の文化を広げよう」、新庄市「もがみの人々は何を考えてきたのか」という具合でした。

——最終的な目標は

蜂屋　地域創造です。地域住民を主体とした活動を起こすための学びです。学生の活力を活かして、地域コミュニティの再生を図るということです。

——他にはどんなプログラムが行われましたか

山形大学　広報誌『みどり樹』
2005 年夏号の表紙より

樋口　2006年度に山形大学学生8人の教育実習を新庄市内の小学校4校、中学校1校で受け入れました。初めての試みで、生徒たちにも、教職員にも新鮮な刺激を与えました。それまで山大生の教育実習は山形市内の附属小学校で行われていましたから、これは最上地域にとっても画期的なことだったのです。

——その頃に課題になったことは

樋口　2005年3月22日に、仙道山形大学長と最上広域圏八市町村長による連携協定書が作成されました。当初は各市町村の教育長中心に運営を始めたのですが、できるだけ早くそれぞれの首長部局の参画も得て、地域政策の企画や推進につなげていきたいと考えていました。地域産業の活性化や、地域おこしなどの専門人材の育成につながることを期待していたからです。それは10年経った現在も課題として残っています。

——仙道学長は大学改革の一環として広報にも力をいれました

仙道　法人化に対応して私が考えたことは、「教職員の意識改革」と「学内と学外とのコミュニケーションの強化」でした。学内に対しては私の考えを周知させること、学外に対しては、本学がどう改革していこうとしているのかを理解してもらうことでした。その手段は広報活動しかありません。パンフレットやホームページの改善はもちろんのこと、記者発表も積極的に行いました。この「エリアキャンパスもがみ」も、先ほど話が出たように地元の山形新聞に私の考えを書いてくれた記事がきっかけでした。大学の存在意義を高めるために、広報の役割の大きさを、この時の経験で痛感しました。

蜂屋大八さんの転進

「エリアキャンパスもがみ」の立ち上げの中心メンバーだった蜂屋大八さんは現在、金沢大学地域連携推進センター准教授である。２０１５年の秋、当時の勤務地であった宇都宮大学に訪ねて、これまでの取り組みを聞いた（２０１５年10月1日インタビュー）。

――エリアキャンパスもがみは、その後どのように展開していますか

蜂屋大八金沢大学地域連携推進センター准教授

蜂屋　「エリアキャンパスもがみ」はいまも活動は続いています。毎年１回、年次活動報告書も発行されています。発足時の「エリアキャンパスもがみ」のプロジェクトリーダーだった小田隆治教授は、２００８年に「ＦＤネットワーク〝つばさ〟プロジェクト」を立ち上げました。エリアキャンパスもがみで蓄積した学生のフィールドワークと地域の結びつきを、他の大学やほかの地域に広げています。現在は関東から北海道までの多くの大学が参加する東日本地域大学間連携ＦＤ・ＳＤ事業〝つばさ〟の委員長としてさらに加盟校の拡大とカリキュラムの拡充に努めておられます。

※ＦＤネットワーク〝つばさ〟プロジェクト：ＦＤとは大学教員の教育能力を高めるための実践的な方法。大学の授業改革のための組織的な取り組み。ＦＤネットワーク〝つばさ〟プロジェクトは２００８年にスタートし、北海道・東北・関東までの東日本地域の52大学が加盟している。

山形大学がエリアキャンパスもがみで実践してきた学生のフィールドワークのような大学と地域が連携して行う教育プログラムの普及を目的としている。

――蜂屋さんは

私は、2011年9月に山形大学から茨城大学に移り、2年間大学教育センター准教授として在籍しました。その間、2012年に総務省の「域学連携地域づくり実証研究事業」に取り組みました。

――域学連携「地域づくり実証研究事業」とは

2012年度と2013年度に総務省が実施したもので、遠隔地の大学と地域が連携して地域参画型PBL(Project Based Leaning)をつくる事業です。私が関わった複数の大学の学生が参画する常陸太田市での地域づくり実証研究事業では、茨城大学、常磐大学、茨城キリスト教大学の学生が参加し、自治体は常陸太田市の里美地区が対象になりました。常陸太田市は2004年12月に合併した人口5万1千人あまりの町で、旧常陸太田市はすでに1999年から「エコミュージアムによるまちづくり」を掲げていました。また、市が採用した「地域おこし協力隊員」が普段から里美地区で地域に密着した地域おこしの活動を行っていました。私たちのPBLでは、この「地域おこし協力隊員」が地域と大学の双方にとってメリットがあるように動いてくれたので、大変満足度の高いプログラムを組むことが出来ました。

※地域おこし協力隊：都市から過疎地域などの条件不利地域へ住民票を移動し、地方自治体の臨時・嘱託職員として農林漁業支援などに最長3年従事する。総務省が2009年に制度化した。

――先日、その時、作成された「地域参画ハンドブック」を送っていただきましたが、そこに〝田舎は時代遅れなところではない。むしろ都会の方が急ぎ過ぎている〟と書いてありました

そうなんです。毎日過ぎ行く時間の中で、人間らしい歩調で発展しようとしているのは「田舎」と呼ばれる地域なのではないか、と思っています。だからこのフィールドに学ぶ学生には「この問いに対する自分なりの『解』を、地域活動の中で、見つけてください。田舎は学びの宝庫です」と話しています。

――それは地域や地域の住民の学びにもつながりますか

もちろんそうです。地元の人は地元のことをあまりにも知りすぎているために、せっかくの良い地域資源を持っているのに、その価値を見出せなかったり、見逃したりしがちです。そこで大きな力を発揮するのが「学生」です。地元の人が学生と一緒に地域を見て回って、埋もれたり、価値を忘れられている地域資源を見つけ出し、一緒に学びながらその地域資源に新しい価値を付与していく学習です。このベースになるのが「地元学」なんです。

――「地元学」とは

地元学は吉本哲郎さんや結城登美雄さんたちが提唱された手法で、ひと言でいうと「地元を学び直す」ことです。ないものねだりではなく、地域の持っている力、人の持っている力を引き出して、いまあるものを新しく組み合わせて「生活づくり」「地域づくり」に結び付ける活動です。

――今春、総務省の「域学連携」地域フォーラム（２０１４年３月４、５日開催）でコメンテーターを務めたそうですね

地域活力創出モデル実証事業（16拠点）と実践拠点形成モデル実証事業（5拠点）21事例を検証する機会になり、大変勉強になりました。

――成功している事例の条件は

２つの共通点があります。一つは、地域側が課題の克服意識を明確に持ち、積極的に大学に連携を求めていること、もう一つは大学が地域を単にフィールドとして利用するにとどまることなく地域への成果還元を意識していることです。過疎地の場合、〝学生が地域に入っただけで元気になる〟と、もてはやされた時期もありましたが、いまは大学と地域がきちんとした成果を共有することが求められています。

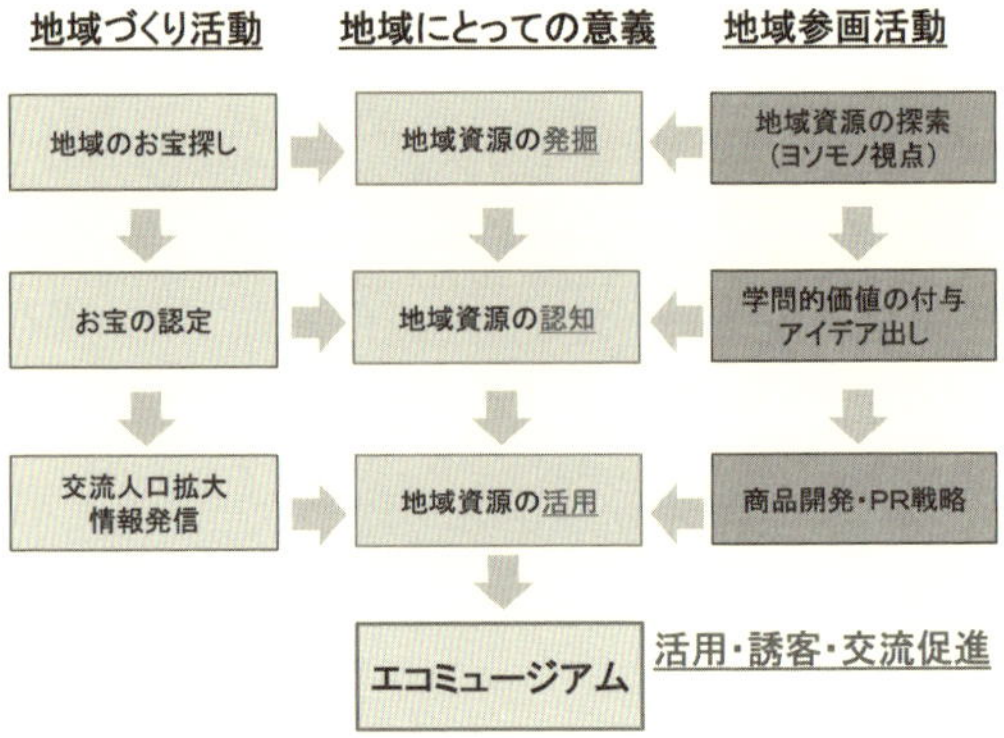

学生参画型地域づくりモデル

地域が大学を「活用」する新たな連携のかたち
——「大学環ネットかねやま」

山形県最上郡金山町は、1929（大正14）年に町制を施行して以来、一度も町村合併をしていない。これが、地域の合意形成やまちづくりについてプラスに働いている。日本で初めて「情報公開条例」を制定したことや「町並み景観条例」など行政面で先駆的に取り組んでいる。66％が山林で江戸時代から「金山杉」が特産品として有名。1878（明治11）年に日本の東北地方を旅して「日本奥地紀行」を刊行したイギリスの女性旅行家イザベラ・バードは金山に数日滞在し、金山の印象を「ピラミッド型の山の麓に抱かれたロマンチックな雰囲気の場所」と書き残している。

——「大学環ネットかねやま」を構想したきっかけは

2014年春に、金山町立の中田小学校が128年の歴史に幕を下ろして廃校になることが決まっていました。その跡地を何とか活用したいということを、栗田正一区長にお聞きしたことがきっかけです。それで2013年度の総務省の域学連携実践拠点形成モデル事業に申請したところ、採択されました。1年間の実践を通じて、この事業を継続させるために考えたのが「大学環ネットかねやま」です。

——この「大学環ネットかねやま」の特色は

この域学連携は遠隔地の大学と地域の連携が条件になっていることと、地域が大学を活用する連携であることです。地域と大学の連携は、いまだに「大学による地域の活用」の域を出ていないケースが多いのです。

——「大学環ネットかねやま」には、どんな大学が参加しているのですか

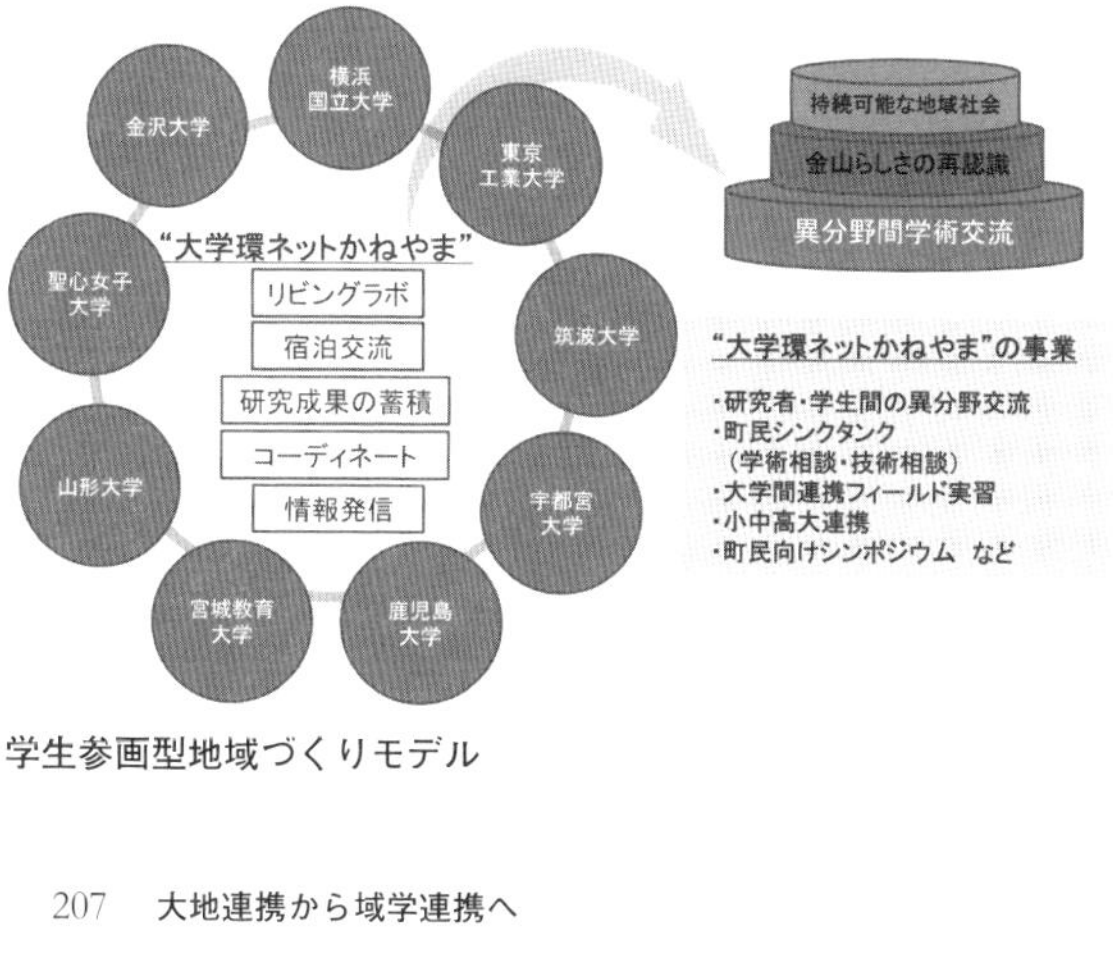

学生参画型地域づくりモデル

横浜国立大学、東京工業大学、筑波大学、宇都宮大学、茨城大学、聖心女子大学（現在は金沢大学も参加している）の研究者から賛同を得ています。

――蜂屋さんはどういう立場で

「金山町まちづくりアドバイザー」として参加しています。大学の教員としての業務ではなく、いかに有効に大学を活用するか、という地域側の人間として参画しています。大学というものをよく知っている立場で、地域側が大学を活用するべく動いたので、うまくいったと思います。どちらか片方が自分の都合を主張しすぎないように、妥協と調整を図っていくことが地域と大学連携がうまくいくポイントです。

――それぞれの大学のメンバーはどういう立場で参加を

自治体と大学との連携が先、というかたちではなく、金山町が自分たちのまちづくりに必要な「大学を活用する」視点で、大学の関係者に連携を呼びかけて、それに賛同する大学の研究者が参加するかたちです。ですから研究者としての立場がメインになります。

――今後の方向は

総務省の支援は2013年度で終了しましたが、幸い、金山町をはじめ地域の方々の熱意と横浜国立大学や東京工業大学をはじめ、大学関係者も引き続き参加していただけることになったので、2014年度から金山町の事業として継続しています。地域の課題（ニーズ）と大学の資源（シーズ）の効果的なマッチングを実現する試みとして「大学環ネットかねやま」の今後の事業としての発展を図るとともに、他の地域への応用を見据えた大学間交流を強化していきたいと考えています。

――まちづくりアドバイザーの役割が大きいですね

これまでは、ただ受け入れ地域を疲弊させるだけの交流になったケースが少なからずありました。無防備に大学との連携を受け入れた地域にも責任はあると思います。こうしたミスマッチによる不幸を未然に防ぎ、全国の多くの地域で、地域に寄り添うかたちで、大学と地域が相思相愛の関係を築くためには、そのコーディネート機能が非常に重要になることは間違いありません。

▼COLUMN
金山町地域共創シンポジウムで明らかになったこと

総務省の「域学連携実践拠点形成モデル実証事業」の1年間の成果発表を兼ねたシンポジウムが開催された（2014年2月13日）。その春に廃校が決まっていた金山町立中田小学校の跡地利用を中心テーマとして、横浜国立大学と東京工業大学の建築系の研究者と学生、宇都宮大学と筑波大学の社会教育系の研究者と学生を中心としたメンバーが金山町と中田地域に入って、住民を巻き込んだ現地調査や議論した成果をもとに、活発な意見交換が行われた。

シンポジウムには、鈴木洋金山町長をはじめ、地学連携の現地調査を実施した横浜国立大学、宇都宮大学、筑波大学の研究者など大学関係者（11名）、金山町民（20名）、地元の金山高校関係者（30名）、金山町職員（22名）、近隣自治体職員（6名）、一般（4名）、合計93名が参加した。

金山町地域共創シンポジウム

このシンポジウムを通じて「地域まるごと博物館」というコンセプトと金山町の再生の拠点としての中田小学校跡地の活用の方向性が固まった。当日の発表と議論の概要は以下の通りである。

鈴木洋町長あいさつ

中田小学校の閉校を控えて、12月には横国大と東工大の建築関係、1月には筑波大学と宇都宮大学の社会教育関係の先生方と学生さんに中田地区に調査のために入っていただきました。外からの目線で金山町の魅力を指摘していただき、町民に新たな自信を抱かせていただいて感謝しています。このプロジェクトを実現させる方向で努力したいと思います。

地域まるごと博物館「エコミュージアム」のすすめ
（大原一興横浜国立大学教授）

エコミュージアムとは、ある一定の地域において、その地域における様々な自然環境・文化・産業資源を、住民自らが学芸員となって、調査研究・収集保全・展示する活動です。それは住民の全年齢層の地域への誇り・愛着を高め、地域の価値を高める活動でもあります。ミュージアムというのはものとか資料とか伝承とかを介在しますが、基本的には人を育てていく活動なのです。

歴史的地域資産の発見と活用について

（大野敏横浜国立大学准教授・現教授）

金山には100年以上続く「もの・くらし・いのり・けしき」があります。いくつか挙げただけでも可能性と魅力があります。まずイザベラ・バードを魅了した景観（ピラミッド型の3つの山）です。建築文化を専門にしている私から見ると、羽州街道金山宿の面影を町割りと歴史的建造物が伝えていることと歴史的自然景観が町のあちこちに存在していることは、大変な自然資産・文化資産だと思います。こういう町並みとか、季節感のある暮らし、神仏習合の信仰、食文化など、どれをとってももう少し掘り下げていきたいと思わせるものばかりです。

社会教育研究者の立場からみた金山町

（手打明敏筑波大学教授・現名誉教授）

金山は地域レベルの生活の基盤である集落のつながりの強さは、外部の人間から見ると「息苦しい」と感じることもあります。しかし、それは人々の温かい関係であるとも言えます。今後はそのことを意識しながら、若い人たち、外から来た人たちをどのように受け入れていくのかを考える必要があるように思います。その上で、人と人とのつながりの深さ、いわば共同性を活かしたコミュニティビジネスのようなものを考えていくこともありうるのかと思います。

「世代を超えて地域に生き続ける学校」について

（斎尾直子東京工業大学准教授）

いま、「世代を超えて地域に生き続ける学校」を考えることが非常に重要になっています。少子高齢化や過疎地の地域の再生や活性化のキーポイントです。また東日本大震災をきっかけに地域の拠点施設としての「学校」が見直される動きが高まっていることもあります。廃校活用のポイントは、①用途・機能、②利用圏域、③運営主体などを明確にしなければいけません。その参考となる事例が、「まちむら交流機構」のポータルサイトと、文部科学省の「廃校リニューアル50選」に掲載されています。

蜂屋大八コーディネーターまとめ

文系・理系の壁を越えて共同で研究活動を行う可能性を感じたことは、大学関係者にとっても大きな成果でした。これを金山町の「里山里まち交流活性化センター構想」の実現に結び付けていきたいと思います。中田小学校の跡地の活用は、当然、地域の方々のための複合交流施設を想定していますが、その一機能として大学間交流の拠点としての機能も付加して欲しいと強く感じています。また、そのセンターが中田地区住民のもの、金山町の住民のものであり続けるためには、(私が今回務めたような) 大学の人間が (地域と大学を繋ぐ) コーディネート役を果たすことが不可欠ではないかと考えております。

樋口勝也教育長あいさつ

3年前に文科省の補助事業として実施した (地元学の手法による)「金山のお宝さがし」が中田地区の壁画づくりに結びつき、今回、大原先生のエコミュージアムの研究に出会い「森と町と人のミュージアム」というウェブサイトの立ち上げに結び付きました。私はもともと歴史と文化と自然景観に恵まれている金山町全体を博物館にしたいという考えを持っていました。今日のシンポジウムをお聞きして次年度も4つの大学が協力していただけるということなので、2014年度は金山町の事業として継続させたいと思っております。

参考文献

『大学マネジメント2015年5月号』(蜂屋大八「地域が大学を活用する新たな連携の形―大学環ネットかねやま」の試み)

『平成25年度総務省　域学連携実践拠点形成モデル実証事業成果報告書』(金山町里山里まち交流活性化センター運営委員会／2014)

『地元学からの出発』(結城登美雄／農山漁村文化協会／2009)

● 金山町「森と町と人のミュージアム」
http://kaneyama-museum.jp/

２　いつまでも、いつかきっと住みたいまちへ
——東京都日野市と明星大学地域交流センター

多摩川と浅川の清流に恵まれ、緑豊かな東京都日野市は人口約18万人、市民の約3割は市外に通勤する住宅都市である。市内をＪＲ中央線、京王線、多摩モノレールが走り交通の便もよく、高幡不動や多摩動物公園など、観光スポットも数多い。

一方、日野市の南東部の丘陵に１９６４（昭和39）年に開学された明星大学は、２０１４年、大学創立50周年を迎えた。現在、理工学部、人文学部、経済学部、情報学部、教育学部、経営学部、デザイン学部の7学部、学部・大学院生約８７００人を擁し、教職員を入れると約９０００人（通信教育部を含むと約1万５０００人）の集団で、人口18万人の日野市にとってその存在は大きい。明星大学はこれまでも、日野市が設置する発達・教育支援センターの開設・運営支援、緑地保全活動、また都内大学有数のボランティア活動を通じて、日野市との連携を進めてきた。それらの実績を踏まえて、両者は相互協力・連携に関する包括協定を締結し、さらに幅広く、地域課題の解決に協働で取り組もうとしている（２０１５年2月インタビュー）。

交通の便がよい日野市
写真は、市内を走る中央線上空からの眺め

相互協力・連携について包括協定締結

2015年2月2日、明星大学と日野市の相互協力・連携に関する包括協定の締結式が、日野市役所で開催された。日野市が一昨年（2013年）に市制50周年を迎えたことと、明星大学が昨年（2014年）に開学50年という節目を迎えたことが、一つのきっかけになった。

締結式後の記者会見で、両トップは次のようにコメントした。

明星大学キャンパス

≪日野市内にキャンパスのある大学≫

大学名	設置学部	学生数	日野市との連携協定
明星大学	理工学部、人文学部など7学部	約8000人	2015年2月2日
実践女子大学短期大学	生活科学部	約1500人	2014年2月18日
首都大学東京	システムデザイン学部	約600人	協定は締結していない

※設置学部、学生数は日野キャンパスのみのデータ

大坪市長　明星大学にはこれまでも市の活動に協力していただいてきましたが、この包括協定締結を機会に、市が抱える様々な課題解決に、さらにご協力いただきたい。

大橋学長　日野市と本学の協働は、これまでも進めてきましたが、体験教育や実践教育に力を入れている本学の学生にとっても教職員にとっても、この連携によってさらに大きな財産になると確信している。

今回の包括協定の締結によって、今後注力する4つのテーマが発表された。

①地域デザイン活動……デザイン学部による提案事業。商品開発からまちの活性化に関するアイディアなど幅広い分野において「デザイン」を提案する。

②高幡台団地のコミュニティ活性化……高齢化

大坪冬彦日野市長と大橋有弘明星大学学長

が進む市内の高幡台団地におけるコミュニティの活性化と高齢者の見守り活動を強化する。

③ものづくりの楽しさ応援プロジェクトの強化……日野市商工会と日野市と共同で、市立三沢中学科学部を中心に進めてきた3Dプリンターを活用したものづくり体験教室やロボットプログラム学習を市内全体に広げていく。

④まちの活性化活動……企業との連携を図りながら地域の活性化をテーマとした新規ビジネスを提案する。

「諸力融合」で、住みやすい未来の日野市を構築する

包括協定締結式が開催された日野市役所で、2013年4月に日野市長に就任し、現在3年目を迎えようとしている大坪冬彦日野市長にお聞きしました。

――明星大学との包括契約をどのように評価されていますか

≪日野市と明星大学の連携協力で現在継続中のプロジェクト38件≫

窓　口	件数	主なプロジェクト
明星大学（全学）	11	日野サンライズプロジェクト（不登校問題）
他大学と共同	7	日野市防災会議、一中・二中・三中の特色ある学校作りプロジェクト
教職センター	2	日野市学生インターンシップ
ボランティアセンター	6	ふだん着でCO2をへらそう事業
経営学部	1	日野市活性化ビジネスプラン提案
理工学部	4	日野市役所本庁舎免震改修工事プロポーザル選定委員会
情報学部	1	U-15エンジニア育成プロジェクト
人文学部	4	認知症サポーター養成講座
デザイン学部	1	「藝術文化の薫るまち日野」基本方針策定委員会
教育学部	1	特別支援教育支援事業

大学との協働は、これからの行政活動に欠かせないと考えています。日野市には3つの大学がありますが、実践女子大学とは2014年2月に包括協定を結びました。このたび明星大学と包括協定が実現したことで、大学の力を借りたまちづくりが一段とすすむことを心強く思っています。明星大学さんには、これまで個々のプロジェクトで市の活動に大変なご協力いただいてきましたが、この締結によって市の課題についてもさらに一段と

協働できるものと考えております。

——日野市の広報誌の新年号で、市内の３つの大学の学生と対談されました

大学生の若い力はまちの活性化にとって大きな力を発揮します。対談した大学生の皆さんに日野市のイメージをお聞きしたら異口同音に、「日野市は緑が豊かで、歴史もあり、観光名所も多い、都心のような忙しさもなく住みよいまち」と言われたことを大変嬉しく思いました。

——日野市の課題は

『広報ひの』2015年1月1日号

やはり高齢化の問題です。現在、日本全国の65歳以上の高齢化比率は25％、日野市は約23％です。これが２０４０年には34％になると予測されています。その一方、少子化現象も進んでいます。日野市も子育てしやすい環境作りに積極的に取り組んでいます。

大坪冬彦日野市長

——日野市の将来像をどのように

〝いつまでも、いつかきっと住みたいまち〟が目標です。そのために日野市の良さである社会的・自然的資源を活かし、眠っている日野の宝を発掘して、日野市の価値を最大限生かして個性あるまちづくりをしたいと思っています。そのために「諸力融合」が必要です。

——「諸力融合」とは

行政、議会、市民、企業、諸団体、そして学校や大学の力を融合して、日野市の課題解決に取り組むということです。特に明星大学さんをはじめ市内の大学の「力」に大いに期待しています。

——日野市は工業都市としての顔も持っています

意外と知られていないのですが、日野市はかつて工業出荷高が都内で1位だったこともあります。いまも高い技術力をもった大手企業や中小企業がたくさんあります。しかし大手企業の工場の撤退の予定もあり、今後は社会状況にあったITやデザイン関連企業の誘致や異業種連携による市内企業の成長や起業家を育成することが緊急の課題です。そのために今年10月には、JR豊田駅前に「(仮称) 多摩平の森産業支援施設」を開設します。地域の活性化や新たな雇用の場作りのために、地域の企業や大学の交流の場にしたいと考えています。

――観光も重視しています

日野市内には、高幡不動、多摩動物公園、日野出身の新撰組土方歳三を記念した「新選組のふるさと歴史記念館」のほか、観光や癒しのスポットがたくさんあります。市内のJR豊田駅、JR日野駅、京王線・多摩モノレール高幡不動駅を起点とした回遊型の観光に力を入れたいと考えています。

――明星大学との包括連携で特に期待されていることは

「芸術文化の薫るまち日野」の方針に沿ったまちの活性化や日野市の観光資源のPR力の強化を、デザイン学部との協働で進めたいと思っています。

「教育の明星大学」に、さらに磨きをかける

2014年に就任した大橋有弘学長は教育学が専門、明星大学の建学の精神と教育目標を中心にお聞きした。

――日野市と連携協定を締結した理由は

体験学習を掲げる本学にとっては、体験学習の場が一層充実するメリットがあります。地域との密接な関わりによって地域ニーズを把握できることは教育・研究の向上に活かすことができます。また、この包括協定契約によって、本学の学生がさらに多くの分野で充実した体験活動に携わり、地域に愛着を持って日野市への定住や日野市内の企業に就職したり、日野市で起業出来るような環境が整備されることも期待しています。

大橋有弘明星大学学長

――明星大学の沿革について

明星学園の創設者・児玉九十が教育理念

に掲げたのは自ら考え行う「実践躬行《きゅうこう》」です。空理空論に走らず、自ら体験し、考え、体を動かし、理想へ向けて実践し、社会に貢献する人材です。それが本学が教育・育成する人材です。

――明星大学の強みは何ですか

〝教育の明星〟です。健康、真面目、努力を校訓に掲げて〝手塩にかける教育〟を行うことが本学の強みです。

――具体的には

入学と同時に『自立と体験I』という授業が必須で始まります。2000人の1年生を学部の垣根を超えて、30人ずつのクラスに分けます。さらに6人のグループをつくり、体験を通した学習を、毎回テーマを設定し、「体験し、振り返り、考え、行動する」というステップを繰り返します。考え方やバックボーン、所属学部の異なる学生同士が集まる中で、さまざまな角度から自分を見つめ、他者からも学び、自分の理想や目的を見つける力を養っていきます。2年生、3年生、4年生と進級するに応じて、さらに高度な体験教育のプログラムを用意しています。

――その成果は

そうした実践教育が、多摩地区での出身校別の社長数ランキングで8位という結果に結びついています。また東京都の校長、副校長などの管理職教員についても約200人が本学の出身者です。

――明星大学はボランティア活動が盛んです

ボランティア団体は21ありますが、児童や障がい者、発達障がい者などに、教育学科、福祉実践学科の学生が積極的なボランティアを行っていることが特色として挙げられます。ボランティア活動は学生が地域の課題を肌で感じることができますので、明星大学の教育方針である体験教育の場でもあります。2008年に、ボランティアセンターを立ち上げて、大学としても学生のボランティア活動を積極的に支援しています。

――日野市との連携を今後どのように進めて行きますか

これまで学部やセンターが個々に対応してきましたが、この連携協定をスムーズに運営していくために、4月に大学全体の地域連携活動のとりまとめを担当する専任の組織を立ち上げる予定です。地域の課題を大学が地域と共に解決に協力することは社会的な要請にもなっていますし、自立と体験を掲げる本学の教育研究の深耕にもつながると考えています。

明星大学の伝統あるボランティア活動

日野市と明星大学の連携プロジェクトとして継続中の38テーマのうち、ボランティアセンターの活動が6つ含まれている。さらに、日野市役所との連携とは別に、日野市の交通安全協会や観光協会などへの多彩なボランティア活動で明星大学に対する市民からの信頼は厚い。吉田雅行ボランティアセンター主幹に聞いた。

――明星大学のボランティア団体はいくつあるのですか

１９６４年にスタートした「初等教育研究会どろんこの会」をはじめ現在21のボランティア団体があります。これらの団体に属していない学生も、ボランティアセンターを通じて、色々な活動に取り組んでいます。

――ボランティアセンターはいつできたのですか

２００８年5月、学生たちの社会に貢献したいという要望に応えて、明星大学ボランティアセンター（愛称きらきらボランティアセンター、略称「きらボ」）を設置しました。「きらボ」に登録している学生は全学生の10％、約８００人います。（※延べ活動人数は約６３００人）

――「きらボ」にはどんな機能があるのですか

基本的には、ボランティアの紹介です。またボランティア活動に活かせる手話講習会とかノートテイク講習会なども開催しています。

――ノートテイクとは何ですか

聴覚障がいのある学生への授業のサポートのことです。聴覚障がいのある学生の隣で、講演会や授業の音声を紙に書いて伝えます。90分の授業の場合、２人のノートテイカーが交代でノートテイクをやります。本学には聴覚障害のある学生がいますが、ノートテイカーの数が足りないので、ボランティアセンターで募集している現状です。

――ボランティア団体の活動をいくつかご紹介ください

防犯ボランティア隊（ＭＣＡＴ）は地元の日野警察署と日野市役所に協力して、週3回住宅の見回り、小学生の下校サポートをやっているほか、交通安全を呼びかける活動や独居老人の訪問、詐欺被害やひったくり防止の呼びかけ活動などに取り組んでいます。これらの活動が評価されて2014年5月に「警視総監賞」を授与されました。

防犯ボランティア隊　MCAT
警視総監賞受賞報告

ボランティア活動の様子

≪明星大学のボランティア団体（2014年4月現在）≫

	団体名	主な活動
1	教育研究部	子ども会の企画と実践
2	めばえの会	ハンディキャップを持った人の支援
3	どろんこの会	地域や児童館の子どもと遊ぶ
4	SMILY	発達障がいのある子どもと触れ合う
5	ひまわり	七生福祉園低学年の子どもたちと遊ぶ
6	へきち教育研究会	地方の幼稚園・小学校で交流
7	人形劇団「まめ」	30年の歴史ある人形劇団
8	BUKAS	海外ボランティアスタディツアー、児童養護施設でのボランティア
9	Star Shops Supporters	障がい者とともにイベントの企画運営
10	MCAT	防犯ボランティア隊
11	レインボーサイン	手話サークル
12	クローバー	障がい者と高齢者の福祉実践
13	フレンドシップキャンプ	障がい児と健常児がともに過ごすキャンプ
14	Merci	障がい者、高齢者などの福祉活動
15	大道芸団マアム	地域や施設での大道芸
16	N.G.N	多摩地域の子どもたちと環境・福祉・防災を学ぶ
17	むさし100km徒歩の旅	小学4～6年生と夏休みに100km旅する
18	Cherish	養育家庭ボランティア
19	Knots	ボランティア活動の情報発信
20	減災プロジェクトFine	〝東日本大震災を忘れない〟を合言葉に
21	乾杯の種	地域コミュニティをつくる

▼COLUMN ❶
都内の大学で屈指のボランティア活動を束ねる「ボランティアセンター」

ボランティアセンターが発行する「きらボ通信」の2013年6月号「ボランティアセンター5周年を迎えて」の特集に、当時の小川哲生学長が「ボランティアセンターへの期待」を寄稿している。

「本学学生は伝統的にボランティア活動に熱心でしたが、長い間それらを束ねる組織がなく、その結果、ボランティア活動をしたいと願っている学生への情報提供が十分にできませんでした。同センターが設立されて以来、潜在していた学生の願いが大きく実現し、さらに2011年3月11日以降のボランティア活動参加への大きな流れがあり、本学学生のボランティア活動はますます大きくなったと思います。困っている人たちに対し、『無償』で役に立ちたいと願う気持ちは、すべての人が生まれながらに持つ心情であると思います。個人の生き方がより尊重されていくのが現代の流れですので、その分、他者への『愛』が必要であるのは言うまでもないことです。社会に何らかのかたちで貢献したいと願う者に対し、その機会を提供していく役割を担う組織としてボランティアセンターがあります。ボランティアセンターのますますの活躍を期待しています」

また、谷井正剛日野市交通安全協会会長は、明星大学のボランティア活動について次のように語る。

「私たち日野市交通安全協会は、交通事故の悲惨な被害者、そして加害者を日野市内から出さない活動を続けております。しかし、協会メンバーの高齢化がすすんでおり、十分な活動ができないこともあります。このような中で、地元の明星大学のボランティア（MCAT）の学生さんが、私どもと一緒に、街頭で交通安全の広報活動をしていただけることに、感謝の気持ちと頼もしさを感じています。また学生さんたちとの活動は私たちにとっても新鮮ですが、このようなボランティア活動で地域社会に関わることは学生の皆さん自身の今後の生き方にとって必ずやプラスになるものと思います。明星大学のボランティアの皆さんが、これからも日野市の地域活動に積極的に参加していただくことを、市民の一人として、お願いしたいと思います」

▼COLUMN ❷
自治体（地域）と大学を繋ぐ「地域交流センター」の役割

大学の教員が個人の研究のために地域と連携したり、自治体が審議会などの委員を大学の教員に委嘱するのが、これまでの一般的な地域と大学の連携のかたちだった。この日野市と明星大学のような自治体全体と大学全体の連携の本格的な取り組みは、始まったばかりである。明星大学はこの相互協力・連携をスムーズに推進するための部署、地域交流センターを設置した。連携活動に関する情報収集やプロジェクトの優先度の判断、そして自治体と大学間の連絡・調整機能が連携の実効性に欠かせないからだ。「地域交流センター」が設置されて1年が経過した。その間の活動と今後の課題について、名取淳事務局次長兼地域交流センター長と吉川和博地域交流センター課長に聞いた（2016年4月20日インタビュー）。

――交流センターの設置の目的は

名取　多摩地区を中心とした地域、特に包括協定を締結した日野市との交流を（今まで以上に）活発化し、「地域に立脚した教育」を推進するためです。地域交流活動全般を担当しますが、特に情報収集と、学内調整、そして学内外への情報発信が主たる業務です。1年経って業務が増加しましたので、今年5月に専任職員を1名増員し

名取淳事務局次長兼地域交流センター長（中央）と吉川和博地域交流センター課長（左）森田啓之連携研究センター課長（右）

ます。

――この1年間を振り返って

吉川　地元の商工会や各団体が、大学・教員・学生の専門性や行動力に期待を馳せ、予想以上にたくさんの相談・ご意見を頂いています。おりしも、地域創生・高齢化対応・商店の再生・観光振興など、地域活性化には若い力と創造力が欠かせないと言われていますので、当センターも、これらのテーマに注力しています。

――地域ニーズと学内のシーズのマッチングが非常に重要だと思いますが

名取　市や団体からの要望に沿って、学生や教員をマッチングさせることはうまく回っていますが、〝学生ボランティア＝労働力〟の思考が先行してしまうことがあります。学生たちには、体験を通して成長を促すことがとても重要であり、そうした環境を整えていくことが課題です。

――内部からと外部から、それぞれのニーズは

吉川　内部からは、多摩地域の（日野市以外の）近隣自治体との連携・協定の締結の要望とこれまで教員が個別にやってきた地域連携をきっちり把握して、大学としての支援を強化して欲しいという要望が出ています。外部からは、学生ボランティアに対する要望、教員の専門性を活用したいという要望が多く寄せられています。

――例えば、どんな要望が

名取　多摩地域における「フードバンク」を検討する団体からＮＰＯを見据えた組織作りを行うにあたり、学生の意見を反映したいとのお声掛けを頂いています。また従来から継続している「日野市の商工会プラットフォーム」では本学の学生が多数ワークショップに参加して町の活性化について意見を述べています。

――「ボランティアセンター」と「地域交流センター」の組織的な機能分担は

吉川　両センターのセンター長は名取事務局次長が兼務していますので、ボランティアセンターに入ってくる内外の要望と学生や大学を繋いだり、振り分けたりする仕事はスムーズに行っています。

――教員の専門性に関する要望ではどんなものが

名取　日野市商工会にて、商業便利度向上事業推進委

員会で学識委員として日野市商業振興計画をまとめること。日野市小水力を考える会（マイクロ水力発電導入可能性調査等検討委員会）の副委員長。また日野人ちょこっと散歩会における活動量測定（機器）を活用した健康指導などの要請を受けています。

――「連携研究センター」という組織もありますが、２つのセンターとの関係は

吉川　連携研究センターは、産学官連携の研究活動支援を行っており、主として外部の企業ニーズに合った教員紹介や共同研究の可能性を探り、情報提供しています。当センターは、主として自治体から寄せられたリクエストに応じて、連携研究センターと協働で教員との調整を行っています。「連携研究センター」とは、今後も「多摩地域における自治体・企業との更なる連携強化」を協働して進めて行きたいと考えています。

レッドランズ市の学生との交流

――日野市とは、昨年（２０１５年）はどんなプロジェクトが

名取　日野市姉妹都市であるアメリカのカリフォルニア州レッドランズ市在住の高校・大学生が、６月末に来日し、本学学生とボランティア活動をテーマに意見交換および交流を図りました。また「日野市長と学生とのふれあいトーク」を11月に開催、学生目線での日野市の将来や日野市への要望を、市長を交え意見交換しました。

　また日野市内在住の学生が市のいくつかの委員会に参加させて頂く機会を得て、市政に触れそこで活躍する大人たちと交流が出来て、とても良い体験の場になっています。

日野市長と学生のふれあいトーク

――どんな委員会に参加したのですか

吉川　日野市まち・ひと・しごと創生総合戦略策定懇

談会と日野市行政評価市民委員会です。

――教員の参加プロジェクトは

名取 「ＴＯＹＯＤＡ ＢＥＥＲ実行委員会」に本学の経営学部教授が委員として参加し、この教授のゼミ活動として、学生達が、販売促進について調査し実行委員に対してプレゼンテーションを行いました。また、多摩地域のＰＲに特化したアイドルグループの育成など多岐にわたった活動をしています。学生達にとっても体験学習（ＰＢＬ）として大きなインパクトがあります。

――「TOYODA BEERの復刻」とは

復刻された TOYODA BEER

吉川 １８８６（明治19）年、豊田（現在の日野市豊田）の山口平太夫によってビールが造られました。２０１３年度に行われた発掘調査と蔵の調査で、煉瓦造ビール貯蔵所の跡や当時のビールラベル、そしてビール貯蔵所を写した写真乾板が発見されました。「豊田ビール」は日野を代表する近代産業の一つであり、多摩地域最古のビール醸造です。当時のラベルデザイン、市内産の大麦を使い、復刻プロジェクトが展開されています。このような地域ニーズや社会の動向を踏まえて、経営学部は２０１７年度からカリキュラムを再編します。

――どのように

名取 ５つのコース（多摩ブランド創生、観光・ブライダル、事業継承・起業、金融・会計プロフェッション、高度実務人材育成）に再編します。地域活動を中核とした研究と教育と地域連携に、さらに大きな相乗効果があると期待しています。

――地域創生人材の育成と地域への就職が期待されますね

吉川 そういうことです。

――地域交流センターの新たな取り組みは

名取 明星大学と日野市との合同研修会を開催し、大学教職員と市職員における相互理解と情報共有を計画中です。また、日野に拠点を持つほかの大学や地域密着型の信用金庫などと協働するプロジェクトを検討しています。さらに多摩地域全体を本学学生の学習フィールドとすべく、八王子市との連携も強化したいと考えています。

――地域交流センターとしての2年目の課題は

吉川　多摩地域を見据えた地域との連携活動のさらなる拡大が課題です。協定締結ありきではなく地域と大学にとってＷＩＮ―ＷＩＮのパートナーとなることが必要です。そのためには、活動内容を明確にした上で、学生の体験学習（ＰＢＬ）の機会を増やすことが重要だと考えています。もう一つの課題は、学内外への情報発信です。

――情報発信では今後どのようなことを

名取　ＳＮＳ等の利用もありますが、人と人との直接の接触を本学の基本としているので、本センター職員が各地に出向き、情報発信します。また、連携の結ばれている日野市とは、さらに互いを知り合うために合同研修会を行い情報交換の密度を高めていくつもりです。

※明星大学地域交流センターとは

地域交流センターは、本学の「教育研究の成果を広く社会に提供することにより、社会の発展に寄与する」（学則第1条）を実践し、「地域に立脚した教育の推進」を行うための窓口として、大学事務局に設置されました。

日野市との包括協定に基づき、今まで以上に交流を活発化させるとともに多摩地域の活性化に寄与するため、次の各号に掲げる業務を行っていきます。

1　地域交流活動の推進に関すること
2　地域交流活動に係る学内及び自治体、企業等の情報収集・管理に関すること
3　地域交流活動に係る学内調整に関すること
4　地域交流活動に係る事業の学内外への情報発信に関すること
5　地域交流活動に対する理解促進等に係る啓蒙活動に関すること
6　地域交流活動に係る自治体、企業等との協定に関すること
7　その他地域交流活動に関すること

●明星大学地域交流センターＨＰより抜粋
http://www.meisei-u.ac.jp/support/tkc.html

第7章●地域のシンクタンクとしての大学

沖縄から、日本をアジアを世界を考える
——沖縄国際大学総合研究推進機構の取り組み

毎年6月23日は沖縄戦終結の日である。２０１５年のその日、戦後70年目の「沖縄全戦没者追悼式」をテレビ中継で見た。与勝高校３年生の知念捷《まさる》さんが朗読した追悼の詩「みるく世《ゆ》がやゆら」に大変、感動した。

4月に摩文仁《まぶに》の丘の平和祈念資料館と平和の礎《いしじ》を訪問し、翌5月にも再度、沖縄へ行き、沖縄国際大学で以下の座談会を開き、佐喜眞美術館（コラム①参照）を見学した。知念さんの追悼の詩を聴いたのは、その直後のことだったので、ことさら心に滲みたのかもしれない。

平和の詩「みるく世《ゆ》がやゆら」

（「いまは平和でしょうか」の冒頭部分のみ以下引用）

みるく世《ゆ》がやゆら

平和を願った　古《いにしえ》の琉球人が詠んだ琉歌《りゅうか》が
私へ訴える
「戦世《いくさゆ》や済《し》まち　みるく世《ゆ》や　やがて
嘆《なじ》くなよ臣下《しんか》　命《ぬち》どぅ宝」
　※**「戦いの世は終わった、平和な弥勒世がやがて来る、
　嘆くなよ、お前たち、命こそ宝だ」**
70年前のあの日と同じように
今年もまた　せみの鳴き声が　梅雨の終わりを告げる
70年目の慰霊の日
大地の恵みを受け　大きく育ったクワディーサーの
木々の間を
　※**クワディーサー：モモタマナの木、沖縄戦の死者名を刻
　む「平和の礎」の周りに植えられており、広い葉が日陰
　を作る**

夏至南風《かーちーべー》の　湿った潮風が吹き抜ける
せみの声は微《かす》かに　風の中へと消えてゆく
クワディーサーの木々に触れ　せみの声に耳を澄ます
みるく世《ゆ》がやゆら
「今は平和でしょうか」と　私は風に問う
（以下割愛）

筆者が沖縄国際大学を訪問して大城保学長（2016年3月退任）にお会いしたのは、2015年4月14日だった。予定より早く着いたのでキャンパスを歩いた。正門の左手にある米軍ヘリコプターの墜落現場の記念碑を見たあと13号棟へ移動した。そこに総合研究機構の看板が出ていて地域研究のための4つの研究所があることを知った。帰京後、ウェブサイトで調べて〝地域と大学の連携のかたち〟としてどうしても取材したいと思い、大城学長にお願いして実現したのが以下の研究所長座談会である。

沖縄の地方創生・地域再生は、沖縄の人たちが、自分たちで考えて、自分たちで実践することである。そのために沖縄国際大学総合研究機構のシンクタンク機能がますます期待されるに違いない。

2015年に年4回（延べ15日間）沖縄を訪問したことで、沖縄が「平和の礎」で成り立つことを痛感した。もちろん独自の風土と文化を有する沖縄をわずか数回の訪問で理解することは不可能だ。しかし、日本にとっては無論のこと、東アジアにとっても、そして世界にとっても、「沖縄が有する普遍的な価値」を感じとることはできたと思う。〝日本に沖縄があって良かった〟、本土人としての偽らざる気持ちである。

司馬遼太郎は沖縄のことを次のように書いている。

「沖縄人は縄文時代以来の『日本民族の支族』であるに相違ないが、独自の神話をもち独自の古典をもち、さらには世界のどの民族にも誇りうる民俗文化をもっている以上、他から堂々たる独立圏としての尊重と尊敬を当然うける権利をもっている」（『街道をゆく「沖縄・先島への道」』朝日文庫）

沖縄国際大学で開催した座談会に参加していただいた4先生に深謝（2015年5月19日）。

副学長・総合研究機構長狩俣恵一（総合文化学部教授）、

南島文化研究所長田名真之《だなまさゆき》（総合文化学部教授）、沖縄法政研究所長稲福日出夫（法学部教授）、大学院地域産業研究科長呉錫畢《オソクピル》（経済学部教授）。

※田名真之教授は、2016年4月1日付けで沖縄県立博物館・美術館館長に転出された。

地域研究のための4つの研究所

——研究所設置の経緯は

狩俣　沖縄の日本復帰（1972（昭和47）年5月）の3カ月前に設立された本学には、官僚養成のための国立大学と違って、〝沖縄の将来に貢献する人材育成が私立大学の使命〟という創設者の強い思いがありました。その思いはいまも引き継がれています。設立時は文学部、法学部、商経学部のみで学生数も約3000人と大学の規模も小さかったので、地域研究のための研究所は「南島文化研究所」だけでした。その後、学部の新設や学生数の増加に伴い、学部ごとのシンクタンク機能としての研究所を順次、設置しました。

——総合研究推進機構が設置された理由は

狩俣　本学の4つの研究所は、地域研究を目的に設置されています。地域研究は歴史、文化、政治、経済などを総合的にとらえる必要があります。そこで、それぞれの専門性を活かしながら沖縄という地域を、横串に、総合的に、国際的視点で研究するために4つの研究所を束ねる総合研究機構を2009年に設置したわけです。

——沖縄の大学としての研究の重要性は

狩俣　日本の最南端に位置し、東アジアとの「人」「物」「情報」の交流の拠点（ハブ）として、沖縄の重要性がますます高まるからです。沖縄から、日本を考え、アジアを考え、世界を考えることは、沖縄にとっては自然なことですし、日本にとっても非常に重要なことだと考えています。

狩俣恵一沖縄国際大学副学長（総合研究機構長）

——研究所には、多数の特別研究員がいます

狩俣　研究所員は概ね本学の教員ですが、研究の巾と質を高めるために、本学の教員以外の専門の研究者に特別研究員に就任していただいています。この研究者のネットワークが、それぞれの研究所のパワーになっていることは確かです。

37年の歴史を誇る南島文化研究所

——南島研が設立された目的は

田名　〝南島地域の社会と文化の総合的研究〟です。南島地域とは、狭義の意味では鹿児島県の奄美群島と沖縄県の琉球列島を指しますが、広義の意味ではミクロネシア、ポリネシア、メラネシアを含めた南洋諸島を研究対象にしています。この地域は、世界有数の暖流である「黒潮」が流れており、サンゴ礁が育まれる日本の熱帯ともいえる地域です。研究テーマはこれらの南島地域の、自然環境、社会構造、民族行事、（世界の希少言語に指定された）琉球語、戦争による社会変化など、多岐にわたっています。

——南島研の活動や成果の地域への還元は

田名　南島研の研究会や講演会、地域学習などのすべての活動は市民・県民の方々にオープンにしていますので、誰でも参加・聴講できます。沖縄の人たちは沖縄の歴史や文化に興味のある人がとても多いので、南島研のセミナーや地域学習には多くの市民、県民が参加されます。

——関連の出版物は

田名　現在37号の『紀要 南島文化』と『南島文化所報』を年1回、『調査報告書』をこれまでに41冊（与論・国頭、沖永良部島、波照間島、伊平屋・伊是名島、徳之島など）刊行しました。出版物としては『近世琉球の租税制度と

≪４つの地域研究所のミッション≫

研究所名	設置時期	研究ミッション	所員	特別研究員
南島文化研究所	1978（昭和53）年	南島地域の社会と文化の総合的研究	63名	274名
沖縄産業総合研究所	1991（平成3）年	沖縄経済を地理的・歴史的・文化的視点から国際的・学際的に研究	47名	90名
沖縄法制研究所	1997（平成9）年	沖縄の法的・政治的諸問題の調査・研究	28名	58名
沖縄環境経済研究所	2009（平成21）年	沖縄の持続可能な社会構築を研究	34名	52名

人頭税』『八重山の地域性』『韓国済州島と沖縄』などがあります。

――海外の大学や研究機関との連携は

田名　沖縄は450年続いた琉球王国の時代も、また1609年からの薩摩藩支配の時代も、朝鮮や中国（明）、そして東南アジアの諸国とも活発な交易を行っていました。その交流・交易の歴史研究をさらに深めるために、1997年に韓国の全南大学湖南文化研究所と、2001年には中国の福建師範大学中琉関係研究所と国際交流協定を結び、学術交流を進めています。

――37年の南島研の歴史で、一番の成果は

田名　すべての研究会が、今も継続していることだと思います。歴代の所長や研究員、特別研究員の方々、南島研の活動に参加される市民・県民の皆さんの熱意、そして大学の確固たる方針があったからこそ、ここまで続いてきたと思います。この伝統はこれからも引き継いでいかねばなりません。もうひとつは「窪徳忠《くぼのりただ》琉中研究奨励賞」の創設です。この賞は、琉球と中国の歴史・文化に関する研究に取り組む若手研究者に対する奨励賞で、日本の道教研究の泰斗であった窪徳忠東京大学名誉教授の発意により1996年に創設されました。これまでの受賞者は16人です（2014年現在）。窪教授は1970年代から30年以上にわたって南西諸島をフィールドに（南島研の特別研究員としても）多くの島々の調査・研究をされました。そのご縁で浄財を提供され、奨励賞が創設されたのです。しかも窪先生は、晩年、すべての蔵書を本学の南島研に寄贈されました。南島文化研究の大変貴重な資産です。

田名真之教授（現沖縄県立博物館・美術館館長）

※窪徳忠《くぼのりただ》：1913（大正2）年生まれの宗教民俗学者。2010年97歳で死去。1937（昭和12）年東大文学部卒東大教授、東大東洋文化研究所長。道教の研究を中心に、庚申信仰、「石敢當」など沖縄の民俗研究でも足跡を残した。『窪徳忠著作集』全9巻（第一書房）

《南東文化研究所の活動》

	活動内容	開始時期	延回数
南島文化市民講座	もっとも重要な講座。年1回開催、沖縄タイムス社・琉球新報社と共催。	1980年～	36回
南島文化地域学習（南島文化公開講座）	特定の地域の地理と自然・動植物・歴史・遺跡、文化・言語、経済や農業漁業などの現地学習、学生と市民が対象	1981年～	38回
調査報告研究会	年1回、特定の地域の調査報告会、年に1回開催。報告書は41号	1979年～	36回
シマ研究会	シマは、集落の意味と島の意味がある。南島のシマについて様々な分野からの報告と討議。月1回開催。	1985年～	193回
沖縄近世史研究会	薩摩藩支配下の琉球王国についての研究会	1990～2003年	30回
南島研セミナー	沖縄に来訪した著名な研究者を招いたセミナー。講師は外国人が多く、年に数回開催。	1992年～	26回

第38回 南島文化地域学習「渡名喜島の自然・文化・歴史」

実施日：2015年6月20日（土）と21日（日）の1泊2日
参加者：講師・スタッフ・学生・市民など総勢29名

渡名喜島は沖縄本島の那覇から高速フェリーで1時間45分かかる。引率者の田名真之教授は「琉球王朝時代の渡名喜島の人たちは船を駆って那覇や島々に渡って商売をしていた。扱う商品は島で生産した真綿（絹）や牛や豚が主なものだったが、他の島々と交流して、たくましく生きていた」とレクチャーした。

南島文化地域学習にて、地元の方に渡名喜島の説明を受ける

ウミガメが産卵する浜、そして神の降りる岩を見る

沖縄は日本の47分の1ではない

――沖縄の人たちの沖縄の歴史・文化への意識は

田名　沖縄は日本復帰から40数年経っているのに、過去にとらわれて、未来を考えにくい状況が続いてきました。その背景には、明治の初めの琉球処分、20万人もの人が亡くなった太平洋戦争末期の沖縄地上戦、今も存在する米軍基地問題などのトラウマがあります。しかし沖縄を取りまく社会環境は急激に変わりつつあります。最近、〝沖縄的なもの〟を再発見、再認識、再評価する動きが顕著になっています。本土の人たちが沖縄を好きになって、沖縄本島や宮古島や石垣島などに移住してきます。そのことが逆に、沖縄の人たちが沖縄の良さやポテンシャルに気づくきっかけになっています。ある意味で差別されてきた過去にこだわりのない若い人たちが牽引車になって新しい「沖縄文化＝沖縄ワールド」が創りあげられつつあるのです。

――その沖縄＝沖縄ワールドの背景には何が

狩俣　沖縄は琉球弧と呼ばれる島々の繋がりの中心に位置しており、古くから日本や中国、そして朝鮮、さらに東南アジア（ルソン、シャム、マラッカなど）との交易や交流の中継地になっていました。その伝統から今も沖縄には異文化を受け入れる（チャンプルー）風土、それらを大胆にかき回す（カチャーシー）文化があります。沖縄は、明治維新以来百数十年の中央集権政策で画一化されてしまった全国の47都道府県の単なる一つではないこと、400年以上の外国との（独自の）交流の歴史を持つ沖縄が、いま再認識・再評価されているのではないでしょうか。

――沖縄の日本復帰から20年後の1992年に首里城が復元されましたが、沖縄にとって首里城とは

田名　戦前の沖縄には首里城を始めとして、450年続いた琉球王国の歴史文化遺産が多く残されていました。

ところが、その多くが戦争で失われ沖縄の人々は目に見えるかたちで、自らの先祖が築いた王国の歴史と文化を実感出来ずにいた訳です。首里城は、島津侵入や明治の琉球処分時に琉球と大和が対峙した歴史の舞台であり、沖縄戦で破壊されたことも併せて、沖縄の歴史を象徴する城なのです。

首里城正殿　写真提供：首里城公園

——沖縄独自の文化とは

田名　親戚の繋がり、地域のつながりを大事にする「支え合いの文化」が一番だと思います。また分かりやすい例でいえば、沖縄の音楽や踊りや祭りです。8・8・8・6音の哀愁をおびた独自の「琉歌《りゅうか》」だとか、18世紀に完成した琉球の「楽劇《がくげき》・組踊《くみおどり》」だとか、14世紀の終わりに中国から伝わった「三線《さんしん》」が生み出した沖縄独自の歌舞音曲です。

——石垣島出身の比嘉栄昇（ＢＥＧＩＮ）や読谷村出身の玉城千春（Ｋｉｒｏｒｏ）などの沖縄の音楽アーティストが、多くの人々（日本人＋外国人）に共感される理由は

田名　沖縄は戦前も現在も、新作の民謡が次々生まれています。またアメリカ統治時代を通じてジャズやロックが導入され、多くのロックバンドが誕生してオリジナルの楽曲を生んでいます。古典の三線音楽も盛んです。王国時代の式楽としての宮廷音楽とは別に、地域の祭祀、祭りにともなう多くの芸能もあり、歌垣的な世界、即興で掛け合いをする世界もありました。誰もが踊り手であり、歌い手であったのです。そうした環境が沖縄の若いアーティストたちの楽曲に影響を与えていると思います。

——呉先生は20年近く沖縄で教鞭をとっておられるそうですが、琉球王国の歴史は沖縄の人たちにどう繋がっていると感じますか

呉　琉球王国の末裔という意識は薄いと思います。しかし日本人としての意識より沖縄人としての意識（アイデンティティ）が明らかにあります。もっと言うなら沖縄の人たちは、本島もそれほど広くないのに、自分の出身地の地域文化を自慢します。那覇市の例でいえば首里は首里人（シュインチュ）、泊は泊人（テゥマインチュウ）などの狭い地域で言葉の訛りが違います。それを自慢するところが面白いです。

——先生方のお名前は明らかに沖縄がルーツです

狩俣　正確に数えたわけではありませんが、本学の教員の6割から7割近くがルーツは沖縄だと思います。ちなみに、私の先祖は石垣の竹富島です。

田名　私のルーツは600年前に南城市大里の大城グスクの主であった大城按司を初代とする麻氏一門です。6代目は沖縄の産業の恩人と称される儀間真常で、中国から製糖法を導入し、芋の栽培普及にも尽力しました。8代目の時に首里に移り住み、以後首里の中級士として王国時代を過ごしています。この間、領地が初期の儀間から慶良間の渡嘉敷島を経て伊平屋島の田名《だな》へと変わりました。沖縄では領地名を家名とする慣わしがあるため、18世紀後半から田名姓を称しています。

——大変な名家のご子孫なんですね

稲福　私の父は八重山、母は宮古島です。わたし自身は宮古島生まれで、1歳のころ沖縄本島に引っ越してきました。それから普天間小学校、普天間中学校、普天間高校、そしていま普天間基地に隣接する沖縄国際大学の教員と普天間一筋に生きてきました。

——有名な普天間宮の境内で遊んだ口ですか

※普天間宮：米軍普天間基地の北にある由緒ある神社。境内には有名な普天間洞穴がある。琉球古神道を祀ったことに始まり、15世紀半ばの尚泰久王の時代に熊野権現を合祀したと伝えられる。戦前は首里から続く普天間街道には5キロメートルにわたる松並木が続いていたが、戦火や松くい虫でいまは残っていない。県立普天間高校はこの普天間宮から目と鼻の先にある。

沖縄の「万国津梁《ばんこくしんりょう》の精神」

「万国津梁」（諸国の架け橋、という意味）

1458年（日本では室町時代）、琉球王尚泰久の命によって鋳造され、首里城正殿に掛けられていた鐘（万国津梁の鐘と呼ばれる）に次のような銘文が刻まれていた。

「琉球は南海の恵まれた地域に位置しており、朝鮮の優れた文化を集め、中国とは頬骨と歯茎のように重要な関係にあり、日本とは唇と歯のように密接な関係にある。琉球は日本と中国の中間にある理想的な島である。船を通わせて諸国の架け橋となり、世界の宝物が国中にあふれている」（日本語抄訳）

——沖縄国際大学の理念にも「万国津梁（＝世界の架け橋）」が

狩俣　本学の使命として2つのことが明示されています。「沖縄の発展に貢献するために、アジアの十字路に位置する沖縄のポテンシャルを活かし、万国津梁の魁《さきがけ》となる人材を育成する」「沖縄の個性を発揮させる研究・地域連携を行う」の2つです。

——沖縄人の国際感覚はどこからきているのですか

田名　琉球王国時代、16世紀までは中国、日本のほか、東南アジアにも盛んに船を遣わして貿易していました。1609年の島津侵入の頃には日本と中国への渡航以外は衰退していましたが、王国内の海を通じた域内交通は人や物（年貢など）が活発に動いていました。16世紀の頃、海外に遣わされる官船（進貢船など）は10隻程度。1隻あたり300人前後でしたからトータル3000人近くの人が毎年海外渡航していたことになります。当時の琉球王国の人口は8万人ほどと推定されているので、成年男子（約2万人）の比率でみますと13％ですから相当な高率だったと言えます。

——沖縄の人たちは随分昔からハワイやパラオとかに移住した人が多かったのでは

稲福日出夫沖縄国際大学教授（沖縄法政研究所長）

田名　戦前期は貧しさからの移民・出稼ぎです。ハワイの出稼ぎ移民からの送金や帰国者から〝サトウキビのプランテーションの給料がいい〟と聞いて、それならと移民した人が多かったと言われています。現在140万余りの人口を抱える沖縄ですが、かつての沖縄では数十万人でも、生きていくのは厳しかったのです。パラオなど南洋諸島への出稼ぎは、沖縄と似た気候で、サトウキビ栽培や漁業など馴れた仕事、というのも心理的負担を軽くしたのだろうと思います。ですから沖縄には、いまも親類・縁者が海外にいる人が多いです。

——沖縄の人たちの国際感覚を示す例は

稲福　私の守備範囲で言いますと、米軍基地問題に対する沖縄人のとらえ方が典型的な事例です。沖縄の人たちは米軍基地は国際問題であり外交問題だと捉えています。ですから沖縄の米軍基地問題はアメリカとの関係、中国との関係、そして朝鮮半島（韓国・北朝鮮）との関係で考えています。日本の国内問題ではなく、日本の防衛問題を国際問題、外交問題として考えなければいけません。

沖縄だからこその「法政研究」

——沖縄法政研究所は、どんな研究を

稲福　法政研では、「基地と法」「これからの地方自治像」「戦後沖縄政治史の研究」「沖縄思想史の足跡」などを研究テーマにしています。また、沖縄は女性の国際結婚率が高いこともあって、ハーグ条約なども、結構、身近な研究テーマなんです。

——稲福先生自身はどんな分野に関心が

稲福　私自身は、明治の琉球処分（併合）以来の、時間の流れとともにヤマト風になっていく当時の沖縄の状況に対し、（民衆の間に）どのような違和感が生じ、どのような新たな社会観が生まれていったのか。また、どんな条件、状況で、（沖縄人の間の）プレートにひびが入り断層ができていったのか、といったことに関心を抱いています。

——沖縄国際大学の敷地に米軍ヘリコプターが墜落したのは

稲福　２００４年8月13日です。あの事故は、何よりもまず、学生たちの静かに学ぶ場が踏みにじられたこと、そして「学問の府」なるものがこんなにも脆いものであったのかということを、良くも悪しくも思い知らされたのでした。また、当時の日本政府の対応を通して、日本が沖縄をどう見ているのかが沖縄県民にとって明瞭になった、とも言えます。その頃から沖縄と本土の「温度差」という言葉が、頻繁に使用されるようになったのです。

米軍ヘリコプター墜落現場

——沖縄の政治・行

政・法律の分野では米軍基地問題がもっとも大きなテーマですか

稲福　いま日本の防衛問題を考えるとき、沖縄に過重な基地が存在することが、沖縄県民にとっての一番の問題です。現在、普天間基地は、いつの間にか（事故の危険が心配される）オスプレイの基地となっていますし、辺野古に新基地を作らせなかったら普天間基地の固定化だと、（沖縄にとっては理不尽なことを）日本政府は臆面もなく説明しています。そもそも普天間基地は、そこに住んでいた村民が（終戦直後）避難民収容所にいる間に、米軍が勝手に作った基地です。無条件に返還されて当然だと思います。

――大学の研究者として、米軍基地問題をどうとらえていますか

狩俣　我々は、基地問題について賛成とか反対とかの立場で研究をやっているわけではありません。沖縄が平和であるためには、日本が平和であるためには、ひいては東アジアが平和であるためにはどうすればいいのか、平和の問題をもっと掘り下げて考えようではないか、という当たり前の話なのです。平和という視点で考えると軍事基地があることそのものがおかしいのです。

沖縄の基地問題は日本の問題

2014年8月16日、沖縄国際大学で、墜落事故から10周年の記念シンポジウムが「問われる沖縄のアイデンティティとは何か」というテーマで開催された。

――なぜシンポジウムのテーマが〝沖縄のアイデンティティ〟になるのですか

稲福　1879（明治12）年の琉球処分（廃琉置県）から始まり100年以上経った今も、沖縄（うちなー）御万人（うまんちゅ）の総意や民意を自らに問い続けなければならない事情が、次から次へと（沖縄へ）押し寄せてくるからです。

――シンポジウムで出た意見、議論のポイントは

稲福　いくつか紹介しますと、〝かつては辺野古移設賛成だったが、最近の日本政府の対応を見ると沖縄県民を同胞と思っているのかと疑問を感じる〟〝金で県民を分断させるような政府のやり方は植民地政策と同じだ〟〝辺野古移設に反対する県民は7割にも達しており、ちょっとしたことで、県民が爆発する状態にあるのではないか〟などの発言がありました。

——このシンポジウムを通じて考えるべきことは

稲福　辺野古を含め沖縄の基地問題は日本全体の政治問題、外交問題です。それを「沖縄問題」として括るから矮小化されてしまいます。聞く耳を持たない人にいくら言っても「発信力が足りない」と逆ギレされてしまうのです。知念ウシさんが言う「シランフーナー（知らんふり）の暴力」です。つまり、日本人（ヤマトゥンチュ）は無知なのではなく、自分たちのしていることを〝知っているのに、知らないふりをしている〟だけだ、沖縄を理解し好きになる前に、自国のやってきたことを理解すべきだ、ということなんです。

※知念ウシ：沖縄国際大学非常勤講師。沖縄を活動拠点とする社会運動家

沖縄の未来は明るい

——日本中が人口減少に悩んでいるのに、沖縄県は東京に次いで人口が増加しています

呉　2014年の都道府県の人口の前年比増減率を見ると増加した都県は7つしかなくて、東京（0・68）、沖縄（0・40）、埼玉（0・23）、神奈川（0・19）、愛知（0・17）という順です。首都圏や関西圏、東海圏以外で人口増加しているのは、沖縄以外は九州の福岡（0・03）だけですから、沖縄は突出しています。出生率も日本一、100歳以上の高齢者の数も日本一、高齢化比率も日本一低いです。年寄りが長生きできる、子どもがたくさん生まれて、若者が多い、これを考えると沖縄の未来は明るいと思います。

呉錫畢大学院地域産業研究科長

——しかし経済関連の数字をみると

県民所得、失業率、貧困率など日本最悪のものが多いようですが

呉　確かに数字だけを見ると深刻です。しかし沖縄の経済の実態は数字だけを見たら分からないのです。沖縄では、親戚とか地域で支え合って生活する古き良き時代のコミュニティが、厳然として存在しているからです。本土で300万円位の年収があった若者が、〝長男だから島へ帰ってこい〟と親から言われて沖縄に戻ったら、月収10万円くらいでも十分暮らしていけるのです。経済学的には、とても説明がつかないことが、沖縄にはざらにあります。

――沖縄人の県民性のせいですか

呉　それは大いにあると思います。沖縄の人たちは、基本的に、のんびり、明るい、おおらかなんです。逆に言えば、がつがつしていない、忍耐力に欠ける、何とかなるさー、という行動パターンです。本土の厳しすぎる競争や異常なまでのスピード感や、とことん効率性を要求されることは苦手です。そこが沖縄人の特徴だと思います。

――『Forbes Japan』2015年4月号の分析記事（120頁参照）によると沖縄の起業率が全国No.1になっていましたが

呉　これはちょっと意外な気もします。もっともIT関連企業の数が、沖縄では急増していることは確かです。那覇の隣の市である豊見城市は、全国780都市の成長率ランキングで2006年に続いて、2015年も全国一になりましたから、そのことが影響しているのかもしれません。

――沖縄には家族や集落で分かち合う経済構造が残っているのですか

狩俣　私は経済学の専門家ではありませんが、歴史的に見ますと、琉球王国時代の近世になっても古代的社会構造が琉球には残っていました。分かち合いや物々交換による経済システムです。（琉球）国としての海外との交易はやっていましたが、個人の生活では商売や流通という概念が非常に希薄で、商業は当時の「薩摩商人」が担っていました。個人的な経験ですが、私の親父は竹富島で醤油を造っていましたが、売って儲けるという発想はまったくありませんでした。自家消費と島の自給自足のための醤油製造でした。自家消費以外は人にあげるた

郵便はがき

料金受取人払郵便

鹿児島東局
承認
300

差出有効期間
2027年2月
4日まで

有効期限が
切れましたら
切手を貼って
お出し下さい

892-8790

168

鹿児島市下田町二九二―一

図書出版
南方新社 行

ふりがな 氏名		年齢　　歳
住所	郵便番号　　－	
Eメール		
職業又は学校名		電話（自宅・職場） （　　）
購入書店名 （所在地）		購入日　　月　　日

書名　(　　　　　　　　　　　　　　　　　　　　)愛読者カード

本書についてのご感想をおきかせください。また、今後の企画についてのご意見もおきかせください。

本書購入の動機（○で囲んでください）

A　新聞・雑誌で　（　紙・誌名　　　　　　　　　　　　）

B　書店で　C　人にすすめられて　D　ダイレクトメールで

E　その他　（　　　　　　　　　　　　　　　　　　　）

購読されている新聞，雑誌名

新聞　（　　　　　　　　　）　雑誌　（　　　　　　　　）

直接購読申込欄

本状でご注文くださいますと、郵便振替用紙と注文書籍をお送りします。内容確認の後、代金を振り込んでください。（送料は無料）		
書名		冊
書名		冊
書名		冊
書名		冊

めか、何かもらったときのお返しのためにつくっていたのです。沖縄の社会構造の基盤には、分かち合いとか自給自足、物々交換的な習慣が、今も色濃く残っていると思います。

――ところで沖縄は、米軍基地で持っていると思っている本土人が少なくありません

狩俣　それは非常な誤解です。沖縄県庁の公式の発表では、基地依存度は1972（昭和42）年度の15・5％から2011年度は4・9％に低下しています。問題は国が沖縄振興策のもとに無駄な公共投資をしていることです。道路がいい例です。本島ならいざ知らず、石垣や宮古にまで、コンクリートの立派な道路を造っています。沖縄に合った産業振興に国の振興予算を振り向けるべきです。

――沖縄の将来の産業の大黒柱は「観光産業」ですか

呉　当然そうなると思います。沖縄の地理的な優位性、気候風土、自然景観、そしてなんといっても歴史文化が観光産業の競争力の源泉になります。観光産業は平和でなければ成り立たない産業ですから、観光の力で、平和を創造することも沖縄の役割かもしれません。

≪貧困率・失業率などのワースト５（都道府県別）≫

	若年無業比率（％）	完全失業率（％）	貧困率（％）	ワーキングプア（％）
1	徳島（3.6）	沖縄（5.7）	沖縄（34.8）	沖縄（25.9）
2	高知（3.3）	福岡（5.0）	鹿児島（24.3）	大阪（14.2）
3	沖縄（2.8）	青森（5.0）	青森（24.1）	京都（13.9）
4	長崎（2.8）	大阪（4.8）	高知（23.7）	高知（13.0）
5	青森（2.8）	北海道（4.6）	大阪（23.2）	鹿児島（12.9）

※若年無業比率：15歳から34歳までの無業者　平成19年
※そのほか、沖縄は離婚率№１。
　シングルマザーも日本一で貧困と低所得に影響している。

▼COLUMN ❶
戦争と平和を想う空間、「佐喜眞美術館」

　那覇のバスセンターから国道330号線を北上すること約50分、上原バス停で下車して基地に向かって数分歩くと佐喜眞美術館に着く。普天間基地に食い込むように建てられた佐喜眞美術館は、ここが沖縄であることを感じさせる十数本の琉球松と亀甲墓に囲まれている。沖縄国際大学の稲福日出夫教授の紹介で佐喜眞道夫館長のアポイントを取った日は、2015年9月15日だった。奇しくも、その1週間くらい前にNHKEテレ「心の時代―沖縄でコルヴィッツと出会う」が放映された。偶然見ることができたその番組で、丸木夫妻の沖縄戦の図のほかにドイツの画家ケーテ・コルヴィッツの作品が佐喜眞美術館に数多く所蔵されていることを知った。
　佐喜眞美術館の喫茶室で佐喜眞道夫館長にお会いした。

※丸木位里（1901～1995）、丸木俊（1912～2000）。代表作『原爆の図』『沖縄戦の図』。

※ケーテ・コルヴィッツ：1867年～1945年、ドイツの女性版画家・彫刻家。47歳の時に第1次世界大戦勃発し長男が戦死、孫は第2次世界大戦で戦死した。代表作　連作版画『農民戦争』『戦争』。

――美術館を建てる決断をされた理由は

　1984年に沖縄戦の図を描かれた丸木夫妻が、この絵は沖縄に置きたいと言われたことがきっかけです。それから紆余曲折ありましたが、10年かかって1994年11月に開館にこぎつけました。丸木位里画伯が95歳で亡くなられる1年前で、開館をたいそう喜んでもらいました。

――美術館建設にはお金がかかるのでは

　22歳の時に養子になった母方の祖母から引き継いだ先祖代々の土地が米軍に接収されていたので、その地代収入がありました。日本復帰後には

佐喜眞美術館

本土並みに近づいて地代が数倍に跳ね上がりました。そのお金をどう活かすか考えた結果、美術品のコレクションをすることにしました。それが美術館まで来てしまったんです。

――ケーテ・コルヴィッツをいつ知ったのですか

学生時代に読んだ魯迅の評論集の中の『深夜に記す』でコルヴィッツを知りました。それから10数年後に銀座の画廊で『女と死んだこども』の実物に対面した時は衝撃でした。

――その画を購入されたんですね

そうです。とても高かったんですが、清水の舞台から飛び降りるくらいの気持ちで購入しました。

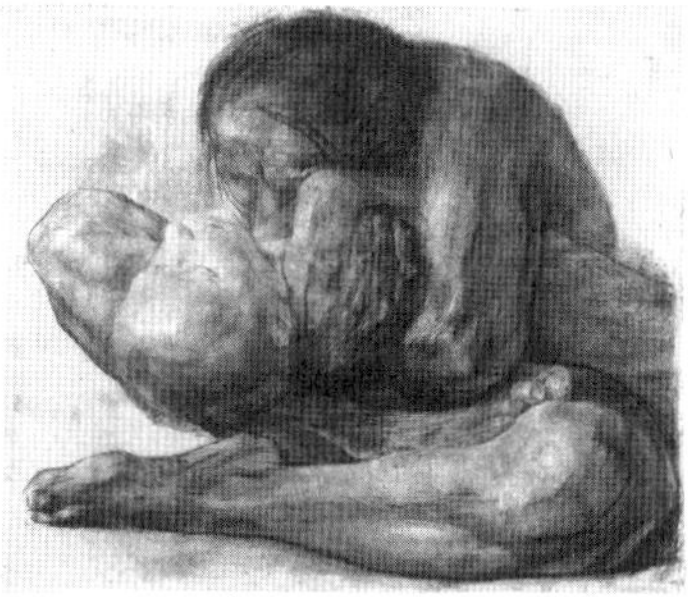

ケーテ・コルヴィッツ作
『女と死んだこども』

――いまは東洋一のコルヴィッツのコレクションだとか

1975年から40年間、少しずつ収集してきて、いまは60点所蔵しています。アジアでは最も多いそうです。コルヴィッツの作品は沖縄によく似合います。私のコレクションの「要」だと思っています。

――中国と韓国にも貸し出された

今年の春には、韓国のソウルで開催されたコルヴィッツ展に56点の作品をお貸ししました。2011年には魯迅の生誕130年を記念して、北京の魯迅博物館と魯迅の生誕地の浙江美術館でも当館のコルヴィッツコレクションが展示されました。

――そういえばEテレの番組で対談された作家の徐《ソ》京植《キョンシク》さんが「コルヴィッツの作品が辺境の地、沖縄に……」と言われたのに応じられた佐喜眞さんの答えには納得でした

確かに（徐さんが言われたように）本土というか、東京から見れば沖縄は〝辺境〟かもしれません。しかし私にとって沖縄は辺境ではありません。東アジアの交流の十字路の要に位置しています。ですから、当館のコルヴィッツコレクションを北京やソウルにお貸しするのは、アジアの文化交流という意味でごく自然なことです。

――年間の来場者は

中高生の修学旅行を中心に約4万人です。

――修学旅行生には直接、話をされるそうですね

ええ、そうしています。沖縄戦の事実をしっかり伝えることと、芸術作品の持つメッセージは国境を越えるものであることを子どもたちに理解してもらえるように努めています。

『アートで平和をつくる―沖縄・佐喜眞美術館の軌跡』（佐喜眞道夫／岩波ブックレット／№904）の中で佐喜眞さんは概略、次のように書いている。

「2001年9月11日の同時多発テロの後、ブッシュ米国大統領は『対テロ戦争宣言』をし、日本政府もそれを支持しました。沖縄は危険だという評判になり、修学旅行のキャンセルが相次ぎました。それでも半分の学校は予定通りやってきました。（沖縄戦の図の前に立った）生徒たちの暗い眼を前に、丸木さんたちの志を生徒たちに伝えないといけないと私は奮い立ちました。丸木ご夫妻との出会いによって、アートの力で若い人たちへ戦争を絶対に繰り返してはならないという一番大切なメッセージを、沖縄の地で伝えることができます」

沖縄を訪れる人たちが沖縄戦の悲惨さを感じる場所は、沖縄本島の南端の平和祈念公園やひめゆりの塔が有名だ。年間約40万人が訪れると聞いた。その10分の1の人が佐喜眞美術館を訪れていることになる。せめて3分の1の12万人くらいが佐喜眞美術館で、平和の尊さと戦争の悲惨さを想う時間を過ごしてもらいたいと強く感じて美術館を後にした。

▼COLUMN ❷
シンポジウム「戦後70年、地域経済の変容と展望〜（沖縄の）自立経済の実現へ向けて」

2015年12月5日沖縄国際大学で開催された第15回、3大学経済学部大学院シンポジウムで、沖縄の自立経済の大黒柱になる観光産業について幅広い議論が繰り広げられた。

総合司会を務めた呉沖縄国際大学教授に聞いた。

——平良《たいら》朝敬《ちょうけい》沖縄観光コンベンションビューロー会長の基調講演のポイントは

観光の視点による沖縄の自立経済の可能性を探ったものでした。デービット・アドキンソンの観光立国の4条件、「気候」「自然」「文化」「食事」が世界の観光大国の条件であることに照らして沖縄がその4条件を満たしていることを強調されました。

——シンポジウムの総括として呉先生が発表された「済州島の夢を沖縄の夢につなげる」は非常に興味深い提案でした

韓国の済州島は「観光で生きる島」として2006年7月に「国際自由都市」としての自治権を与えられました。

——自治権の中身は

国防、外交、司法を除いた全分野の自治権の確保です。いわゆる一国二制度のレベルまでの独自の自治権で韓国でも初めて認められたのです。

——どうして実現できたのですか

2000年の沖縄サミットを契機に沖縄県が推進した「国際都市形成構想」と酷似したものです。先に進めていた沖縄の事例を学びに来たのが済州島の関係者でしたが、済州島が先に実現させたのです。沖縄は地政学的に重要な拠点地として、万国津梁の精神に戻って観光に限らず国際化の拠点としての政策を一歩一歩、進めていくことが現実的かつ重要だと思います。

——済州島では現在、どんな成果が

済州特別自治道は2006年7月にスタートしたのですが、6年後の2012年に観光客が年間1千万人を超えました。

——沖縄県が済州島のような自治権を獲得するには

済州は、特別自治道のスタートと同時に飛行機会社を作って国内のみならず外国へも飛ばしています。地理的にアジアに近く、人口も多い沖縄もこのような地政学的な有利性を生かす工夫はいくらでもできるのではないでしょうか。そのためには、まず沖縄がやりたいことを決めて、そのための規制緩和の法整備を強力に働きかける動きが必要だと思います。決して不可能ではないと思います。

――観光で生きる沖縄の将来像は

かつての長寿県としての沖縄のイメージを取り戻すべく「自然・文化・食」の豊かな沖縄を再構築することと、健康・食育・介護・医療などのサービス産業で健康溢れる沖縄を実現させることです。

参考文献

『日本にとって沖縄とは何か』（新崎盛暉／岩波新書／２０１６）
『沖縄の自己決定権』（琉球新報社・新垣毅／高文研／２０１４）
『沖縄の不都合な真実』（篠原章／新潮新書／２０１５）
『新・観光立国論』（デービット・アドキンソン／東洋経済新報社／２０１５）
『沖縄を取り巻く経済状況』（沖縄国際大学公開講座委員会／２０１６）

第14回　大学院共同シンポジウム（2015年12月5日開催）

「済州島の夢」の発表資料より
（沖縄国際大学経済学部・大学院地域産業研究科　呉錫畢《オソクピル》教授）

沖縄と済州島の特別自治道の概況（2013年）

	面積（km²）	本島面積（km²）	人口（一千人）	年間観光客（一万人）	年平均気温（℃）
沖縄	2,275.71	1,207.66 (53.1%)	1,419	651	23.0
済州	1,848.5	沖縄全体：沖縄が1.2倍、沖縄本島：済州が1.5倍広い	605	1,085	17.4

沖縄と済州島資料：沖縄県は沖縄総合事務局『沖縄県経済の概況』、済州道は済州特別自治道『統計年報』。年平均気温については、沖縄は2012年

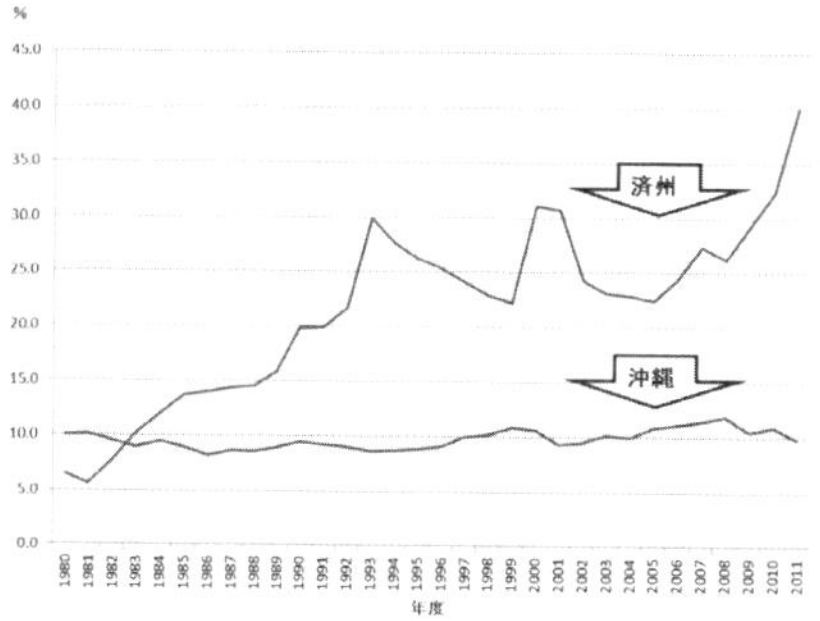

県内・道内から占める観光収入の比率
沖縄は『沖縄統計年鑑』、済州は『済州統計年鑑』を用いて作成。
沖縄は観光収入／県内総生産、済州は観光収入／道内総生産。

済州島の道内総生産比の観光収入比率は、2002年から8年間続いた20%台の壁を破り、2009年29.3%、2010年32.4%、2011年には40.0%と急上昇した。
一方、沖縄県は2000年から2011年まで10%の壁がなかなか破れない。

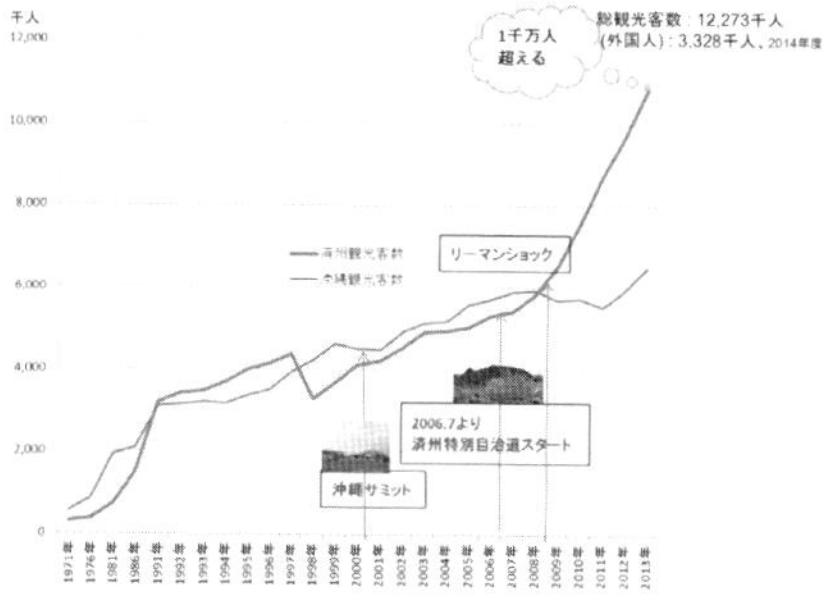

沖縄と済州の観光客数の推移
沖縄は『沖縄統計年鑑』、済州は『済州統計年鑑』を用いて作成。
1971年は沖縄のみ1972年の数値。済州は12月末、沖縄は3月末、ただし2013年は12月末。

済州島は、全島が「火山島」でオルムと呼ばれる寄生火山が368カ所もあり、2007年に「世界ジオパーク」に選定された。
2012年度には観光客が1000万人を超え、2025年の目標は2000万人である。

あとがき

地域と大学の連携はずいぶん昔から行われてきたが、誤解を恐れずに言えば、これまでの地域と大学の連携は個々の研究者・教育者対地域（自治体や企業、個人）の個別の関係がほとんどであった。その「個」対「個」の関係を「組織（地域）」対「組織（大学）」の連携に変えることが、これからの地域対大学の連携のあるべき姿である。そのきっかけを作ったのが、２０１３年に始まった文部科学省のＣＯＣ事業であることは間違いない。

その流れの一助になるべく、この本の上梓を企画して足掛け3年の月日が経ってしまった。その間に地域と大学の連携は、急速に進展している。しかし、その流れについていけない地域や大学が存在することも事実である。

これから本格化するであろう地域と大学の連携を成功させるために不可欠な3つの条件を、本書に登場していただいた自治体と大学の関係者の発言をもとに紹介する。

第1の条件は、それぞれの組織が、連携しないと生き残れないという「危機感」を持つことである。このことを明確に指摘されたのは、5年前の東日本大震災当時の藤井克巳元岩手大学学長である。筆者は「震災前と震災後の岩手大学の教職員の意識は変わりましたか」と質問した。藤井先生の答えはこうだった。

〈震災以前は、「あまり〝地域だ、岩手だ……〟と限定しなくてもよいのでは」という声が少なからずあったのですが、震災後は先のスローガンのように〝地域に見捨てられたら終わり〟という思いが求心力を発揮したことは間違いありません〉

第2の条件は、地域と大学のコミュニケーションの密度を高めていくことである。どんなかたちでそのコミュニケーションを高めていくかは、それぞれの地域や大学が工夫すればよい。県庁が音頭をとって自治体と大学のコミュニケーションを推進するのも一つの手段である。

要は、地域の大学が地域のシンクタンクになるためには、どんなコミュニケーションのかたちを作ればいいかを考えることから答えは出てくると思う。ここでも前出の藤井先生の回答がヒントになる。筆者の「地域再生には大学だからこその役割があるのでは」という質問への答えである。

〈もろもろの格差が、地域間に、世代を超えて、連鎖・定着しつつある今の日本の状況の中で、産官学など多様な主体が手を携えることが必要です。その点で比較的自由に〝ネットワークのハブとして〟機能できるのが「(大)学」です。まさにCOC(知の拠点)としての大学が発揮すべき役割や責任が大きくなっていると考えております〉

第3の条件は、地域と大学の連携を実効性のあるものにするための両者を取り持つ「橋渡し人材」の発掘育成である。

このことをつとに強調されてきたのは、山本健慈前和歌山大学学長(現国立大学協会専務理事)である。

〈地域と大学を結びつけるには、地域のことも分かり、大学のことも分かって、その間を取り持つ人が絶対に必要です。それは、教員、職員と並ぶ、第3の職種とも呼べる人材で、地域と大学の関係を成立させる人材とも言えます〉

このことを現場で実践してきた大学人が金沢大学地域連携推進センターの蜂屋大八准教授である。「総務省の地域活力創出モデル事業で成功している(地域と大学の連携の)事例の共通点は」という筆者の質問の答えは、以下のようなものだった。

〈2つの共通点があります。一つは、地域側が課題の克服意識を明確に持ち、積極的に大学に連携を求めていること、もう一つは大学が地域を単にフィールドとして利用するにとどまることなく地域への成果還元を意識していることです。過疎地の場合、〝学生が地域に入っただけで元気になる〟と、もてはやされた時期もありましたが、いまは大学と地域がきちんとした成果を共有する

ことが求められています〉

この3つの条件の重要性をつかんでいただくことがこの本の最も大きな狙いである。

一方、地域のリーダー（首長）が明確な地域経営方針に沿って、大学（＝研究者）をうまく活用している事例は全国的に見ても少ない。本書で紹介した東京都荒川区の西川太一郎区長は、陣頭指揮で行政経営に大学の知を活かしている稀有なリーダーである。

筆者の「大学を実に上手く活用されていますね」という質問の答えは次のようなものだった。

〈首都圏にはたくさんの大学があります。その地の利を活かさない手はありません。私自身の人脈を中心に早稲田大学や東京大学など伝を頼って、区の掲げる課題に沿ってその分野の一流の先生にご相談してきました。その積み重ねの結果、現在の幅広い大学の先生方のサポート体制をつくることができました。本当に心強く有難いことだと思っております〉

西川太一郎荒川区長が発起人となって設立された住民の幸せを目指す基礎自治体「幸せリーグ」の顧問団として超一流の研究者の知が、全国へ伝達される。

最後に、地域と大学の連携を進める上で欠かせないのが連携の「理念」である。そのための必読書が『地域再生の経済学』（神野直彦／中公新書）である。２００２年に出版されたこの本は、地方創生・地域再生の大きなうねりの中で、15年目の今年、再版された。地域と大学の連携は、これからが本番である。

２０１６年9月

筆者

	大学	自治体	テーマ	備考	掲載時期
28	福島大学	只見町・柳津町ほか	奥会津の活性化		10.5
29	三重大学教育学部	津市	教育カリキュラム	教育委員会	10.7
30	静岡県立大学	静岡県	日本一の健康長寿県を目指して		10.10
31	信州大学	安曇野市ほか	地域ブランド		10.12
32	東北大学大学院経済学研究科	宮城県・仙台市ほか	地域イノベーションプロデューサー育成塾	みちのく6次産業プラットフォーム	2011.2
33	県立農業大学校	山形県・鹿児島県	農業の担い手育成		11.5
34	愛知教育大学	刈谷市	坊ちゃんカボチャ	刈谷商工会議所	11.7
35	愛媛大学	愛媛県・愛南町	宇和海水産構想		11.10
36	鹿児島高専	霧島市	文化遺産の保全		2012.2
37	京都大学教育学部	京都府南山城町	生涯学習		12.5
38	中央大学	八王子市	ちびっこフットボール	学友会	12.9
39	(工学院大学)	埼玉県幸手市	日光歴史街道	後藤治教授	2013.1
40	長崎大学・長崎純心大学	長崎市	国際学習交流都市		13.4
41	琉球大学医学部	沖縄県	沖縄クリニカルシミレーションセンター	沖縄県医師会	13.6
42	宇都宮大学	宇都宮市	高大連携	農学部	13.10
43	—	東京都荒川区	全国幸せリーグ	西川区長	13.8
44	岩手大学	釜石市	三陸復興推進機構		2014.7
45	鹿児島国際大学	南大隅町	地域福祉計画策定	学長・町長対談	14.1
46	全国公立大学協会		地方創生と公立大学	会長・副会長対談	2015.2
47	明星大学	東京都日野市	ボランティア活動	包括連携協定	15.4
48	北九州市立大学	北九州市	地域創生学群		15.7
49	沖縄国際大学	宜野湾市	はごろも長寿大学	高齢者生涯学習	15.10
50	大正大学	広域自治体連携	地域創生学部	シンクタンク	2016.3

『月刊広報』「地域・大学・広報」掲載一覧

	大学	自治体	テーマ	備考	掲載時期
1	山形大学工学部	米沢市	学園都市		2004.5
2	静岡文化芸術大学	浜松市	新しい都市像		04.6
3	愛媛大学	愛媛県内子町	地域人材育成		04.9
4	青森県六ヶ所村	東北大学工学部	住民コミュニケーション	日本原子力学会倫理委員会	04.11
5	淑徳大学	東京都板橋区	住民福祉とNPO		2005.4
6	明治大学	長野県飯田市	飯田産業技術大学		05.5
7	鹿屋体育大学	鹿屋市	市民の健康づくり		05.7
8	広島大学	東広島市	新都市像		05.8
9	岩手大学	釜石市	物づくり連携		05.10
10	東北公益文化大学	酒田市・鶴岡市	公益の研究		05.12
11	はこだて未来大学	函館市	人的ネットワーク		2006.2
12	福井大学	大野市	学びの里		06.4
13	茨城大学工学部	日立市	物づくりの伝統継承		06.6
14	佐賀大学	佐賀県		知事・学長対談	06.7
15	山口大学工学部	宇部市	宇部方式環境保全		06.12
16	立命館大学	京都府	太秦映画プロジェクト	座談会	2007.1
17	山形大学	最上1市3町2村	エリアキャンパスもがみ	地域活性化	07.4
18	北九州市立大学	北九州市立大学	研究学術都市		07.7
19	長崎大学水産学部	長崎県	持続可能な水産業		07.9
20	鹿児島大学	垂水市	ESD		07.11
21	山形大学	山形県	山形の人材は自前で育てる	知事・学長対談	2008.3
22	和歌山大学	田辺市	生涯学習		08.7
23	有明高専	熊本県荒尾市	食と酒の町		08.10
24	県立広島大学	庄原市・三原市ほか	地域の豊かさづくり		2009.1
25	大阪市立大学	大阪市	市民向け文楽講座		09.10
26	岐阜経済大学	大垣市	商店街の活性化		2010.1
27	金沢大学	石川県・珠洲市ほか	能登半島里山里海		10.3

■著者プロフィール

萩原　誠（はぎわら・まこと）

1945年鹿児島県生まれ。1967年京都大学法学部卒。帝人株式会社（マーケティング部長、広報部長）に勤務後、東北経済産業局東北ものづくりコリドークラスターマネージャー、日本原子力学会倫理委員、鹿屋体育大学広報戦略アドバイザー、静岡県東京事務所広報アドバイザーなどを歴任。現在は経営倫理実践研究センター（BERC）主任研究員。

著書に「広報力が会社を救う」（毎日新聞社）、「会社を救う広報とは何か」（彩流社）がある。

地域と大学

地方創生・地域再生の時代を迎えて

二〇一六年十二月二十日　第一刷発行

著　者　萩原　誠
発行者　向原祥隆
発行所　株式会社　南方新社
〒八九二―〇八七三
鹿児島市下田町二九二―一
電話　〇九九―二四八―五四五五
振替口座　〇二〇七〇―三―二七九二九
URL　http://www.nanpou.com/
e-mail　info@nanpou.com

印刷・製本　株式会社 朝日印刷
定価はカバーに表示しています
乱丁・落丁はお取り替えします
ISBN978-4-86124-340-0 C0036

【ザ・イチ押し】

アウトドア・釣り・暮らし・料理

獲って食べる！

海辺を食べる図鑑

向原祥隆著、A5 判、173 ページ、オールカラー

定価（本体 2,000 円＋税）

海辺は自然の野菜畑、生き物たちの牧場だ

海辺は食べられる生き物の宝庫である。しかも、それがすべてタダなのである。本書は、著者が実際に自分で獲って食べた海藻、貝、エビ・カニ、魚、川の生き物 136 種を解説している。いずれも、子供でも手軽に獲れることを掲載の基準にしている。この本一冊あれば、子供も大人も海辺がもっと楽しくなるにちがいない。

さあ、海辺に行こう！
獲って食べよう！

■ 内容（目次より）

◎海辺に行こう
- 基本装備
- 貝の塩茹で
- 魚をさばく
- 各部の名称
- 毒のある海の生き物

◎獲って食べる
- 磯の海藻
- 磯の貝
- 磯の生き物
- 磯・堤防の魚
- 砂浜・干潟の生き物
- 海辺の植物
- 川の生き物

■ 著者プロフィール

向原祥隆（むこはら よしたか）

1957 年、鹿児島県日吉町生まれ。1980 年京都大学農学部卒業。東京に本社を置く広告出版会社を経て、1992 年 U ターン。1994 年に図書出版株式会社南方新社を設立、代表取締役に就任。450 点を出版、現在に至る。著書に『地域と出版』（南方新社、地方出版文化功労賞奨励賞）

おいしい！
136 種

なんと、丸ごとすべてタダ!!